书山有路

李园澍　编著

山西出版集团
山西人民出版社

图书在版编目（CIP）数据

书山有路 / 李园澍编著. —太原：山西人民出版社，2010.12（2012.1 重印）
ISBN 978 -7 -203 -06952 -2

Ⅰ.①书… Ⅱ.①李… Ⅲ.①读书笔记 - 中国 - 现代
Ⅳ.①G792

中国版本图书馆 CIP 数据核字（2010）第 172490 号

书山有路

编　　著： 李园澍
责任编辑： 武　静　李建业

出 版 者： 山西出版传媒集团·山西人民出版社
地　　址： 太原市建设南路 21 号
邮　　编： 030012
发行营销： 0351 -4922220　4955996　4956039
0351 -4922127（传真）　4956038（邮购）
E - mail： sxskcb@163.com　发行部
sxskcb@126.com　总编室
网　　址： www.sxskcb.com

经 销 者： 山西出版传媒集团·山西人民出版社
承 印 者： 山西出版传媒集团·山西新华印业有限公司

开　　本： 787mm×1092mm　1/16
印　　张： 24.75
字　　数： 500 千字
版　　次： 2010 年 12 月第 1 版
印　　次： 2012 年 1 月第 2 次印刷
书　　号： ISBN 978 -7 -203 -06952 -2
定　　价： 38.00 元

序

鹿建平

李园澍老师送来他最近编著的《书山有路》书稿，嘱我写几句话。品读他饱蘸心血、言辞恳切的文字，一位老教育工作者献身事业的赤子之心赫然在目；那心系天下、鞠育桃李的宽广襟怀令人顿生敬意。

李园澍老师今年75岁，半个多世纪的教育生涯和辛勤笔耕，使这位教育界老前辈的人生更为充实，更加受到人们的尊重。李老师是一位勤于学习、善于理论与实践相结合的教育工作者。父辈的熏陶，求学时期的勤奋，历任教师、教育科长、督导室主任和省督学的严谨；酷爱写作，撰写出版了《中学各科学习方法100篇》、《小学生怎样写作文》、《中考高考作文指导》、《教育文选》、《生活之理》、《说话技巧》、《语文百题解答》、《李园澍文集》等多部著作，以及将自己出版的价值数万元书籍的无偿捐赠，使他成为我市当之无愧的教育专家，同时也获得了市教育局颁发的"鞠耕教圃，爱泽芬芳"奖匾的荣誉。

李园澍老师善良朴实、治学严谨，而最让人难以忘怀的是他那"学而不厌，诲人不倦"的精神。他以能够当好一位称职的教师和教育工作者作为自己的座右铭，也以能够终生做一位人们认可的老师为荣。在我的记忆里，他曾写过一篇《人们叫我李老师》的文章，其文对大伙儿称呼他为李老师的片段故事做了幽默生动的记述。"学高为师，德高为范。"的确，李园澍老师的长者风范给人以教益、以鼓舞，至今他已退休15年，而每每念及李老师，人们都会对他做人、做事、做学问和做文章的人生思想境界给以由衷的首肯。

李园澍老师对国学经典具有较高的造诣。他从小熟读背诵过许多蒙学读物和"四书"等国学经典；对《孝经》中孔子说过的"教民亲爱，莫善于孝；教民礼顺，莫善于悌；移风易俗，莫善于乐；安上治民，莫善于礼”的理解更为深刻。厚实的思想积淀，扎实的教育功底，娴熟的写作技巧以及对建设和谐社会的深刻领悟，使他笔耕不辍，编写了这本旨在弘扬中华民族传统文化的新作，为有志于读书和写作的朋友提供一条学习经典、完善自我的路径，这对于提高国民素质和社会的文明程度无疑是一件大好事。

“读书好，读好书，好读书”；“书山有路勤为径，学海无涯苦作舟”。愿我们每个人都能热爱读书，在读书中有所增益；活到老，学到老，为弘扬中华民族传统文化和建设和谐社会做出应有的贡献。

2009 年 7 月 12 日

目　录

第三卷 古代散文赏析

第四卷 古代笔记浏览

第五卷 古代著名寓言

第六卷 中外笑话集锦

第七卷 诗词哲理名句

第八卷 古今对联精选

第九卷 民间谚语荟萃

第十卷 我的读书笔记

卷前语

“书山有路勤为径，学海无涯苦作舟。”这是许多人耳熟能详的两句关于读书的格言。之所以称为“书山”，称为“学海”，是因为世界上的书籍实在是汗牛充栋，太多了。外国的不说，现代的也不说，仅是清乾隆年间编辑的《四库全书》（包括经、史、子、集）就有3503种，79337卷。一个人便是天天埋头读书，恐怕还是会望洋兴叹的。而且随着时代的发展、科技的进步、知识量的扩大，新书还在不断地增加。人类对书籍的需求永远也没有满足的时候。知识越是在实践中应用，遇到的新问题就越多，也就越是感到自己的书读得太少了。这就叫“书到用时方恨少，事非经过不知难”。

“富贵必从勤苦得，男儿须读五车书。”这是唐代诗人杜甫的两句诗。意思是说，男儿要立定志向做大事，就必须认真读上五车书。所谓“学富五车”、“才高八斗”，都表示一个人博览群书，知识渊博，满腹经纶。在我国历史上不乏发愤读书的人。《三字经》里的“囊萤”、“映雪”、“负薪”、“挂角”，都是关于读书的故事。大诗人白居易“昼课赋，夜课书，闲又课诗”，念书念得把嘴唇都磨破了还手不释卷。韩愈在《进学解》中说他“焚膏油以继晷，恒兀兀以穷年”。一年到头都在夜以继日地读书。古人是这样，今人也是这样。毛泽东说他在青年时代进了图书馆，就像牛闯进了人家菜园里吃个没够。有位日本朋友问孙中山：“我每次看到你，说不上三句话，就要讲革命，不知先生在革命之外，还有什么嗜好？”孙中山回答说：“除了革命我的嗜好就算是读书了。我一天不读书就不能生活。”2009年“两会”召开前夕，温家宝总理在与网民在线交流中提到：“我非常希望提倡全民读书。我愿意看到人们坐地铁的时候能够手里拿上一本书。因为我一直认为，知识不仅给人力量,还给人安全,给人幸福。多读书吧,这就是我的希望。”

我国是举世瞩目的文明古国,从孔夫子到孙中山创造了灿烂的历史文化。然而经过“文化大革命”的严重破坏,人们读书的风气已每况愈下。试看当今的年轻人,有几个读过“四书”? 看过“五经”? 有几个能背出几首唐诗、宋词? 即使一名专门学中文的大学生,又有几人阅读过《古文观止》?有几人系统地研究过几本子书?这与我们的历史文化和国际地位都是很不相称的。现在全世界已有 81 个国家建立了 256 所孔子学院和 58 个孔子课堂,注册学员达 13 万人之多。更为新鲜的是,2009 年中美战略与经济对话开始时,为创造一种和谐平等的会议气氛,美国总统奥巴马在致辞时还刻意引用了一段孟子的话。这段话的意思是:山径间的小路,经常有人行走,便踏成了一条路;过一段时间没有人走它,又会被茅草堵塞了。以此说明中美之间对话与接触的重要。国务卿希拉里也引用中国的一句谚语:“人心齐,泰山移。”强调中美合作的重要性。财政部长盖特纳也用流利的普通话读出一条中国成语:“同舟共济。”中华文化正对世界的和谐与合作作出更大的贡献。可喜的是,近年来国内已有不少学校开设了“国学启蒙”课,走进校园,又听到了“人之初,性本善”、“弟子规,圣人训”的朗朗书声,让青少年找到中华民族传统文化的“根”,根深才能叶茂。

青少年是人生读书的黄金时代,除了课本,还能读多少课外书?读哪些书? 在茫茫的书海中需要给以导航。我在中学当了 15 年语文教师,也当了 15 年的班主任,最深刻的感受是:要培养全面发展并有一定专长的学生,要培养离开老师还有自学能力和鉴赏能力的学生,要培养举一反三、有联想、有想象、能创新的学生,就要引导他们尽量多读些教科书之外的课外书,并将自己读过的每一本书记下读书笔记,写出读书心得。我告诉他们,读书是一辈子的事,念书有毕业证,读书是没有毕业证的。从长远看,读书的程序是先“从薄到厚”,然后再“从厚到薄”。“从薄到厚”是知识面的扩大,是知识量的积累。等到有了自己的特长与专业,有了事业的主攻方向,对知识的追求也就不再是“博”而是“精”了。反映在读书上便是“从厚到薄”。“薄”是知识向纵深的发展，是质的提高。读书如果“厚”不起来，必然孤陋寡闻，捉襟见肘，学术上不会有大的成就。反之，读书如果“薄”不下来，那就成了书架子，成了书本的奴隶，同样不会有大的建树。所以，教师的作用，除了教好书之外，就是善于指导学生读书。

十几年前，我曾收到几位学生的来信，他们有的是教师，有的是报社记者和编辑，有的走上了领导岗位，更有不少回到农村的知识青年成了各级报纸的优秀通讯员。他们在信中说，讲课也好，讲话也好，写文章也好，总想旁征博引，左右逢源，以增强自己语言的说服力和感染力。可是当你需要引证的时候，一下子又想不起最好的例证来，更找不到它的来源和出处，有的甚至张冠李戴。他们要求说：“李老师，希望你能为我们编一本急需的参考书，把一些可资借鉴的哲理名篇、名言、名诗句汇集起来，并就如何古为今用作些提示，就像一本工具书似的，以减少我们引证时的困惑。”同学们的需求是可以理解的。实际上，人们读书都是各取所需的。再好的文章，再好的诗词，经常被人们引证的也就是那么几段、几句、几行而已。但我知道，这是一个很艰巨的任务，凭我这点水平和资料必然是挂一漏万，弄巧成拙。因此，几次动笔，又几次中断了。直到退休以后，有了些闲暇，为不负青年朋友们的期望，编著了这本《书山有路》，并在每卷的开头，都对有关的文史常识作了简要的介绍。为便于大家引用，我在“导读”和“引证”中联系现实生活和可能遇到的实际问题作了些引申和说明。第十卷《我的读书笔记》，目的也在于扩大视野，和书友们交流一下读书心得。但充其量，在“书山”、“学海”中不过是沧海之一粟。能否起到“急需”作用，恐怕也是杯水车薪。而且个人的某些见解也未必完全正确，不妥之处还望得到指正。但“愚者千虑，必有一得。”倘然其中的一些内容对青年朋友们的进德、修业、教学、说话、演讲、写文章能助上一臂之力，那便是对我最大的回报了。

第一卷 蒙学读物撮要

我国向来重视儿童教育。在古代,儿童教育被称为“童蒙教育”或“蒙养教育”。所谓“蒙以养正”或“养正于蒙”,就是在儿童智慧初开的时候对他们施以适当的教育,使其在品德方面和文化知识方面得到初步的培养和训练。这与我们今天说的“养成教育”、“教育从娃娃抓起”都是一脉相承的。

与童蒙教育相适应的蒙学教材在我国也源远流长。从周秦至汉唐人们就编写了不少以识字为主的儿童读物。最早的《史籀篇》就是一本识字教材,相传为周宣王太史史籀编撰。后来秦代李斯编的《仓颉》,赵高编的《爰历》,胡毋敬编的《博学》大都取材于《史籀篇》。西汉史游编的《急就章》也是一本供儿童识字用的书,大抵按姓名、衣服、饮食、器用分类编成七字韵语。所谓“急就”就是应急的意思,相当于现代的速成识字课本。唐代杜嗣先著的《兔园册》,更是一本“乡校俚儒教田夫牧子”识字用的课本。随着童蒙教育的普及,教材也越编越细。宋代是我国蒙学教材从综合走向分类的时期。王炳照先生在《蒙学十篇》一书的序言中说,宋代以后,蒙学教材大抵可分为五类:第一,综合类。最有代表性的是《三字经》,中华五千年的历史文化差不多都讲到了。《千字文》也是这一类型的书。第二,伦理道德类。如《性理字训》、《小儿语》、《名贤集》、《增广贤文》等,这类书可以说是古代的德育课本。第三,历史知识类。如《十七史蒙求》、《叙古千文》、《小学》、《童训》等。第四,诗歌类。如《训蒙诗》、《神童诗》、《千家诗》、《唐诗三百首》等。第五,常识类。专讲成语典故、名物制度。如《名物蒙求》、《龙文鞭影》、《幼学琼林》等。此外,还有专门为女子编的蒙学读物,如《闺训千字文》、《改良女儿经》、《女四书》(包括《女诫》、《女论语》、《内训》、《女范捷录》)等。

综观我国的蒙学读物,主要有三个特点:

一是内容丰富,实用性强,集识字与传授各种知识为一体。比如家喻户晓的“三百千”,即《三字经》、《百家姓》和《千字文》。这三本书在我国城乡流传最广,既是识字课本,又是常识课本。《三字经》由宋代学者王应麟编(现在的通行本是民国初年增补过的),内容涉及政治、经济、文化、历史、生物、自然等学科,可以说是一本小百科全书，无怪人们说“若能句句知诠释，子史经书一贯通”。《百家姓》更是一本实用性很强的字书，也出自宋代，作者佚名。因宋代皇帝姓赵，《百家姓》就从“赵”姓开始。全书共收入姓氏504个，其中单姓444个，复姓60个。中国的姓氏不但繁多，而且同音字也不少，再加上方言的影响，弄不清楚很容易写成别字，把“张先生”写成“章先生”。其他如“刘”与“柳”，“何”与“贺”，“陈”与“程”，“王”与“汪”，“孙”与“宋”，以及“季”、“计”、“纪”等。《千字文》的历史最久。据说在梁武帝的时候，一个名叫周兴嗣的大臣，因为犯了错误，梁武帝就处罚他，要他在一天之内写一千个不同的字，而且要构成一篇文章，否则就要治他的罪。周兴嗣居然在一天一夜之间写成了《千字文》，但第二天早上他的头发也变得花白了。南怀谨先生说：“一个人认识了这一千个字以后，对中国文化就有基本的概念。中国真正了不起的文人学者，认识了三千个中国字就了不起。”如果说《千字文》重在识字，那么另一本蒙学读物《幼学琼林》则是帮助人掌握词语和成语的，相当于现在的成语词典。

二是生动具体，符合儿童从感性到理性的认识规律。如《三字经》里为说明学习必须刻苦才能有成的道理，就列举了许多名人读书的故事。既有为克服懈怠“头悬梁，锥刺股”的读书故事，也有因家贫“囊萤”、“映雪”、“负薪”、“挂角”的读书故事。既有不怕年龄大，27岁才发愤读书的苏老泉，更有82岁才中了进士的老头子梁灏。既有8岁就能咏诗的“神童”祖莹，也有写出《胡笳十八拍》的“才女”蔡文姬。这样就能全面提高和激励青少年努力学习的信心。《弟子规》是把孔子在《论语·学而篇》里讲的“弟子入则孝，出则弟，谨而信，泛爱众，而亲仁，行有余力，则以学文”一条一条地联系实际作了解说。这本书不但在过去是修身的必读之书，就是现在也有不少学校把它作为规范中小学生行为的辅助读物。2008年3月15日《广州日报》载，深圳市螺岭外国语实验学校，孩子们在上所有课程之前，都要先背诵一遍《弟子规》中的有关章节，目的是使孩子们学会感恩，找到中国传统文化的“根”。《二十四孝》更像是一本图文并茂的小人书，始成于元代，它的作者说法不一。二十四孝故事在我国民间流传很广，表现了中华民族尊老敬老的传统美德。有的还编成了戏剧，如闵子骞“单身顺母”的故事编成了晋剧《鞭打芦花》，董永“卖身葬父”的故事编成了黄梅戏《天仙配》等，都十分感人。但受时代局限，也有些不近情理的愚孝，如“郭巨埋儿”、“卧冰求鲤”等，我们在阅读时应予以正确解读。

三是形式活泼，朗朗上口，便于儿童诵读、记忆。古代蒙学读物多采用韵语体裁和对偶句式，或三字，或四字，或五字，或七字，像优美的儿歌、民谣一样，使人爱读、爱听、爱记。尤其是那些出自经典和名人口里的格言、警句更是珠联璧合，脍炙人口，令人信服。因此，许多课文不但儿童耳熟能详，就是成年人听了也念念不忘。像《三字经》的首句"人之初，性本善"、《百家姓》的首句"赵钱孙李，周吴郑王"、《朱柏庐治家格言》的首句"黎明即起，洒扫庭除"等，早已经口语化、群众化了。有些课文含有深刻的哲理，即使少年时代用不上，但从长远看都会成为立身处世的座右铭，如"老实常在，脱空常败"、"得荣思辱，居安思危"、"人无远虑，必有近忧"、"施惠勿念，受恩莫忘"等。倘能把这些铭记在心，身体力行，一定会终身受益的。

蒙学读物也同其他文化遗产一样，由于受时代的局限，有其保守和落后的一面。如《闺中千字文》里赤裸裸地宣扬了"三从四德"、"男尊女卑"的封建伦理思想："凡为女子，大理须明，温柔典雅，四德三从。"如果丈夫死了，做妻子的不但要哭得涕泪沾襟，还要保持节烈，宁为玉碎，不为瓦全："设遇不测，中路离群，悲泣恸切，涕泗沾襟。侠肠铁胆，玉碎珠沉，捐躯殉殁，虽死犹存。"在《神童诗》里，也片面地强调了读书做官思想，如"少小须勤苦，文章可立身。满朝朱紫贵，尽是读书人"、"久旱逢甘雨，他乡遇故知。洞房花烛夜，金榜题名时"等。我们在阅读这些旧读物时也应持继承和批判的态度。

下面我们就从几种常见的蒙学读物中选择部分精要的句子，并通过"注解"与"导读"，帮助大家"温故知新"、"古为今用"。并将《三字经》、《百家姓》和《千字文》的原文附在后面供读者阅读。

三 字 经

人之初，性①本善。性相近，习相远。苟②不教，性乃迁③。教之道，贵以专。

【注解】

①性：天性。②苟：如果。③迁：改变。

【导读】

人的天性是善良的还是邪恶的？这在古代学术界是有争议的。孟子认为人之初，性本善。他说，人性向善就像水总是向低处流一样，是一种本性，是与生俱来的。长大以后有了善恶之别，完全是不同环境感染和熏陶的结果。相反，荀子认为人之初，性本恶。他认为自私与贪欲是人的一种本性，也是与生俱来的。长大以后因为有了理智，受了教育，才向善的方面转变。他在《性恶》中批判了孟子把人为的礼仪当成天赋的本性，认为教育的作用就是改造人恶的本性，使其向善的方面靠拢。既然人的本性可以通过教育得到改变，那就说明后天的教育和环境的影响是很重要的。所以孟子的“性善论”和荀子的“性恶论”又是殊途同归的。所谓“近朱者赤，近墨者黑”，也就是孔子说的“性相近也，习相远也”（《论语·阳货篇》）。从这个意义上说，教育之道，就是要给孩子们创造一个有利于他们健康成长的环境。《三字经》里的“昔孟母，择邻处”，就是讲孟子的母亲为了让儿子孟轲远离不良环境而再三挑选邻居的故事。最初，孟家住在一个坟地旁边，孟轲就学着做丧事。后来又和一个屠夫做了邻居，孟轲就学着宰猪杀羊。最后孟母又搬到一所私学旁边，孟轲也就跟着学起礼仪来。孟母教育孩子的良苦用心告诉我们，无论是学校教育还是家庭教育，无论是教师还是家长，都必须专心致志，持之以恒。“教之道，贵以专”这句话，既适用于教育者，也适用于受教育者。教育者只有“专”，才能培养教育好人；受教育者只有“专”，才能学有所成。也就是孟子说的“不专心致志则不得也。”

养不教，父之过；教不严，师之惰。

【导读】

抚养、教育子女，父母都有责任。如果光养不教，父母都有过错。因此，应该说“养不教，父母过”。十七世纪捷克教育家夸美纽斯认为，家庭是儿童的第一所学校，母亲是儿童的第一位老师。他主张把每个家庭办成一所“母育学校”，或者叫“母亲膝前学校”，以增强孩子体格，发展感官，培养分析外界事物的能力和良好的行为习惯。可见，在学前教育中母亲对子女的教养往往比父亲还要重要。在我国历史上既有“窦燕山，有义方，教五子，名俱扬”，更有孟母、陶母、岳母教子成才的故事。在学校里，无论教书还是育人，教师都应当勤勉，应当严格要求学生，不能姑息，更不能懈怠。所谓“严师出高徒”就是这个道理。这里需要说明的是，家教与师教都不是孤立的，良好的家庭教育加上系统的学校教育才是完整的教育，二者具有很强的互补性。那些把教育的责任完全推给学校或者完全推给家庭的思想都是错误的。只有二者形成合力，教育的效果才会明显。

子[①]不学，非所宜[②]，幼不学，老何为？玉不琢，不成器；人不学，不知义[③]。

【注解】

①子：学生。②非所宜：不对的、错误的。③义：道理。

【导读】

谚语说“少小不努力，老大徒伤悲。”这是古人对虚掷年华，老大后悔不已的感慨。《三字经》里虽然有“苏老泉，二十七。始发愤，读书籍”，甚至还有“若梁灏，八十二。对大廷，魁多士”的成才故事，但那是为了鼓励人不要因为起步迟、年岁大就失去信心，不再努力学习，亡羊补牢，为时未晚。然而，古往今来少年时没有打好基础最后却大器晚成者能有几人？多数人才还是从小不失时机地接受了良好的教育才造就出来的。错过了读书的最好年华，老大以后还能有什么作为？所以《三字经》还是警告人们说“尔小生，宜早思”。“早思”就是叫人早立志，争取早成才。玉石经过雕琢才能成器，人经过学习和锻炼才能成为有建树的人，这应该是一条天经地义的成才规律。人们把教师称为塑造人的“灵魂工程师”，也形象地说明琢玉成器的道理。

凡训蒙[①]，须讲究，详训诂[②]，明句读[③]。为学者，必有初。小学[④]终，至四书[⑤]……通[⑥]古今，若亲目[⑦]。

【注解】

①训蒙：启蒙。②训诂：对古代词语的解释。③句读：断句。相当于正确使用标点。④《小学》：启蒙读物，宋代朱熹编，为初学者首先要读的课本。⑤四书：《论语》、《孟子》、《大学》、《中庸》。⑥通：通晓。⑦若亲目：像亲眼看到。

【导读】

凡是启蒙教育，一定要讲究方法。《三字经》中从“为学者，必有初”一直到“通古今，若亲目”，完整地论述了一个人的治学过程，也可以说是我国古代学校里的一套教学计划。这套计划，无论“知某数”，还是“识某文”，都坚持了循序渐进的教学原则，十分科学。比如数学，要“一而十，十而百，百而千，千而万”地去学。语文要“详训诂，明句读”，就是不但要讲清古文字句，还要能分开句逗，这样才能把古文读通读懂。古代学校虽然没有像现在严格地分成小学、中学等学段，但教学进度和课程安排却是符合儿童年龄特点和由浅入深的认识规律的。学习时间一般在六岁到十五岁之间。这期间,除了识字,更重要的是让学生懂得伦理道德,即"亲师友,习礼仪"。在《小学》这本书里,就包括了"立教"、"明伦"、"敬身"、"稽古"、"嘉言"、"善行"等部分。而后才要系统地学习《孝经》、四书、六经和子史。我们不妨排列一下它的教学程序:①启蒙读物(如三、百、千、《小学》、《孝经》等)。②四书。③六经(《诗经》、《书经》、《易经》、《礼记》、《春秋》、《乐经》。其中《乐经》已经失传,所以也称五经)。④子书(《荀子》、《扬子》、《文中子》、《老子》、《庄子》等诸子的书)。⑤诸史(如《史记》、《汉书》《三国志》等)。到此,主要的典籍才算是基本上读完了。对"为学者"来说,这个学习分量也是很重的。所谓"饱读经书"、"满腹经纶"就是这个意思。这一部分长达二百多句,是《三字经》里的重要组成部分。既引导我们博览了群书,也高度概括了我国上下五千年的历史和文化。

犬守夜,鸡司晨①,苟不学,曷②为人。蚕吐丝,蜂酿蜜,人不学,不如物。

【注解】

①司晨:报晓。②曷:通"何"。

【导读】

"犬守夜"是一种责任,"鸡司晨"是一种能力。人如果不尽义务,不负责任,不学无术,还怎么能做一个人呢?至于"蚕吐丝,蜂酿蜜",那不但是一种能力,更是一种奉献。人如果好逸恶劳,贪图享受,只知索取,不知付出,那还活得有什么人生价值呢?岂不是连动物都不如了吗?"天生我材必有用",每个人都有天赋的素质和无限的潜能,等待着我们去发掘,去应用。《三字经》以物喻人,实在是一种形象而生动的警示教育。

幼而学,壮①而行。上致②君,下泽③民。

【注解】

①壮:指中年。②致:报效。③泽:恩泽,泽被。

【导读】

青少年时期,不但长身体,更要长知识,为以后做人做事打好基础。如果错过这个黄金岁月，就会贻误终身。“上致君，下泽民”正是青少年学习的目的。这两句话可以解释为：对上忠于祖国，对下忠于人民。也就是现在说的全心全意为祖国、为人民服务。而要成为对国家对人民有奉献的人，就要胸怀大志，及早努力学习。

人遗①子，金满籯②，我教子，唯一经③。

【注解】

①遗：留给。②籯：箱柜之类的器物。③经：泛指儒家经书，有的认为就是《三字经》这本书。

【导读】

人家留给子女的是“金”，我教给子女的是“经”。“金”代表物质财富，“经”代表精神财富。这两种财富比较起来，学会做人和治学更为重要。换句话说，给子女留下万贯家产，不如让子女知书明礼，学好本领，将来为国家、为人民建功立业。因为万贯家产可以坐吃山空，或者被不肖之子折腾个精光。而志向和知识才是最有力量的，最可靠的。

勤有功，戏无益，戒之哉，宜勉力。

【导读】

中国传统的教育观念强调学生必须勤学苦练，苦尽才能甘来，如“三更灯火五更鸡，正是男儿用功时”。反对青少年贪图玩乐，蹉跎岁月。韩愈在《进学解》里也说“业精于勤，荒于嬉。”“嬉”者，戏也。但从教育科学来看，这个观念并不完全正确。尤其在幼儿教育阶段，更是把体、智、德、美的教育寓于游戏之中的。因此，对于“戏”我们应加以具体分析。

千 字 文

天地玄黄[①],宇宙洪荒[②]。日月盈昃[③],辰宿[④]列张。寒来暑往,秋收冬藏。闰余[⑤]成岁,律吕[⑥]调阳。

【注解】

①玄黄:玄(黑色)黄二色是儒家对天地的形容,黑色为天,黄色为地。②洪荒:洪水泛滥,四野荒芜,形容宇宙在远古蒙昧混沌时期的景象。③盈昃(zè):盈是月圆,昃是太阳西斜。④辰宿:星宿。⑤闰余:指闰年。为调整地球绕太阳运行的时差,农历每三年闰一个月,五年闰两个月,十九年闰七个月。⑥律吕:音乐术语。古代音律将一个八度分为十二律,奇数各律叫"律",偶数各律叫"吕"。这十二律正好与十二月的阴阳变化相应。相传黄帝时伶伦制乐,用律吕以调节阴阳。

【导读】

《千字文》开篇就讲了关于宇宙的起源和天文气象的常识,这些常识包括日正日斜,月圆月缺,星出星没,寒来暑往,春种秋收,调整时差,调节阴阳。所有这一切,既是自然界运行的规律,也是人类生存必须遵循和适应的规律。尤其是通过调整时差,正确地掌握了四季循环运行,"闰余成岁"的这一天象,从而形成我国特有的历法。据说这个历法在夏代就出现了,所以也叫夏历。历法不仅方便了人们在衣食住行等方面更好地适应时令,对指导农业生产,不违农时,夺取丰收更具有重大的意义。表现了我们古人在探索大自然规律中的聪明和才能。

祸因恶积,福缘善庆[①]。尺璧非宝,寸阴是竞[②]。

【注解】

①庆:奖赏。②竞:争取。

【导读】

这是两条很好的修养箴言。前两句讲因果,后两句讲惜时。世上的事,大都构成了一定的因果联系。祸是作恶多端的报应,福是乐善好施的回报。也就是人们常说的"种善因者得善果,种恶因者得恶果"。知道了善与恶的这种因果报应,我们就会安分守己,不敢去做伤天害理的事了。世界上最宝贵的是时间。最大的浪费是时间的浪费,最大的节约也是时间的节约。知道了"一寸光阴一寸金,寸金难买寸光阴”的道理，我们就会更加珍惜时间，珍惜时间就是珍惜生命。记住这两条箴言并遵照执行，我们就基本具备了良好的品格。

仁慈隐恻①，造次②弗离。节义廉退，颠沛③匪④亏。

【注解】

①隐恻：同情。②造次：紧急匆忙。③颠沛：困顿受挫。④匪：同“非”。

【导读】

这几句话来自《论语·里仁》。孔子说：“造次必于是，颠沛必于是。”就是说，仁爱与同情心任何时候都不能放弃，即使事情再多、再忙，也不能忘记；气节、正义、廉洁、谦让这些品质任何时候也不能丢掉，即使身处逆境也要坚持。一个人良好的品格，不能因为时空的改变而改变。如果改变了，那就失去了人的本性。所以每个人都应当坚持和巩固自己已经形成的良好品质，爱护和维持自己得来不易的声誉。

性①静情逸，心动神疲。守真②志满，逐物③意移。

【注解】

①性：道德规范。②守真：保持天生的善性。③逐物：追逐身外之物。

【导读】

“存天理，灭人欲”，是宋、明理学家们的价值观念。“性”既是人性，也是天理，是儒家仁、义、礼、智、信等道德原则。只有把这些道德原则深深地扎根在人的思想里，才能成为一种稳定的心理素质。换句话说，才能变成人的一种本能和天性。有了这种天性，就不会因为外缘的诱惑而发生动摇，去追逐物质享受，以至心随境转，“心动神疲”了。现实生活中我们经常见到一些人，看见别人发了不义之财，不是警示自己引以为戒，洁身自好，而是挡不住物欲的引诱，以至同流合污，沆瀣一气了。这样他们就失去了自己原来遵纪守法、知足常乐的天性而走向贪婪与堕落。

治本于农，务兹稼穑①。俶②载南亩，我艺黍稷。

【注解】

①稼穑(jià sè):泛指农业。稼是种植,穑是收割。②俶(chù):开始。指春种的季节。

【导读】

民以食为天。农业生产自古以来就是国计民生的根本。“手中有粮,心里不慌”,“一年之计在于春”,失去了绿色的春天,也就失去了金色的秋天。因此,在一年开始的时候,就要提前做好种植计划,及早安排农活,不违农时。由此,我们联想到,春种秋收也像是人生的一个缩影。一个人怎样度过自己的一生,也要在青年时代及早做好安排,树雄心,立壮志,准备干大事业,以免虚度年华,无所作为。要记住:有一分耕耘,才会有一分收获。

索居①闲处,沉默寂寥②。求古寻论,散虑逍遥③。

【注解】

①索居:独居。②寂寥:空旷。此处指甘于寂寞。③散虑:排除忧虑。逍遥:自由自在。

【导读】

这几句话又描述了一种人生境界。人在世上,一方面要为生活、为事业埋头苦干,辛勤奔忙,加快生活节奏;另一方面也要劳逸结合,忙里偷闲,有一定的逍遥自由空间。这样文武之道,有劳有逸,有张有弛,才叫活得自在。一个人善于自处,自甘寂寞,远离喧哗,不谈是非,多么清净啊。再能以缅怀往古而排除自己内心的烦恼,这不但是一种文化修养,也是一种精神享受。

具膳餐饭,适口充肠。饱饫①烹宰,饥厌糟糠②。

【注解】

①饱饫(yù):吃饱、吃好。②糟糠:粗糙的食物。

【导读】

这几句话可以说是讲饮食卫生的。贪图口福是人的一种共性。谁都喜欢美味可口的佳肴而厌恶粗糙的食物。于是就出现了按照自己的口味选择食物的偏食习惯。如有的人只吃细粮,不吃粗粮;有的人只爱吃肉,不爱吃菜;有的人爱吃咸的、辣的,不爱吃清淡的。这样就使营养失去了平衡,不但吃不出健康,还会招致各种疾病。所谓“病从口入”,就是这个道理。因此,我们必须合理安排自己的饮食结构。即使是自己爱吃的东西,也要适可而止。

名贤集

但①行好事,莫②问前程。

【注解】

①但:只,只要。②莫:不,不必。

【导读】

《名贤集》是一本格言荟萃,包括古代名人名言和民间谚语等。作者不详,估计是南宋之后儒家学者所集。开头这两句是说,人只要多做好事,前途就一定是光明美好的,用不着去打卦问卜。有些人心术不正,做了坏事,还要去算命先生那里问问吉凶,岂非多此一举?我们还是相信“好人一生平安”,“只问耕耘,不问收获”吧。

与人方便,自己方便。

【导读】

我们常说:“把方便让给别人,把困难留给自己。”事实上,方便别人也直接或间接地方便了自己。比如修桥补路,别人走起来方便,自己走起来也方便。而且,别人在得到你给予的方便之后,也会用方便来回报你,回报社会。这是一种双向的、互利的人际关系。所谓“人人为我,我为人人”,就是一种和谐社会的人际关系写照。

积善之家,必有余庆;积恶之家,必有余殃。

【导读】

这两句话来自《易经》:“积善之家,必有余庆;积不善之家,必有余殃。”经常做好事的人家一定会迎来喜庆,经常干坏事的人家一定会招来灾难。这其中既有从量变到质变的互动关系,更有“善有善报,恶有恶报”的因果关系。家庭是社会的细胞,一个家庭是行善还是作恶,不但关系到家庭的声誉与命运,也关系到社会的稳定与发展。作为家长,焉能不慎不惧?

无功受禄①,寝食不安。

【注解】

①禄:原指官吏的奉给、薪金,这里泛指报酬。

【导读】

按劳取酬,论功行赏,这是正当的分配原则。对一个有良知的人来说,白白拿了国家的俸禄,或者白白享受了某种待遇,不但名不正,言不顺,而且会感到惭愧乃至寝食不安。只有那些贪得无厌、寡廉鲜耻的人,在无功受禄时才会感到心安理得。这种人只知道和别人比待遇,从来不和别人比奉献。因此,我们每个人都应当问一问自己:你为人民、为社会付出了多少?从人民、从社会那里取得了多少?用付出与取得的这个差数来衡量自己的人生价值。

人无远虑,必有近忧。

【导读】

这句话出自《论语·卫灵公篇》,是说人要没有长远的打算,没有明确的既定目标,不久就一定会有忧患到来。可见“远虑”与“近忧”之间是有一种因果联系的。人为什么没有远虑?除了不善于辨证地分析问题,不善于判断事物的发展趋势之外,多半是因为急功近利,只顾及眼前利益,不顾及长远利益。比如,为了扩大土地,大量砍伐林木,造成严重的水土流失,结果反而失去更多的耕地。所谓“早知今日,何必当初”,就是“近忧”出现的结果。

寸心①不昧,万法②皆明。

【注解】

①寸心:此处指良心。②万法:各种法律。

【导读】

人只要不昧良心,就能自觉地遵纪守法。法律是规范人们道德行为的准则,许多人犯错误不是因为不懂法,而是因为不守法,知法犯法,甚至是以身试法,才导致了“一失足成千古恨”。这在许多罪犯的忏悔录中看得最为明显,如一个受贿额巨大的银行行长在忏悔录中写道:“第一次收人家的钱,我就把自己的良心出卖了。”

量小非君子,无度不丈夫。

【导读】

这句话是提倡豁达大度的。人们称赞那些襟怀宽广的人为“海量”,因此,“量”的大小也就成了分别君子与小人的一个标志。第二句话也有说成“无毒不丈夫”的。“毒”与“度”是大不一样的。“度”是宽容、忍让、不斤斤计较。“毒”表示以牙还牙,以眼还眼,针锋相对,吃不下一点眼前亏,实际上,这样缺乏涵养的人,也是很难成为“大丈夫”的。作为君子,我们认为“度”还是要比“毒”好。

水深流去慢,贵人语来迟。

【导读】

水越深就越听不到流动的声音。大海如果没有风浪,更是一片平静。只有浮浅的小河才会哗啦啦地流淌。人也是这样,越是有修养、有学问的人,越是韬光养晦,不轻易发表自己的意见,不轻易显露自己的才能。“迟”不是反应迟钝,而是深思熟虑的表现。相反,思想浅薄的人,也常常是信口开河的人,或者是喋喋不休、言不及义的人。所以,说话总是少而精为好。有时候,不说比说了还好,这叫“沉默是金”。

路遥识马力,日久见人心。

【导读】

走远路才能识别出马的耐力,相处时间长了才能看出一个人的好坏,这叫

"金凭火炼方知色,人与事交才知心。"没有经过一定时间、一定利害关系的考验,就轻率地对一个人的品德、人格下结论,是一种不成熟的表现,我们在交友和用人中往往吃这个亏。尤其碰上那些两面三刀、阳奉阴违、口是心非的伪君子,更要听其言,观其行,多一点考查。

君子喻于义,小人喻于利。

【导读】

这两句话出自《论语·里仁篇》。意思是君子懂得道义,淡泊名利,可以从道理上去引导他;小人唯利是图,就认得钱,只能从利害关系上去说服他。如果你给君子喻以利,那对他的人格是一种玷污;如果你给小人喻以义,那是隔靴抓痒,对牛弹琴。所以,与人打交道,做人的思想工作,先要知道这个人是"讲义"的还是"图利"的,这样说话办事才更有针对性。

寒门①生贵子②,白屋③出公卿④。

【注解】

①寒门:贫穷人家。②贵子:有出息的孩子。③白屋:茅草房。④公卿:高官。

【导读】

寒门生贵子的例子,从帝王将相到学者专家,古今中外都多不胜举。这是因为,艰苦的条件,最能激励人的意志,增长人的见识,锻炼人的才干,"穷人的孩子早当家"也是这个意思。做家长的应该明白这样一个道理:"生于忧患,死于安乐。"生活条件太优越了,人也就不怎么样了。现在有些国家在青少年中进行"挫折教育",把孩子置于一定的困难环境中锻炼他们分析问题、解决问题的能力。当然,这并不是说越穷越好,越苦越好,而是让孩子们知道人生的道路是艰苦曲折的,幸福的生活是要靠自己动手动脑去创造的。

成人①不自在②,自在不成人。

【注解】

①成人:成家。②自在:自由。

【导读】

一个结了婚,有了家室的人和一个单身生活的人是大不一样的。前者不但要养家糊口,生儿育女,还要担负更多的社会责任与家庭义务,受到更多世俗习惯的约束与干扰,从而影响到他们的生活与事业。相比之下,单身生活的人就自由得多,洒脱得多了。这就是有些人为了事业,为了自在,宁可选择晚婚、选择不育以至于独身的原因吧。

人生不满百,常怀千岁忧。

【导读】

这是两句劝人看破放下的话。人生不过几十年,活过百岁者很少,但他所忧虑的事情却有千年之久。如果是忧国忧民,那当然可贵,但许多人不是忧这个,而是忧儿子、忧孙子。忧什么呢?忧儿子还没有成家,还没有安排好工作,还没有经营好安乐窝。忧孙子将来能不能考上大学?如果出国留学,钱从哪里来?为了给儿孙留一份家产,他们要么不择手段以权谋私,要么以自己的健康为代价拼命挣钱、攒钱,还美其名曰"可怜天下父母心。"其实,"儿孙自有儿孙福",何必那么自讨苦吃呢?没有你的忧虑,孩子们照样生活,地球照样转动。

既在矮檐下,怎敢不低头。

【导读】

身在矮矮的屋檐下,不低头不但出入受阻,还会碰头。而且个子越高,出入困难就越大。这个比喻说明,人在遇到逆境的时候,该让步就得让步,该低头就得低头。从消极方面讲,委屈才能求全;从积极方面讲,能屈能伸才是大丈夫,"退一步海阔天空"。有人就是认识不到这一点,不肯在矮檐下低头,才碰得头破血流。

命好心也好,富贵直到老。

【导读】

命理学家认为,人的富贵、贫贱、夭寿,都是命里注定了的,即"死生有命,富贵在天。”但命理学家同时又承认“命自我立”的说法，就是说人只要心眼儿好，多做利人的事，命运又是可以改变的，这完全符合“善有善报”的规律。相反，如果为富不仁，或者存心不良，做了坏事，厄运也就快临头了，所以《名贤集》又说：“命好心不好，中途夭折了。”

良言一句三冬暖，恶语伤人六月寒。

【导读】

语言是人们交流思想的工具，一个人用什么词语讲话，用什么感情讲话，用什么口气讲话，在人际交往中影响很大。谚语说：“一句话能把人说笑，一句话能把人说跳。”金玉良言使人听了感到温暖，粗言恶语使人听了感到心寒。许多人回忆起“文化大革命”来，最痛苦的不是戴了多少帽子，挨了多少棍子，而是那些不把人当人的秽言恶语。所以谚语又说：“刀伤易治，口伤难医。”因此，我们每个人都应当讲究语言美，这是一个人修养的体现，也是一个社会文明的标志。

君子当权积福，小人仗势欺人。

【导读】

君子在当官掌权的时候，尽量为老百姓办好事，办实事。这样他就积了不少功德，也积了不少福报。当他卸任以后，人们还都记着他，怀念他，感恩于他。相反，小人一旦掌了权，便忘乎所以、狂妄起来，仗势欺人，鱼肉百姓。这样损阴丧德的人，必然会失去人心，引起民愤，也就没有好结果了。

劝君莫作亏心事，古往今来放过谁。

【导读】

这句话听起来带点迷信色彩，实际上却是很现实的。外国有句谚语：“恶人必将被自己的罪孽捉住。”一个做了亏心事的人，即使他一时逃过了法律的惩罚，也逃不过社会舆论的谴责和自己良心的责备。这种社会舆论的谴责和自己良心的责备也叫“道德法庭”。“道德法庭”对人的审判是对人灵魂的鞭挞，这种鞭挞有时比肉体上的打板子还痛苦，而且这种痛苦在你没有彻底悔改之前，社会不会放过你，自己也不会原谅自己。

弟 子 规

弟子[①]规[②]，圣人[③]训[④]：首孝弟[⑤]，次谨信[⑥]，泛爱众，而亲[⑦]仁，有余力，则学文。

【注解】

①弟子：学生。②规：行为规范。③圣人：孔子等贤哲。④训：训导。⑤弟：同“悌”，敬爱兄长。⑥信：诚实。⑦亲：亲近。

【导读】

《弟子规》也是一本比较普及的启蒙读物，是清代学者李毓秀根据《论语·学而篇》第六节编写的。大意是，一个学生的道德行为，首先要做到孝顺父母，尊敬兄长，谨慎诚实，博爱大众，亲近贤人。这几方面都做好了，再去学习文化典籍。由此可见，孔子在教学中是把德育放在首位的，而且很注重落实在行动上。

亲有疾，药先尝，昼夜侍，不离床。

【导读】

父母有了病，一定要给以积极治疗并亲自服侍，这是孝敬父母的一个重要方面。即使自己因为工作不能昼夜守护，也要安排家人轮流照顾。孔子还说：“父母之年不可不知也。一则以喜，一则以惧。”（《论语·里仁》）就是说，对年老的父母，一方面为他们的健康长寿感到高兴，一方面又为他们的健康状况感到担忧。

或饮食，或坐走，长者先，幼者后。

【导读】

无论吃、喝、坐、卧，都要让年长者在先，年幼者在后。《三字经》里的“融四岁,能让梨”就是有名的历史故事。现在不少城市乘坐公共汽车,年轻人都会主动地把座位让给老人,这就是一种尊老的文明行为,应该大力提倡。

年方少,勿饮酒,饮酒醉,最为丑。

【导读】

我们的古人早已提倡少酒、戒酒了。尤其是青少年正在发育时期,饮酒对他们的伤害更甚于成人。再看那些酒醉失态的人,疯疯癫癫,胡言乱语,几乎失去理智,是多么的丑陋!这句话对每一个有尊严的人来说都是很好的警示。

斗闹场,绝勿近,邪辟事,绝勿问。

【导读】

打架斗殴的地方不可去,不正当的事情别打问,也就是孔子说的:“非礼勿视,非礼勿听,非礼勿言,非礼勿动。”(《论语·颜渊篇》)信息时代,鱼龙混杂,许多不健康的书报、影视充满市场,特别是网上那些色情、格斗方面的东西最容易引诱青少年误入歧途。做家长的更需要加强对孩子的防范教育,提高他们对是非、善恶、美丑的鉴别能力。

将入门,问谁存,将上堂,声必扬。

【导读】

进人家大门,或者进人家屋门,一定要先打招呼,或者先按门铃,问问谁在家里,得到主人允许后方可推门,这叫“止步扬声”。万不可不打招呼就擅自入内,于人于己都不方便。这既是一种礼貌,也是一种文明行为。

用人物,须明求,傥①不问,即为偷。

【注解】

①傥(tǎng):同"倘"。

【导读】

使用别人的东西,一定要当面请求并得到别人的允许。否则,与偷窃何异?虽是生活小节,不可不慎。

借人物,及时还,人借物,有勿悭[①]。

【注解】

①悭(qiān):吝啬。

【导读】

借人的东西(包括钱),一定要及时归还,不可拖欠,这是诚信的表现。别人向自己借东西(包括钱),只要自己有就要慷慨地帮助别人,不可拒绝。

事非宜,勿轻诺,苟轻诺[①],进退错[②]。

【注解】

①诺:答应。②错:相互矛盾、不知所措。

【导读】

不易办到的事,不要轻易答应人家,否则,你会陷入进退两难的境地。同样,遇到什么要求也敢答应你的人,你也不要轻易相信,那往往是说说而已,因为"轻诺必寡信。"

说话多,不如少,惟其是,勿佞巧[①]。刻薄语,秽污词,市井气[②],切戒之。

【注解】

①佞(nìng)巧:花言巧语。②市井气:小市民的不良习气。

【导读】

这段话教人说话要文明。一是说话要简明扼要,不要啰啰嗦嗦。二是要实事求是,不要口是心非。小市民的不良习气很多,诸如刻薄无情、惟利是图、损人利己、花言巧语、说脏话等等,少年儿童都要避免沾染这些恶习,玷污纯洁的心灵。

见人善，即思齐，纵去远①，以渐跻②。见人恶，即内省，有则改，无加警。

【注解】

①远：相差很远。②跻(jī)：跟上，看齐。

【导读】

这几句话来自《论语·里仁》："见贤思齐焉，见不贤而内自省也。"见了先进的人就向人家学习，即使一时赶不上，也要作为学习的榜样，争取慢慢赶上去；遇到坏人坏事，就要自我反省，有则改之，没有也要警惕。

无心非，名为错，有心非，名为恶。

【导读】

不是存心做了坏事，叫做错；如果存心去做坏事，那就是恶了。在处世与交友中，这一点一定要分清楚。对于做错事的人，要原谅人，要允许人改正错误，因为他不是有意做错的。《聊斋志异》里《考城隍》的故事说，有个考生在卷中写道："有心为善，虽善不赏；无意为恶，虽恶不罚"，考官看了大加赏识。

道人善，即是善，人知之，愈思勉①。扬人恶，即是恶，疾之甚②，祸且作。

【注解】

①勉：努力。②疾之甚：恨极。

【导读】

"止恶扬善"是我国的一种传统美德。扬人之善，可以鼓励人更善；相反，道人之恶，不但无补于事，还会引起反感、怨恨，甚至招来祸患。从教育意义上讲，发现人的优点(闪光点)，正面表扬，要比抓住人的小毛病，反面批评，效果来得好。因此，家长教育子女，教师教导学生，都应以正面教育为主，不可采取讽刺、挖苦的手段，以防引起逆反心理。

勿谄[①]富，勿骄[②]贫；勿厌故，勿喜新。

【注解】

①谄(chǎn)：讨好。②骄：看不起。

【导读】

嫌贫爱富，或者说羡慕有钱人，瞧不起没钱人，是一种很卑劣的品质，向来为人们唾弃。对于“喜新厌旧”则应该做具体分析。因为“新”总是从“旧”的基础上发展而来的，新与旧之间往往有一种传承的关系，不能截然分开，如吐故纳新、推陈出新、温故知新等。再比如学习，既要巩固旧知识，更要追求新知识，尤其在知识更新很快的今天。但也不能一概而论，比如交朋友，不能因为有了新朋友就忘了老朋友，而且新的未必都比旧的好。

读书法，有三到，心眼口，信皆要。

【导读】

古人读书，强调“三到”：心到、眼到、口到。就是眼睛看着，口里念着，心里想着。朱熹在《朱子童蒙须知》中说：“三到之法，心到最急。心既到矣，眼口岂不到乎？”就是说“三到”之中，“心到”最关键，思想集中了，眼与口也就跟上了。《三字经》也说：“口而诵，心而惟。”就是一边读，一边想。这样才能学思结合，心领神会，收到“读书千遍，其义自见”的效果。

小 儿 语

一切言动，都要安详，十差九错，只为慌张。

【导读】

《小儿语》是明代吕得胜和吕坤父子编写的一本格言和民谚选集，类似于《名贤集》。开头这四句话告诉人们，无论做什么事情都要沉着、细致、冷静。从小学生做作业出现错误到成年人做工作发生失误，十有八九都是因为慌里慌张、粗心大意。所谓“安详”，就是要保持一种从从容容、不慌不忙的心态。

先学耐烦，快休使气[1]，性躁心粗，一生不济[2]。

【注解】

①使气：任性。②济：成功，达到。

【导读】

学习也好，做事也好，先要学会有韧性，不怕麻烦，更不可任性、赌气。如果急躁粗心，自以为是，那就什么事情也做不成了。

能有几句，见人胡讲，洪钟无声，满瓶不响。

【导读】

这几句话以“洪钟”、“满瓶”为喻，教育人说话要有分寸，有分量，有水平，不可乱说乱道。可参阅《名贤集》：“水深流去慢，贵人语来迟。”

自家过失，不消遮掩，遮掩不得，又添一短。

【导读】

缺点与错误是谁都难免的。人常说，“人非圣贤，孰能无过”。其实，圣贤也有过。孔子的学生子贡就说：“君子之过也，如日月之食焉：过也，人皆见之；更也，人皆仰之。(《论语·子张篇》)”可见，有了过，改了就好了。有些人犯的错误不大，但受的处分不轻，就是因为遮遮掩掩，越描越黑。

与人讲话，看人面色，意不相投，不须强说。

【导读】

“面色”在谈话中是一种无声的形态语言。受话人对你所说的是接受还是拒绝，是赞成还是反对，是信服还是怀疑，都会从面部表情特别是从眼神里流露出来。所以，善于讲话的人总是通过察言观色，根据对方“面色”反映出来的情绪变化，随时调整自己讲话的内容与方式。有些人讲话的时候，不看对方的脸色，对方早已不想听了，甚至产生反感了，他还一厢情愿地讲个没完没了，实在是太不识趣了。

造言生事，谁不怕你，也要提防，王法天理。

【导读】

制造谣言和事端的人，虽然谁都惧怕，但这种人也必将受到法律的制裁和道义的谴责。到头来，最厉害的还是“王法天理”。

世间生艺，要会一件，有时贫穷，救你患难。

【导读】

每个人都应当有自己谋生的手段，也就是说七十二行里你总得会一行。纵然不是身怀绝技，也得有所专长，以备生活困难的时候赖以生存。有人提倡“一专多能”，就是说在自己的本行业之外，还有些其他方面的特长和本领。这样在同等条件下，生活的出路就会更多，就业的门路也会更广。狡兔尚有三窟，何况人乎？

任你心术奸险，哄瞒不过天眼①。

【注解】

①天眼：天理良心。

【导读】

心术不正的人，常在背地里干坏事，偷梁换柱，瞒天过海，以为别人不会知道，其实都是掩耳盗铃，自欺欺人。常说：“要想人不知，除非己莫为”，既然为了，就一定会留下被人识破的蛛丝马迹。所以，我们的古人总是劝人要“慎独”。什么是“慎独”？就是在一个人独处的时候，凭着天理良心，自己监督自己，自己管理自己。要知道，你的一言一行，都有“十目所视，十手所指”，那是非常严格的啊。

人言未必皆真，听言只听三分。

【导读】

因为世界上存在着谎言、谣言、传言，所以对人们说的话，尤其是那些道听途说的所谓“小道消息”,更不能一听就信,一信就传,当了那些造谣生事者的义务宣传员。听言虽然不一定只信三分,但至少要多少打点折扣,想一想合理不合理,合情不合情,合法不合法。必要时可以通过调查核实,再作最后结论。

增广贤文

易涨易退山溪水,易反易复小人心。

【导读】

《增广贤文》同《名贤集》一样也是一本名言汇编,大约流传于明清之间,作者不详。

这两句话是很流行的谚语,山里的水常常是季节性的,雨季暴涨,旱季干涸。不明事理的人,也同山里的水一样,因为没有正确的主导思想,又受到一定利益的驱使,很容易忽冷忽热,忽左忽右,反复无常。小人之难处,原因大概就在这里。

有意栽花花不发,无心插柳柳成荫。

【导读】

精心栽一棵花却栽不活,随便插一根柳却长得很茂盛。世界上的事情就是这么无常。想办成的事偏偏办不成,没指望办成的事却意外地办成了。这就提示我们:即使是十拿九稳的事,也要有万一失败的准备;即使是希望渺茫的事,也不要放弃最后的努力。因为事物的必然性和偶然性都是相对的。

画虎画皮难画骨,知人知面不知心。

【导读】

这两句话中的“骨”和“心”都是实质的东西。实质的东西要透过现象才能看到。认识一个人的外表比较容易,要了解一个人的思想就很困难。所谓“相识满天下,知心能几人”、“相见易得好,久住难为人”也都说明这样一个问题。不过“骨”与“心”也不是不可知的,只要经过长时间的观察和分析,本质的东西还是可以认识的。

贫居闹市无人识,富在深山有远亲。

【导读】

这种亲富疏贫的现象,从古到今都是屡见不鲜的。穷困潦倒的人家门可罗雀,有权有钱的人家宾客盈门。常说:“越热越出汗,越冷越打颤。越穷越没有,越有越方便”,世态之炎凉由此可见一斑。不过,应该提醒大家一下,贫富贵贱也都是变化莫测的。试看那些富贵人家,一旦走向没落,失去权势,很快也就“门前冷落车马稀”了。那些廉洁奉公的官吏,因为深得人心,卸任后依然人气很旺,受人拥戴。可见人间的真情,既不在闹市,也不在深山,而在人的心里。

长江后浪推前浪,世上新人赶旧人。

【导读】

新陈代谢、青出于蓝,是事物发展的普遍规律。如果新人老赶不上旧人,岂不是一代不如一代了吗?明白了这个道理,才能以发展的眼光看待年轻人,培养年轻人,尊重年轻人。

近水楼台先得月,向阳花木早逢春。

【导读】

这副精彩的对联实际上是讲“条件论”的。楼台如果不傍水,就映不出月亮来;花木如果不向阳,春天也不会早早降临。可见“先得月”取决于“近水”,“早逢春”取决于“向阳”。换句话说,同样是楼台,因为不靠近水,它就得不到月亮;同样是花木,因为见不到阳光,它就不能萌发。依此类推,同样是人,因为出生在不同的家庭,生活在不同的时代,接受了不同的教育,他们的成长与发展也就大不一样,甚至是天壤之别。这就是条件,这就是机遇,或者说,这就是命运。

莫道君行早，更有早行人。

【导读】

人常说，山外有山，楼外有楼，人上有人。我们不要总以为自己是走在最前面的，更有动身早的人已经走在前头了。尤其在学术研究和发明创造上更要有这种谦虚精神。夜郎自大的人就是因为眼光狭隘，成了井底之蛙，不了解外面的世界有多大，才过高地估计了自己。所以古德说："登高必自卑，涉远必自迩。"

远水难救近火，远亲不如近邻。

【导读】

这两句话也是讲条件的。常说"远亲不如近邻，近邻不如对门。"在紧急情况下，就近与方便才是最重要的。因此，和你周围的人处好关系，和你的左邻右舍处好关系，遇起事来才能左右逢源，得心应手，互相帮助。

力微休负重，言轻莫劝人。

【导读】

我们常说做事要"量力而行"，其实说话也应该"量力而言"。同样一句话，从不同身份、不同地位的人口里说出来，作用和效果是大不一样的。有的人说和不说一个样，说了也没人听，所谓"人微言轻"就是这个意思。明白了这个道理，我们就会根据自己的实际，掌握发言的分寸，也就不会说出超越自己身份的话，更不会强求别人听从自己的话。

救人一命，胜造七级浮屠①。

【注解】

①浮屠：佛塔。安葬佛骨或高僧的地方。

【导读】

"杀生"是佛教的第一大戒。无辜伤害任何生命也是一种罪过。所以救人一命(包括救动物一命,特别是那些频临灭绝受国家保护的动物),其功德之大就像造了一座七级佛塔一样。同理,帮助别人度过难关,走出困境,也是功德无量的事。

药能医假病①,酒不解真愁。

【注解】

①假病:可以治愈的病。

【导读】

药物的作用主要是通过调整人体各种功能达到康复的目的。而对于一些绝症,便是华佗再世也是无能为力的。所以谚语又说:“药医不死病,病死无药医。”如果说药能医假病,那么酒也只能解假愁了。连多愁善感最能饮酒的李白都说:“抽刀断水水更流,举杯消愁愁更愁”,可见酒不但解不了真愁,而且是越喝越愁。所以药也好,酒也好,都是治标不治本的。治本的还要靠自己。如一个人能有个健康的生活方式,能有个乐观平衡的心理状态,比吃任何灵丹妙药都管用,比饮任何琼浆玉液都有效。

谁人背后无人说,哪个背后不说人。

【导读】

如果说背后议论人是一种自由主义,那么不犯自由主义的人实在太少了。尤其婆姨们坐在一起,好像不议论人就没话可说了。一般来说,说些无关紧要的闲话倒也无妨,但如果涉及到人家的家丑、隐私和名誉的闲话就非同小可了。许多怨恨就由此而产生。因此,爱扯闲话的人应该记住两条:一条是不要播弄是非,一条是不说别人的坏话。

十年窗下①无人问,一举成名天下知。

【注解】

①窗下:指苦读。

【导读】

这两句话在过去是受批判的。一提成名成家就好像谈虎色变。因为那是“光专不红”,走资产阶级的白专道路。其实,这两句话应作正面理解。没有“十年寒窗”,哪来“一举成名”?没有名家专家,哪来出类拔萃的人才?没有人才,怎么能建设好国家,走在世界前列。我们提倡多出人才、快出人才,就要鼓励青少年努力学习,敢于成名成家。当然,成才需要立志,有志才有努力的方向。所以“志”与“专”也是统一的。

种麻得麻,种豆得豆。天网恢恢,疏而不漏。

【导读】

这几句话是讲因果规律的。《增广贤文》中这类格言很多,如“善有善报,恶有恶报,不是不报,日子未到”、“亏人是祸,饶人是福。天眼恢恢,报应甚速。”因与果之间,有一个成熟过程,就像从播种到收获一样。因缘一旦成熟了,报应也就来到了。天宇广大,看起来很稀疏,却漏不掉一个坏人。佛教里有句话:“菩萨畏因,众生畏果。”就是说,有智慧的人压根儿就不种恶果,无智慧的人,在恶果出现之后才知道害怕。

世间好语书说尽,天下名山僧占多。

【导读】

这两句话分别阐述了一个耐人寻味的道理。前一句说明书籍之宝贵。为什么是“世间好语”呢?因为书上的话都是前人智慧的结晶,经验的总结,真理的火炬,前进的阶梯。不管谁喜欢它,谁都会开卷受益的。后一句说明佛教在中国的盛行。山西的五台山、浙江的普陀山、四川的峨嵋山、江西的九华山,它们不仅分别是文殊菩萨、观音菩萨、普贤菩萨、地藏菩萨的道场,也是游人如织的四大旅游胜地。如果一个风景区没有古刹钟声,没有香烟缭绕,那是非常逊色的,也算不上是名山了。

爽口食多偏作病,快心事过恐生殃。

【导读】

前一句说明“病从口入”,后一句说明“乐极生悲”。两句话都告诉我们一个真理:事物发展到一定极限的时候,就开始走向自己的反面。人们由于不知道节制,不知道做事留有余地,常常违背了这个辩证法。试看那些罹患各种富贵病的人,哪一个不是大鱼大肉,山珍海味,贪图口福,“爽口食多”者?再看那些好景不长的人,哪一个不是得意忘形,居安不知思危的“乐以忘忧”者?

良田万顷,日食一升,大厦千间,夜眠八尺。

【导读】

改善生活是人们的共同追求,但生活水平的提高是没有止境的。生活只要比较舒适就行了,“大厦千间”里有一间房就够你住了,其它房间都是空的,不可贪得无厌。《增广贤文》说:“人生知足何时足。”对某些人来说,一辈子也没有知足的时候,他也不可能等来知足的那天。

朱柏庐治家格言①

黎明即起洒扫庭除要内外整洁,既昏便息关锁门户必亲自检点。

【注解】

①朱柏庐,明末清初学者,提倡“知行并进”的教育家。他的《治家格言》(也称《朱子家训》)已成为比较普及的蒙学读本。

【导读】

治家从哪里做起?就从按时作息做起。一是白天做到整洁,保持窗明几净;二是晚上注意安全,关好门窗并亲自检点。看似很平常的生活琐事,但要真正做到并持之以恒,也非易事。因此多年来这两句格言已成为最基本的治家之道,一直为人们称颂。

一粥一饭[①]当思来处不易，半丝半缕[②]恒念[③]物力维艰。

【注解】

①一粥一饭：表示粮食。②半丝半缕：表示衣服。③恒念：常想。

【导读】

勤俭节约是中华民族的美德。知道衣食来之不易，便会倍加珍惜，用之得当，而不敢铺张浪费，暴殄天物。我们的古人不仅把节约同人的品德联在一起，认为"勤能补拙，俭可助廉"，而且把节约同人的命运也联系在一起。《周易》节卦认为，人对待节约有三种态度：第一种叫"甘节"，就是把节约看成乐事，这样的人前途是吉祥美好的；第二种叫"安节"，就是不去追求豪华，没有奢望，这样的人也是百事如意的；第三种叫"苦节"，就是把节约看成痛苦，这样的人难免不走正道，前途也就凶多吉少了。

宜未雨而绸缪[①]，勿临渴而掘井。

【注解】

①绸缪（chóu móu）：用绳子系好。比喻事前做好准备工作。

【导读】

"凡事预则立，不预则废"和谚语"悬崖勒马收缰晚，船到江心补漏迟"都是警告人们凡事都要做好充分的准备。这两句话具有普遍的指导意义，如农业上的防旱防涝，工作上的消灭隐患，军事上的"兵马未动，粮草先行"，医学上的"预防为主，治疗为辅"等。一言以蔽之，不论干什么事，都不打没准备的仗。

器具质而洁，瓦缶[①]胜金玉；饮食约[②]而精，园蔬逾珍馐[③]。

【注解】

①瓦缶（fǒu）：瓷土烧成的瓦器。②约：少。③珍馐（xiū）：美味佳肴。

【导读】

器具只要质朴干净，陶器也能胜过金玉器皿；饮食只要少而精细，蔬菜也能赶上贵重的食品。这是一种返璞归真的生活理念，也是一种清心寡欲的养生之道。实践证明，简简单单、清清淡淡的饮食习惯，是一种健康长寿的生活方式。许多长寿老人的生活经验中几乎都包括了这一点。

刻薄成家理无久享，伦理乖舛[1]立见消亡。

【注解】

①乖舛(guāi chuǎn)：谬误。

【导读】

靠残酷盘剥别人建立起来的家业是不会长久的，违背伦理道德的家庭是不会兴旺的。这两句话与“积善之家必有余庆，积不善之家必有余殃”是相通的。

与肩挑贸易勿占便宜，见穷苦亲邻须多温恤[1]。

【注解】

①温恤(xù)：关怀、救济。

【导读】

对街头巷尾那些挑着担子、摆着摊子的小商小贩，不要刁难他们，更不要讨他们的便宜，因为他们都是小本生意，挣点钱很不容易。对那些生活困难的乡亲和邻居要给以关怀和照顾，这是一种人道主义，博爱精神，是一种人性化的家风。

听妇言乖骨肉岂是丈夫，重资财薄父母不成人子。

【导读】

听信妇人挑拨，离间自己骨肉，不是大丈夫行为；看重钱财，虐待自己父母，简直是衣冠禽兽。一个有理性、有良知的人，绝不会做出这样的蠢事。

嫁女择佳婿毋索重聘[1]，娶媳求淑女毋计厚奁[2]。

【注解】

①聘：订婚彩礼。②奁(lián)：嫁妆。

【导读】

嫁女、娶媳都应从简，不应贪图彩礼，讲究厚奁，而应把选人放在第一位。“佳婿”和“淑女”都是有才有德的人。但几千年来封建买卖婚姻遗留下来的陋习至今未能彻底改变。有的人找对象就是认钱不认人，挑财不挑才，男的只要有钱，女的只要长得漂亮就行。有的人办事情讲排场，图阔气，比彩礼，比嫁妆，就是不比家风，不比家教，不比人的素质，这就把择偶的标准本末倒置了。这些陈规陋习都需要在移风易俗的改革中加以改变。

居家戒争讼①，讼则终凶；处世戒多言②，言多必失。

【注解】

①讼(sòng)：争辩，这里指争吵。②多言：指信口开河，口无遮拦。

【导读】

我们常说“和为贵”、“家和万事兴”，可见治家之道，“和”是非常重要的。与“和”相反的就是“讼”了。如果一家人经常争争吵吵，打打闹闹，甚至对簿公堂，打起官司来，这个家庭就一定过不安生了。“处世戒多言”主要是指不要乱说一通，更不要搬弄是非，说人坏话。

勿恃①势力而凌逼孤寡，毋贪口腹而恣②杀牲禽。

【注解】

①恃(shì)：依仗。②恣(zì)：任意。

【导读】

不要仗势欺凌社会上的弱势群体，因为那是最不道德的行为。也不要为了贪图所谓的“口福”而随意宰杀牲禽，因为那也是很不人道的。这两句话都是劝人要有同情心、怜悯心和慈悲心。孟子说，没有同情心的人就不成个人。

狎昵①恶少，久必受其累；屈志②老成，急则可相依。

【注解】

①狎昵(xiánì):过分亲近。②屈志:志向不大。

【导读】

和品德不好的人混在一起,迟早要被牵连而受其害,倒是那些平庸老实的人,遇起事来,可以助你一臂之力。这是社会交往中最起码的交友之道。在这方面,孔子为我们提出了择友的三个标准。他说:“益者三友,损者三友。友直、友谅、友多闻,益矣。友便辟,友善柔,友便佞,损矣。”就是说,有益的朋友有三种:正直、诚信、知识广博,有害的朋友也有三种:谄媚奉承、阳奉阴违、夸夸其谈。

凡事当留余地,得意不宜再往。

【导读】

无论干什么事情都要留有一定余地,或者说留下一定回旋的空间,不要把事情做绝了。尤其在得到一定利益的时候,更要适可而止。老百姓把这叫做“见好就收”,古人叫“知足不辱,知止不殆”。如果该收的时候不收,该止的时候不止,做过了头,那就事与愿违了。

幼学琼林①

混沌初开,乾坤始奠。气之轻清上浮者为天,气之重浊下凝者为地。日月五星,谓之七政;天地与人,谓之三才。(《卷一·天文》)

【注解】

①《幼学琼林》原名《成语考》、《幼学须知》。明末程登吉编写,清代邹圣脉作了增补,改名为《幼学琼林》。相当于蒙学读物中的“词典”。

【导读】

我国古代认为,宇宙起源于混沌不开的一团气体,后来因为清气上浮、浊气下凝才分开天地、阴阳。这与道家“有物混成,先天地生”(《老子》二十五章)的解释是一致的。天能覆盖万物,地能运载万物。古人称金、木、水、火、土五星加上地球和太阳为“七政”。人是万物之灵,与天、地合称为“三才”。

黄帝画野，始分都邑；夏禹治水，初奠山川。宇宙之江山不改，古今之称谓各殊。（《卷一·地舆》）

【导读】

自从轩辕黄帝划分了疆域，才分出什么是王都，什么是城邑。夏朝禹王平治水土以后，才分出高山与大川。古往今来山川虽然未改，但称谓却有变化。

东岳泰山，西岳华山，南岳衡山，北岳恒山，中岳嵩山，此为天下之五岳。饶州之鄱阳，岳州之青草，润州之丹阳，鄂州之洞庭，苏州之太湖，此为天下之五湖。（《卷一·地舆》）

【导读】

此处介绍了我国的五岳和五大淡水湖。

问舍求田，原无大志；掀天揭地，方是奇才。凭空起事，谓之平地风波；独立不移，谓之中流砥柱。（《卷一·地舆》）

【导读】

只关心房屋、田地的人是没有大志的人，只有把天掀翻、把地举起的人才算是奇才。无端起事叫“平地风波”，屹立不动叫“中流砥柱”。

何谓五伦？君臣、父子、兄弟、朋友、夫妇；何谓九族？高、曾、祖、考、己身、子、孙、曾、玄。（《卷二·祖孙父子》）

【导读】

人际关系和社会关系是很复杂的，何谓“五伦”？何谓“九族”？应该知道其称谓。

结发系是初婚，续弦乃是再娶。妇人重婚曰再醮①，男子无偶曰鳏②居。如鼓瑟琴，夫妻好合之谓；琴瑟不调，夫妇反目之词。牝鸡司晨，比

妇人之主事；河东狮吼，讥男子之畏妻。（《卷二·夫妇》）

【注解】

①再醮(jiào)：再嫁。②鳏(guān)：无妻或丧妻的人。

【导读】

人际关系间的称谓，古代汉语和现代汉语，口头语和书面语不尽相同，这里就举了几个例子。

百岁曰上寿，八十曰中寿，六十曰下寿。八十曰耋[1]，九十曰耄[2]，百岁曰期颐。（《卷二·老幼寿诞》）

【注解】

①耋(dié)：七八十岁年纪。②耄(mào)：八九十岁年纪。

【导读】

人的岁数在不同时期有不同的称谓。有些文言词现在依然使用，学子应该知道。

貌丑曰不扬，貌美曰冠玉。足跛曰蹒跚，耳聋曰重听。期期艾艾，口讷之称；喋喋便便，言多之状。可嘉者小心翼翼，可鄙者大言不惭。（《卷二·身体》）

【导读】

这里解释的几个词语，至今依然通用，应该掌握。

口中雌黄，言事而多改移；皮里春秋，胸中自有褒贬。唇亡齿寒，谓彼此之失依；足上首下，谓尊卑之颠倒。所为得意，曰吐气扬眉；待人诚心，曰推心置腹。心慌曰灵台乱，醉倒曰玉山颓。（《卷二·身体》）

【导读】

有些古代词语或成语现在已经不用或很少用了，但也应该明白，只有这样才能读通古文。特别是词义的褒与贬更要搞清楚，否则会弄出笑话。

退我一步行，固云安乐法；道人三个好，尤见喜欢缘。（《卷三·人事》）

【导读】

这两句话是讲处人之道的。退一步，能通天下；道人好，谁都高兴。

临渊羡鱼，不如退而结网；扬汤止沸，不如去火抽薪。（《卷三·饮食》）

【导读】

这是两句治学和做事的名言，至今仍然被频繁地使用着。前一句强调实干，后一句说明治本。

上古结绳记事①，仓颉制字代绳。龙马负图②，伏羲因画八卦。洛龟呈瑞③，大禹因别九畴。历日④是神农所为，甲子⑤乃大挠所作。算术⑥作于隶首，律吕⑦造自伶伦。（《卷四·制作》）

燧人氏钻木取火⑧，烹饪初兴；有巢氏构木为巢⑨，宫室始创。（《卷四·制作》）

【注解】

①结绳记事：上古人在绳子上打结记载事情的发生，仓颉制作文字后才取代了结绳记事。②龙马负图：传说古代有一种形状像马的龙，背上有阴阳点，伏羲氏据此画出了八卦。③洛龟呈瑞：传说大禹时，神龟负文出现于洛水，大禹据此龟文知道了治理天下的九类规范。④历日：日历。传说寒暑节气为神农氏创造。⑤甲子：传说黄帝命大挠用十个天干配十二个地支构成甲子。⑥算术：传说黄帝命隶首创制。⑦律吕：泛指乐律。传说黄帝命伶伦创制。⑧钻木取火：传说燧人氏发明钻木取火的方法，人们才把食物烧熟了吃。⑨构木为巢：传说有巢氏发明搭木为巢的方法，人们才学会了建造房屋。

【导读】

以上两段话，既是历史知识，也是对典故的考证。《幼学琼林》中类似的词语典故很多,不胜枚举,若能全部掌握,堪称“才高八斗”。所以有人说:“学了《增广》会说话,学了《琼林》走天下。”

附一：

三字经

人之初，性本善。性相近，习相远。苟不教，性乃迁。
教之道，贵以专。昔孟母，择邻处。子不学，断机杼。
窦燕山，有义方，教五子，名俱扬。养不教，父之过；
教不严，师之惰。子不学，非所宜，幼不学，老何为？
玉不琢，不成器；人不学，不知义。为人子，方少时，
亲师友，习礼仪。香九龄，能温席；孝于亲，所当执。
融四岁，能让梨；弟于长，宜先知。首孝悌，次见闻。
知某数，识某文。一而十，十而百，百而千，千而万。
三才者：天地人。三光者：日月星。三纲者：君臣义，
父子亲，夫妇顺。曰春夏，曰秋冬，此四时，运不穷。
曰南北，曰西东，此四方，应乎中。曰水火，木金土，
此五行，本乎数。曰仁义，礼智信，此五常，不容紊。
稻粱菽，麦黍稷，此六谷，人所食。马牛羊，鸡犬豕，
此六畜，人所饲。曰喜怒，曰哀惧，爱恶欲，七情具。
匏土革，木石金，丝与竹，乃八音。高曾祖，父而身，
身而子，子而孙，自子孙，至玄曾，乃九族，人之伦。
父子恩，夫妇从，兄则友，弟则恭，长幼序，友与朋，
君则敬，臣则忠，此十义，人所同。凡训蒙，须讲究，
详训诂，明句读。为学者，必有初。小学终，至四书。
论语者，二十篇，群弟子，记善言。孟子者，七篇止，
讲道德，说仁义。作中庸，乃孔伋，中不偏，庸不易。
作大学，乃曾子，自修齐，至平治。孝经通，四书熟，
如六经，始可读。诗书易，礼春秋，号六经，当讲求。
有连山，有归藏，有周易，三易详。有典谟，有训诰，
有誓命，书之奥。我周公，作周礼，著六官，存治体。
大小戴，注礼记，述圣言，礼乐备。曰国风，曰雅颂，
号四诗，当讽咏。诗既亡，春秋作，寓褒贬，别善恶。

三传者，有公羊，有左氏，有谷梁。经既明，方读子，撮其要，记其事。五子者，有荀扬，文中子，及老庄。经子通，读诸史，考世系，知终始。自羲农，至黄帝，号三皇，居上世。唐有虞，号二帝，相揖逊，称盛世。夏有禹，商有汤，周文武，称三王。夏传子，家天下，四百载，迁夏社。汤伐夏，国号商，六百载，至纣亡。周武王，始诛纣，八百载，最长久。周辙东，王纲坠，逞干戈，尚游说。始春秋，终战国，五霸强，七雄出。嬴秦氏，始兼并，传二世，楚汉争。高祖兴，汉业建，至孝平，王莽篡。光武兴，为东汉，四百年，终于献。魏蜀吴，争汉鼎，号三国，迄两晋。宋齐继，梁陈承，为南朝，都金陵。北元魏，分东西，宇文周，与高齐。迨至隋，一土宇，不再传，失统绪。唐高祖，起义师，除隋乱，创国基，二十传，三百载，梁灭之，国乃改。梁唐晋，及汉周，称五代，皆有由。炎宋兴，受周禅，十八传，南北混。辽与金，皆称帝，元灭金，绝宋世。莅中国，兼戎狄，九十载，国祚废。太祖兴，国大明，号洪武，都金陵。迨成祖，迁燕京，十七世，至崇祯，权奄肆，寇如林。李闯叛，神器焚。清太祖，膺景命，靖四方，克大定。由康雍，历乾嘉，民安富，治绩夸。道咸间，变乱起，始英法，扰都鄙，开海禁，交互市。继粤匪，创天理，民遭殃，如汤沸。有良弼，国再造，靖寇氛，疆土保。同光后，宣统弱，我中国，地日削，传九帝，满业没。革命兴，意气雄，废帝制，效大同，立宪法，政共和。愿同胞，勿操戈。古今史，全在兹，载治乱，知兴衰。读史者，考实录，通古今，若亲目。口而诵，心而惟，朝于斯，夕于斯。昔仲尼，师项橐，古圣贤，尚勤学。赵中令，读鲁论，彼既仕，学且勤。披蒲编，削竹简，彼无书，且知勉。头悬梁，锥刺股，彼不教，自勤苦。如囊萤，如映雪，家虽贫，学不辍。如负薪，如挂角，身虽劳，犹苦卓。苏老泉，二十七，始发愤，读书籍，彼既老，犹悔迟，尔小生，宜早思。

若梁灏，八十二，对大廷，魁多士，彼既成，众称异，尔小生，宜立志。莹八岁，能咏诗，泌七岁，能赋棋。彼颖悟，人称奇，尔幼学，当效之。蔡文姬，能辨琴，谢道韫，能咏吟。彼女子，且聪敏，尔男子，当自警。唐刘晏，方七岁，举神童，作正字。彼虽幼，身已仕，尔幼学，勉而致，有为者，亦若是。犬守夜，鸡司晨，苟不学，曷为人。蚕吐丝，蜂酿蜜，人不学，不如物。幼而学，壮而行，上致君，下泽民。扬名志，显父母，光于前，裕于后。人遗子，金满籝，我教子，惟一经。勤有功，戏无益，戒之哉，宜勉力。

附二：

百家姓

赵钱孙李 周吴郑王 冯陈褚卫 蒋沈韩杨 朱秦尤许
何吕施张 孔曹严华 金魏陶姜 戚谢邹喻 柏水窦章
云苏潘葛 奚范彭郎 鲁韦昌马 苗凤花方 俞任袁柳
酆鲍史唐 费廉岑薛 雷贺倪汤 滕殷罗毕 郝邬安常
乐于时傅 皮卞齐康 伍余元卜 顾孟平黄 和穆萧尹
姚邵湛汪 祁毛禹狄 米贝明臧 计伏成戴 谈宋茅庞
熊纪舒屈 项祝董梁 杜阮蓝闵 席季麻强 贾路娄危
江童颜郭 梅盛林刁 钟徐邱骆 高夏蔡田 樊胡凌霍
虞万支柯 昝管卢莫 经房裘缪 干解应宗 丁宣贲邓
郁单杭洪 包诸左石 崔吉钮龚 程嵇邢滑 裴陆荣翁
荀羊於惠 甄麴家封 芮羿储靳 汲邴糜松 井段富巫
乌焦巴弓 牧隗山谷 车侯宓蓬 全郗班仰 秋仲伊宫
宁仇栾暴 甘钭厉戎 祖武符刘 景詹束龙 叶幸司韶
郜黎蓟薄 印宿白怀 蒲邰从鄂 索咸籍赖 卓蔺屠蒙
池乔阴鬱 胥能苍双 闻莘党翟 谭贡劳逄 姬申扶堵

冉宰郦雍 郤璩桑桂 濮牛寿通 边扈燕冀 郏浦尚农
温别庄晏 柴瞿阎充 慕连茹习 宦艾鱼容 向古易慎
戈廖庾终 暨居衡步 都耿满弘 匡国文寇 广禄阙东
殴殳沃利 蔚越夔隆 师巩厍聂 晁勾敖融 冷訾辛阚
那简饶空 曾毋沙乜 养鞠须丰 巢关蒯相 查后荆红
游竺权逯 盖益桓公 万俟司马 上官欧阳 夏侯诸葛
闻人东方 赫连皇甫,尉迟公羊 澹台公冶 宗政濮阳
淳于单于 太叔申屠 公孙仲孙 轩辕令狐 钟离宇文
长孙慕容 鲜于闾丘 司徒司空 亓官司寇 仉督子车
颛孙端木 巫马公西 漆雕乐正 壤驷公良 拓拔夹谷
宰父穀梁 晋楚阎法 汝鄢涂钦 段干百里 东郭南门
呼延归海 羊舌微生 岳帅缑亢 况后有琴 梁丘左丘
东门西门 商牟佘佴 伯赏南宫 墨哈谯笪 年爱阳佟
第五言福 百家姓终

附三：

千 字 文

天地玄黄，宇宙洪荒。日月盈昃，辰宿列张。寒来暑往，秋收冬藏。闰余成岁，律吕调阳。云腾致雨，露结为霜。金生丽水，玉出昆冈。剑号巨阙，珠称夜光。果珍李奈，菜重芥姜。海咸河淡，鳞潜羽翔。龙师火帝，鸟官人皇。始制文字，乃服衣裳。推位让国，有虞陶唐。吊民伐罪，周发殷汤。坐朝问道，垂拱平章。爱育黎首，臣服戎羌。遐迩一体，率宾归王。鸣凤在竹，白驹食场。化被草木，赖及万方。盖此身发，四大五常。恭维鞠养，岂敢毁伤！女慕贞洁，男效才良。知过必改，得能莫忘。罔谈彼短，靡恃己长。信使可覆，器欲难量。墨悲丝染，诗赞羔羊。景行维贤，克念作圣。德建名立，形端表正。空谷传声，

虚堂习听。祸因恶积，福缘善庆。尺璧非宝，寸阴是竞。资父事君，曰严与敬。孝当竭力，忠则尽命。临深履薄，夙兴温凊。似兰斯馨，如松之盛。川流不息，渊澄取映。容止若思，言辞安定。笃初诚美，慎终宜令。荣业所基，藉甚无竟。学优登仕，摄职从政。存以甘棠，去而益咏。乐殊贵贱，礼别尊卑。上和下睦，夫唱妇随。外受傅训，入奉母仪。诸姑伯叔，犹子比儿。孔怀兄弟，同气连枝。交友投分，切磨箴规。仁慈隐恻，造次弗离。节义廉退，颠沛匪亏。性静情逸，心动神疲。守真志满，逐物意移。坚持雅操，好爵自縻。都邑华夏，东西二京。背邙面洛，浮渭据泾。宫殿盘郁，楼观飞惊。图写禽兽，画彩仙灵。丙舍傍启，甲帐对楹。肆筵设席，鼓瑟吹笙。升阶纳陛，弁转疑星。右通广内，左达承明。既集坟典，亦聚群英。杜稿钟隶，漆书壁经。府罗将相，路侠槐卿。户封八县，家给千兵。高冠陪辇，驱毂振缨。世禄侈富，车驾肥轻。策功茂实，勒碑刻铭。磻溪伊尹，佐时阿衡。奄宅曲阜，微旦孰营？桓公匡合，济弱扶倾。绮回汉惠，说感武丁。俊乂密勿，多士实宁。晋楚更霸，赵魏困横。假途灭虢，践土会盟。何遵约法，韩弊烦刑。起翦颇牧，用军最精。宣威沙漠，驰誉丹青。九州禹迹，百郡秦并。岳宗恒岱，禅主云亭。雁门紫塞，鸡田赤城。昆池碣石，钜野洞庭。旷远绵邈，岩岫杳冥。治本于农，务兹稼穑。俶载南亩，我艺黍稷。税熟贡新，劝赏黜陟。孟轲敦素，史鱼秉直。庶几中庸，劳谦谨敕。聆音察理，鉴貌辨色。贻厥嘉猷，勉其祗植。省躬讥诫，宠增抗极。殆辱近耻，林皋幸即。两疏见机，解组谁逼？索居闲处，沉默寂寥。求古寻论，散虑逍遥。欣奏累遣，戚谢欢招。渠荷的历，园莽抽条。枇杷晚翠，梧桐早凋。陈根委翳，落叶飘摇。游鹍独运，凌摩绛霄。耽读玩市，寓目囊箱。易輶攸畏，属耳垣墙。具膳餐饭，适口充肠。饱饫烹宰，饥厌糟糠。亲戚故旧，老少异粮。妾御绩纺，侍巾帷房。纨扇圆洁，银烛炜煌。昼眠夕寐，蓝笋象床。弦歌酒宴，接杯举觞。矫手顿足，悦豫且康。嫡后嗣续，祭祀烝尝。稽颡再拜，悚惧恐惶。笺牒简要，顾答审详。骸垢想浴，执热愿凉。驴骡犊特，骇跃超骧，诛斩贼盗，捕获叛亡。布射辽丸，嵇琴阮啸。恬笔伦纸，钧巧任钓。释纷利俗，并皆佳妙。毛施淑姿，工颦妍笑。年矢每催，曦晖朗曜。璇玑悬斡，晦魄环照。指薪修祜，永绥吉劭。矩步引领，俯仰廊庙。束带矜庄，徘徊瞻眺。孤陋寡闻，愚蒙等诮。谓语助者，焉哉乎也。

第二卷 诸子百家妙语

我出生于1935年，童年是在战争年代度过的。我的同龄人中，大都因为战乱而失去了学习机会。幸运的是我有一个博览群书的父亲，他就是我的第一个蒙师李窩英先生。他在非常艰苦的条件下，用粗糙的毛头纸为我编写了一本特殊的教材，从诸子百家中选择了他认为对进德修业有帮助的语录，叫做“诸子百家妙语”，让我学习、背诵并给我作了讲解。以后的实践证明，父亲为我选编的这本书，不但是诸子思想中的精华，而且也确实成为我治学与做人的指南。为了纪念我的父亲，就把“诸子百家妙语”作为我这本书第二卷的卷名。我在整理时在内容上作了一些必要的调整和删补。

诸子百家所处的时代是我国从奴隶制社会向封建社会过渡的时代。这中间经历了242年大国称霸的春秋时期,又经历了258年七雄竞争的战国时期，至秦汉帝国终于完成了统一。所以，从先秦至汉初是一个社会大动荡的年代。一方面是贵族奴隶主不肯退出历史舞台，竭力维护其既得利益；一方面是新兴的地主工商阶级要求通过变法对奴隶制的政治、经济、法律进行封建化的改造。于是代表不同阶级利益的士大夫们纷纷出来，就天道观、认识论、名实关系、社会伦理、礼法制度等提出了不同的改革主张，这就形成了不同的学术流派。比如，代表奴隶主阶级利益的孔子，一方面主张克己复礼，一方面也向新兴势力作出妥协。孟子和荀子虽然也继承了孔子的学术思想，但基本上站在了新兴地主阶级立场上，表现出一定的进步倾向。墨子代表了当时的自由手工业者和小私有者的利益，他反对不正义的兼并战争，主张无差别的“兼爱”。商鞅、韩非是法制改革的旗手，他们积极推行变法，强化君主专制，强调“不别亲疏，不殊贵贱，一断于法”(《史记·太史公自序》)。老子、庄子、列子则属于另一个群体，被称为道家。他们多半是由贵族降下来的农民，社会思想充满着矛盾，一方面继续为统治者提供愚民政策，一方面也对统治者的残酷剥削提出抗议。正如周谷城先生在《中国通史》里总结的那样：“右翼的孔子，左翼的法家，积极的墨子，消极的道家。”此外，春秋战国时期由于诸侯互相兼并，许多专门研究战争的兵家也就应运而生，如孙武、孙膑、吴起等。他们总结的战争经验、创立的军事理论，至今仍然是军事家们在克敌制胜中常常遵循的原则与规律。与此相适应的另一条战线是专门从事政治、外交活动的纵横家。他们依靠三寸不烂之舌，或分化，或争取，纵横捭阖，游说诸侯，成为他们的谋士和策士。由此可见，春秋战国时期也是我国历史上学术研究最活跃、思想最解放的一个时代。据《汉书·艺文志》载，当时的学术流派多达 189 家，真是“百花齐放，百家争鸣”。不过，主要的学派是我们通常说的“三教九流”。“三教”指儒教、道教和佛教。“九流”是儒家、道家、阴阳家、法家、名家、墨家、纵横家、杂家和农家。他们的学术研究成果不但促进了当时的社会变革，也对中华民族历史文化的发展起了巨大的推动作用。

儒家是“九流”中最大的学术团体，其创始人孔子（前 551—前 479），名丘，字仲尼，鲁国陬（zōu）邑（今山东曲阜）人。儒家学说的核心是“仁”，主张“祖述尧舜，宪章（效法）文武”，恢复周代的社会秩序。崇尚“礼乐”、“忠恕”和不偏不倚的“中庸之道”。但由于奴隶制的分崩离析，尽管孔子不辞劳苦，四处游说，他的政治主张还是很难得到推行。最后只好回到老家，招收门徒，兴办教育，成为我国历史上私人办学的鼻祖。《论语》一书就是孔子和他的学生们谈话的一本记录。到了战国时期，儒家出现分化，主要有孟子、荀子两大派。孟子（约前 372—前 289），名轲，字子舆，邹（今山东邹县）人，是孔子之后儒家的主要代表人物，历来有“孔孟之道”之谓。孟子继续推行孔子的“仁政”，并把道德规范概括为“仁、义、礼、智”四种。孟子也同孔子一样，先后到许多国家游说，但他的政见都与所在国君主不合而不被重视。晚年回到故乡，著书立说，整理儒家经典，著有《孟子》一书，凡 7 篇。荀子（约前 313—前 238），名况，赵国人。著有《荀子》，共 32 篇，书中阐述了他的伦理、道德主张。荀子认为人性是恶的，“其善者伪也”。要有“师法之化，礼仪之道”才可以转变为善。因而提出礼治与法治并重的主张。经济上，荀子提出强本节用、开源节流的治国之道。儒家虽然主张复古，恢复周礼秩序，但其伦理道德、修身养性之说毕竟对统治阶级有利。尤其自汉武帝“罢黜百家，独尊儒术”之后，儒家学说一直是中国传统文化的主流。直到“五四”运动之后，才失去其长达两千多年的统治地位。

道家是以先秦老子、庄子关于“道”的学说为中心的学派。道家创始人老子（生卒年限不详）姓李，名耳，字伯阳，春秋时楚国苦县（今河南鹿邑）人。著有《老子》（又称《道德经》、《老子五千文》）。老子哲学思想的核心是“道”，认为“道”是宇宙万物之本原。“道生一，一生二，二生三，三生万物。”强调人在思想行为上应该效法“道”的“生而不有，为而不恃，长而不宰”。就是说，生养了万物而不据为己有，推动了万物而不以为尽了力，作为万物的首长而不对他们宰割。类似的说法还有“上善若水，水利万物而不争”。他的政治主张是“无为而治”。如果说孔子的理想社会是回到周朝的礼制，那么老子的理想社会则是回到小国寡民的原始公社了。“邻国相望，鸡犬之声相闻，使民老至死不相往来。”伦理上老子主张“绝仁弃义”，这与儒家学说形成鲜明对立。老子的处世之道是“贵柔守雌”。“知其雄，守其雌”、“知其荣，守其辱”。与老子齐名的庄子(约前369—前286)名周，战国时宋国蒙(今河南商丘东北)人。庄子继承和发展了老子“道法自然”的观点，认为“道”是无所不在的。强调事物的自生自化，幻想一种安时处顺、逍遥自得的精神境界。著有《庄子》(亦称《南华经》)。这里要说明的是，道家并非道教。道教源于古代的神仙信仰和方仙之术。东汉时由张道陵定名为道教，并奉老子为教主，称“太上老君”。《老子》、《庄子》两本书，即《道德经》和《南华经》也就成了道教的主要经典。所以道教是土生土长的中国宗教。西汉以后，历代的统治者虽然都重儒尊孔，但道家的思想却一直活跃在中国历史舞台上，对中国的宗教、哲学、文化、科技都有着深远的影响。

我国既然有“三教九流”之说，就应简要地介绍一下佛教。因为佛教文化已成为中国传统文化不可分割的一部分。一提佛教谁都会想起《西游记》里唐僧西天取经的故事来。佛教起源于印度，盛行于中国。它的创始人释迦牟尼与我国的老子、孔子基本上是同时代的人。虽然由于地域的限制他们之间没有更多交流，但对彼此的理想与德行却早有所闻，且敬重有加。释迦牟尼在《金刚经》中说：“一切贤圣皆以无为法而有差别。”就是说，一切圣人都从不同角度阐述着宇宙与人生的真理，只是程度不同而已。这与道家的思想非常接近。《列子》中引述孔子的话说：“丘闻西方有圣者焉，不治而不乱，不言而自信，不化而自行，荡荡乎无能名焉。”孔子说的西方圣者就是释迦牟尼。佛教自东汉明帝永平十年(67)正式传入中国后，当时的学者就以老庄思想来解释佛教，一度形成释道合流之势。佛教的“抚世助化”、“利乐有情”又与儒家的“仁政”、“德治”息息相通。佛教的“五戒”(杀、盗、淫、妄、酒)也类似于儒家的“五常”(仁、义、礼、智、信)。魏晋时兴起的以道释儒的玄学，以及宋明时的理学，其中都吸收了佛教的般若(智慧)学。纵观中国的哲学、文学、艺术、建筑、雕塑、音乐、绘画、舞蹈、气功，几乎都能找到佛教文化的影子。就连汉语中的许多成语、典故也都来自梵文。可以这么说，如果我们对佛教文化了解甚少，那也是很难完整地理解中华民族传统文化的。下面我们侧重从诸子百家著作中选些精要的语录并通过“导读”供大家学习和引用。

论　语

子[①]曰:"学而时[②]习之,不亦说[③]乎?有朋自远方来,不亦乐乎?人不知,而不愠[④],不亦君子[⑤]乎?"(《学而篇》)

【注解】

①子:孔子。②时:经常。③说:读音与意义都同"悦",高兴的意思。④愠(yùn):怨恨。⑤君子:《论语》中君子一词出现最多,一般指有道德、有学问的人。反之就是小人。

【导读】

《论语》开头就设了三个反问。第一问泛指乐学,包括对旧知识的复习与练习。第二问指志同道合的人在一起共享聚会的愉快。第三问通常解释为:"别人不了解我,我也不怨恨,不也是君子吗?"但杨伯峻先生认为这样的解释有些牵强。因为"人不知"后边没有宾语,人不知道什么呢?还有待于进一步研究。

曾子[①]曰:"吾日三省[②]吾身——为人谋而不忠乎?与朋友交而不信乎?传不习乎?"(《学而篇》)

【注解】

①曾子:孔子的学生,名参,字子舆。②三省:"三"泛指多次。省(xǐng)内省。

【导读】

曾子每天都要反躬自问:为别人办的事尽心了吗?与人相处做到诚信了吗?老师传授的知识复习过了吗?这是一种自我鞭策、自我教育的精神。如果我们每个人在一天过后都能这样在脑子里过一过"电影",就可以及时修正错误,总结经验,与时俱进了。现代教育家陶行知先生就给自己提出"每天四问":我的身体有没有进步?我的学问有没有进步?我的工作有没有进步?我的道德有没有进步?中国佛教协会会长赵朴初先生还把这"四问"写出来作为自己的座右铭。

子曰:"君子食无求饱[①],居无求安[②],敏于事而慎于言,就有道[③]而正[④]焉,可谓好学也已。"(《学而篇》)

【注解】

①饱:满足。②安:舒适。③有道:有道德、学问者。④正:端正、指正。

【导读】

孔子在这里指出有好学精神者的几种表现:做事敏捷,说话谨慎,求教于有道德学问的人。因为好学,也就无暇顾及物质生活享受了。孔子在《论语》里多处提到"道"与"食"的问题。他认为,一个读书人,如果对追求真理不感兴趣,总是感到自己吃得不如别人好,穿得不如别人好,就不值得与他论道了。"士志于道,而耻恶衣恶食者,未足与议也。"(《里仁篇》)不过,孔子过分地强调了"道",以至于把"道"与"食"对立起来,这就难免失之偏颇。他说:"君子谋道不谋食。耕也,馁在其中矣;学也,禄在其中矣。君子忧道不忧食。"(《卫灵公篇》)他的这个观点也招致了不少的批判。

子曰:"吾十有①五而志于学,三十而立②,四十而不惑③,五十而知天命④,六十而耳顺⑤,七十而从心所欲,不逾矩⑥。"(《为政篇》)

【注解】

①有:同"又"。②立:道德、学问基本成熟。③不惑:知者不惑。④天命:孔子不是宿命论者,此处不宜妄测。⑤耳顺:解释尚无定论。⑥不逾矩:不超出规矩。

【导读】

这段话是孔子对自己进德修业过程的总结,也可以说是孔子从年龄上作出的一个自我设计:"志学"之后便是"立"。"立"是指自己的知识与人格都能立足于社会了。"不惑"是因为有了一定的知识与阅历,在为人处世中减少了困惑。窃以为,"天命"可解释为能洞察事物之间的因果联系。"耳顺"是凭经验与智慧果断地辨析出事情的是非曲直。达到了这个地步,无论做什么事,也就能从心所欲不怎么离谱了。用现在的话说就是从必然王国走向自由王国了。

子游①问孝。子曰:"今之孝者,是谓能养。至于犬马,皆能有养;不敬,何以别乎?"(《为政篇》)

【注解】

①子游:孔子的学生,姓言名偃。

【导读】

孔子说,现在所说的孝,已经降低到能养活父母就行了。你就是养个犬呀、马呀的也得喂它们啊!如果不能在精神上关爱父母,那同饲养犬马还有什么区别呢?两千多年后的今天,孔子当年感叹的问题依然存在。有的人甚至连父母都不想养活了。因为不管老人、冷落老人、虐待老人而对簿公堂者也时有发生。报载,南京市有一位退休的杨老太,丈夫去世后备感寂寞,她想和儿子、儿媳生活在一起,还专门买了一套商品房。但儿子、儿媳就是不想和她一起生活。老人孤独无奈,把儿子告上法院,要求儿子经常回来陪伴她。法院认为,赡养父母不能仅被理解为经济上的供养,还包括精神上的慰藉。杨老太要求儿子定期探视既符合人伦,亦于法有据。法院判定被告每周不少于两次探望原告杨老太,每次陪护时间不少于一小时。这样,对父母的精神赡养就得到了法律的支持。

子曰:“温故而知新,可以为师矣。”(《为政篇》)

【导读】

这是教育家孔子对教师素质提出的一个重要要求。孔子认为,能从复习旧知识(包括自己用过的旧教材、写过的旧教案)中不断有所发现、有所体会、有所补充、有所创新的人,才可以去当教师。孔子的这个要求,即从今天看来仍具有现实的指导意义。它不仅符合教学相长的原则,也符合教育为社会发展造就人才的要求。因为只有创新型的教师才能培养出创新型的人才。这对那些只会照本宣科,只会食古、泥古的教师来说无疑是一个严峻的挑战。

子贡①问君子。子曰:“先行其言而后从之。”(《为政篇》)

【注解】

①子贡:孔子的学生。春秋卫国人,姓端木,名赐。

【导读】

孔子在这里又从言行方面给“君子”下了一个定义:先把你说的话实行了,然后再说出来,就够一个君子了。孔子在《论语》里多处论述了言与行的关系。

"敏于事而慎于言。"(《述而篇》)"君子欲讷于言而敏于行。"(《里仁篇》)孔子为什么这样强调"行"呢?因为他有过这样的教训:"始吾于人也,听其言而信其行;今吾于人也,听其言而观其行。"(《公也长篇》)原来,孔子以为人都是言行一致的,后来才发现有些人是说话不算数的。我们观察人也应该听其言而观其行。"行",才是硬道理。

子曰:"学而不思则罔[①],思而不学则殆[②]。"(《为政篇》)

【注解】

①罔:蒙蔽、受骗。②殆:疑惑、危险。

【导读】

这两句话是孔子对学生读书方法的指导。只学不思与只思不学是读书中常见的两个问题。只学不思,便成了教条;只思不学,又成了空想。只有边学边思,才能知其然也知其所以然,也才能在思索中有所鉴别,有所舍取,取其精华,去其糟粕,使自己成为书本的主人,而不是书本的奴隶。

子曰:"由[①]!诲女[②]知之乎!知之为知之,不知为不知,是知也。"(《为政篇》)

【注解】

①由:孔子的学生仲由,即子路。②女:同"汝"。

【导读】

孔子告诉他的学生,对待知识,知道的就说知道,不知道的就说不知道,这才是真正的知道。这话说起来简单,做起来并不容易。我们许多人,由于好为人师,或者碍于面子,放不下架子,往往不懂装懂,强不知以为知,这就不是一种正确的学习态度,更不是研究学问的态度。"学问"这个词很好。什么是学问?就是边学边问。孔子之所以博学多能,就是因为他"敏而好学,不耻下问"。学生问他耕作,他说我不如老农;学生问他种菜,他说我不如老圃;学生问他服侍鬼神的方法,他说我连活人都服侍不好,怎么知道服侍鬼神?学生问他死是怎么回事?他说,生的道理我还没有弄明白,怎么懂得死呢?孔子就是这样实事求是地回答着学生。

多闻阙[①]疑，慎言其余，则寡尤[②]；多见阙殆，慎行其余，则寡悔。(《为政篇》)

【注解】

①阙：同“缺”。“阙疑”、“阙殆”同义，都表示有怀疑的地方。②尤：错误。

【导读】

这段话是孔子告诉他的学生子张如何工作的方法：多听听，把有怀疑的地方保留下来，把其余有把握的说出去，就能减少错误；多看看，把有怀疑的地方搁下来，其余有把握的就去办，就能减少后悔。足见孔子说话办事是多么的严谨。人们在工作中发生的失误，常常就是把没有把握的话当有把握的话说出去了；把没有把握的事当有把握的事去办了。没有从自己要说的话和要办的事里把那些有怀疑的地方留下来，搁起来。

子曰：“举[①]直[②]错[③]诸枉[④]，则民服；举枉错诸直，则民不服。(《为政篇》)

【注解】

①举：提拔、任用。②直：正直。③错：放置。④枉：不正直。

【导读】

鲁哀公问孔子，派什么样的人去当领导，老百姓就服从他呢？孔子说，让正直的人去领导，百姓就会服从；反过来，让不正直的人去领导，百姓就不服从了。这句话表达了孔子举贤任能的用人之道。

子曰：“富与贵，是人之所欲[①]也，不以其道[②]得之，不处[③]也；贫与贱，是人之所恶也，不以其道得之[④]，不去[⑤]也。”(《里仁篇》)

【注解】

①欲：向往，追求。②道：合理、合法。③处：接受。④得之：杨伯峻先生认为，“富与贵”可以说“得之”，“贫与贱”却不是人人想“得之”的，应改为“去之”。这可能是古人的不经意处。⑤去：离开，逃避。

【导读】

我们常说："君子爱财，取之有道。"这个"道"是正当的、合理的、合法的。如果不是这样，那就不能接受。因为接受了，不但是不合理的、不合法的，还会有损于自己的人格。即使是贫与贱，也不逃避。在物欲横流的当今世界，一个人"爱"什么样的"财"，也检验着人们的道德观和价值观。

子曰："朝闻道，夕死可矣。"（《里仁篇》）

【导读】

早上得到了真理，晚上死去都可以。表现了孔子把真理看得比生命还要贵重。纵观古今中外一切追求真理的人，他们的生死观又都何尝不是这样？我们试以天文学为例。15世纪波兰天文学家哥白尼第一个证实了不是太阳绕着地球转，而是地球绕着太阳转的"日心说"，他的理论立刻遭到了教会的疯狂反对，他的《天体运行论》被宣布为禁书。哥白尼死后，意大利天文学家布鲁诺继续坚持"日心说"而被罗马教廷活活烧死。另一个天文学家伽利略也因为证实了地动学说被宗教裁判所终身监禁，含冤而死。至于那些为变法、为革命捐躯的仁人志士，在他们"闻道"时就已把生死置之度外了。

子曰："不患①无位，患所以立②。不患莫己知，求为可知也。"（《里仁篇》）

【注解】

①患：发愁、担心。②立：胜任。

【导读】

不要发愁自己没有职位，发愁自己能不能胜任这个职位吧！不要担心别人不知道自己，去追求能让人知道自己的本领吧！不找客观原因，只从主观努力做起，这是儒家著名的"反求诸己"的思想。孔子在《论语》中多处提到这个思想。如"不患人之不己知，患不知人也。"（《学而篇》）"君子病无能焉，不病人之不己知也。"（《卫灵公篇》）孔子甚至把要求自己还是要求别人作为区别君子与小人的一个界限。"君子求诸己，小人求诸人。"（《卫灵公篇》）我们学习《论语》就要树立这种严于律己、一切从我做起的思想。谚语说得好:“求人不如求自己。”又说:“人到无求品自高。”

子曰:“见贤思齐焉,见不贤而内自省也。”(《里仁篇》)

【导读】

凡有人群的地方,都有贤与不肖之别。我们常说见先进就学,那么看见落后的呢?那就问一问自己:“我有这种缺点吗?”这一则可以同“三人行,必有我师焉:择其善者而从之,其不善者而改之”(《述而篇》)联系起来理解。

子曰:“质①胜文②则野③,文胜质则史④。文质彬彬⑤,然后君子。”(《雍也篇》)

【注解】

①质:朴实。②文:文采。③野:粗野。④史:虚浮。⑤彬彬:文雅适度。

【导读】

“质”与“文”的关系就是内容与形式的关系。二者配合得当,才是完美;二者配合不当,就有了缺陷。比如做文章,内容过于朴实,会显得粗俗;形式过于华丽,又显得华而不实。做人也是这样,有些人思想朴实、单纯,但不懂礼仪或者过于不拘小节;有些人品质不好,人格低下,但很注重穿着打扮,成了“金玉其外,败絮其内”,这些都不能说恰到好处,也称不上是“文质彬彬”的君子。儒家认为,礼乐是文,仁义是质,二者必须相辅相成。

子曰:“中人以上,可以语上也;中人以下,不可以语上也。”(《雍也篇》)

【导读】

无论教学、论道,还是与人谈话,都可以把受话人的接受能力分成上、中、下三等,或者分成中上、中下两等。对于中等以上者,可以讲的深一点;对于中等以下者，就要讲的浅一些。没有针对性，就不会有效果。所谓“阳春白雪，和者甚寡”，就是因为曲调过于高雅，一般人接受不了。民间曲调或通俗歌曲，反而会流行起来，也是这个道理。对一个教师来说，也必须贯彻这个因材施教的原则，才能使全体学生受益。

学而不厌，诲人不倦。（《述而篇》）

【导读】

这是孔子对自己提出的要求：努力学习，从不厌烦；教导别人，从不疲倦。每个教师都应持这样的教学态度。因为只有不厌地学，才能增加新的知识，不断充实自己；只有不倦地教，才能检验自己的教学效果，知道自己的教学质量。《学记》中有一段脍炙人口的话可以一并参阅：“学然后知不足，教然后知困。知不足，然后能自反也；知困，然后能自强也。故曰：教学相长也。”

子曰：“不愤①不启，不悱②不发。举一隅③不以三隅反，则不复也。”（《述而篇》）

【注解】

①愤：急于想弄明白之状。②悱：想说又说不出来之状。③隅：一角。

【导读】

这是孔子著名的启发式教学原理，它的核心是调动学生的学习积极性。教师应在学生有了求知欲或内驱力的情况下才去启发他、点拨他。如果告诉他东方，他却想不到西、南、北三方，就不再告他了。注意：孔子说的“则不复也”，并不是说因为学生不能举一反三就不教他了，而是说教师不善于因材施教。遇到学生启而不发的时候，教师应该停下来想一想，是学生的基础问题，还是智力问题，还是教学的方法问题。有的教师不从教的方面找原因，一味归咎于学生不聪明，是不正确的。

子之所慎：斋①、战、疾。（《述而篇》）

【注解】

①斋:祭祀前清心洁身的准备工作。

【导读】

孔子一生最慎重的三件事是:斋戒、战争、疾病。这三件事即便今天看来也是必须认真对待的。关于斋戒,除了宗教活动,我们有时也会参与一些有关古人、名人或民俗神祇的纪念活动或者对亲友的悼念活动。遇到这些活动,都应当按照一定的礼俗非常严肃慎重地对待,不敢轻慢。战争关系到国家的安危,疾病关系到个人的健康,自然都不能掉以轻心。可见,孔子小心翼翼对待的这三件事,也是大家普遍关注的三件事。

子曰:"我非生而知之者,好古①,敏以求之者也。"(《述而篇》)

【注解】

①好古:喜欢历代文化。

【导读】

孔子说过,人有生而知之者,这是孔子对天资颖悟者的赞许,不代表孔子的教育观念。你看,他首先就把自己排除在外了。他说:"我不是生而知之者,我是个勤奋好学的人罢了。"就是说,他不是生而知之者,而是学而知之者。连圣人孔夫子都这么谦虚,有谁还能炫耀自己的天赋呢?

子曰:"民可使由之,不可使知之。"(《泰伯篇》)

【导读】

孔子说,老百姓只要知道做什么就行了,至于为什么要这么做就不必知道了。孔子这句话曾被认为是在推行愚民政策而受到批判。但我认为不能一概而论。什么事情都要让老百姓百分之百地理解了、接受了才去做,许多事情就做不成了。比如,为了预防某种自然灾害需要暂时搬迁、撤离,为了某项利民工程需要舍小家顾大家,一方面要做动员工作,一方面也要有一定的强制性。当老百姓最终得到利益的时候,他们就会感到政府当年的决定是正确的、有远见的。这就叫"民可以乐成,不可与虑始"(《史记·滑稽列传补》所载西门豹之言)。所以,民主与集中都不能搞绝对化。

子曰："不在其位，不谋其政。"(《泰伯篇》)

【导读】

不在某个职位上，就不去考虑某一方面的工作。这通常是岗位责任所决定的。如果超越了自己的责任范围，就会被认为是"越权"，或者干预了别人的工作。所以一般人也就不去管那些与自己无关的事了。尤其对那些卸了任或退休了的人来说更是这样。不过也有别论，那就是："天下兴亡，匹夫有责。"

子在川①上，曰："逝者如斯夫！不舍②昼夜。"(《子罕篇》)

【注解】

①川：河边。②舍：停留。

【导读】

这是孔子站在河边感叹光阴如流水，白天黑夜不停地奔驰，一去不复返的名句。现在仍被人们广泛地引用着，说明时不再来。

子曰："后生可畏，焉知来者之不如今也？四十、五十而无闻焉，斯亦不足畏也已。"(《子罕篇》)

【导读】

"后生可畏"，这是孔子对年轻人寄予的厚望。青出于蓝而胜于蓝，长江后浪推前浪，这是社会发展规律。孔子说"三十而立"。这个"立"应该视为事业有成。如果到了四五十岁还没有什么作为，这个人也就不足惧了。这与现代人才学家的看法是基本一致的。

子曰："三军可夺帅也，匹夫不可夺志也。"(《子罕篇》)

【导读】

一国的军队可以使它丧失主帅，但一个老百姓却不能强迫他放弃自己的主张。这不仅是一个人的意志与人格，也是一种人权。

子曰："岁寒，然后知松柏之后彫[①]也。"(《子罕篇》)

【注解】

①彫：同"凋"。

【导读】

孔子赞扬松柏的这句话是很引人遐思的。通常有两层意思。一层是表示稀有、奇特。如春联中的"松竹梅岁寒三友，桃李杏春风一家"，又如郑板桥"删繁就简三秋树，领异标新二月花"。另一层是表示能经得住考验的气节。如韩琦诗："莫嫌老圃秋容淡，且看黄花晚节香。"陈毅诗："大雪压青松，青松挺且直，要知松高洁，待到雪化时。"

子曰："知者不惑，仁者不忧，勇者不惧。"(《子罕篇》)

【导读】

孔子这里赞扬了三种人：明白人不疑惑，因为他有智慧；仁德者常乐观，因为他私欲少；勇敢者无所畏惧，因为他考虑个人不多。孔子的学生司马牛问什么是君子？孔子就说："君子不忧不惧。"(《颜渊篇》)

子曰："过犹不及。"(《先进篇》)

【导读】

子贡问孔子："子张与子夏这两个同学谁强一些？"孔子说："子张有些过分，子夏有些赶不上。"子贡说："子张强些吗？"孔子说："过分与赶不上同样不好。"在孔子看来，子张与子夏正好是两个极端，不符合儒家不偏不倚、无过与不及的中庸之道。中庸是儒家最高的道德标准。

子曰："己所不欲，勿施于人。"(《颜渊篇》)

【导读】

自己不想做的事，也不要让别人去做，设身处地地为别人着想，也是一种仁德。《论语》中类似的说法还有“己欲立而立人，己欲达而达人”。就是说，自己要站得住，也让别人站得住；自己要过得去，也让别人过得去。（《述而篇》）

子曰：“君子成人之美，不成人之恶。小人反是。”（《颜渊篇》）

【导读】

君子帮助人成就好事，不帮助人去干坏事。小人正好相反，他们要么同流合污，助纣为虐，沆瀣一气，去干坏事；要么出于嫉妒，幸灾乐祸，破坏别人的好事。在帮助人的动机上君子与小人的区别就在这里。

曾子曰：“君子以文会友，以友辅仁。”（《颜渊篇》）

【导读】

这是两句交友名言。用文章聚会朋友，用友谊相互砥砺，这才是君子之交。

子曰：“其身正，不令而行；其身不正，虽令不从。”（《子路篇》）

【导读】

这两句话是讲给领导者的。领导者必须以身作则，一身正气，才有感召力。为什么有些领导者说话不灵，指挥不力？除了能力，很大程度上是因为“其身不正”。所以，孔子对“政”的解释就是为政要“正”。“政者，正也。”（《颜渊篇》）

子曰：“工欲善其事，必先利其器。”（《卫灵公篇》）

【导读】

孔子的这两句话原来是讲“以友辅仁”的。现在一般用来说明做工要有好的工具，所谓“磨刀不误砍柴工”。

子曰："众恶之，必察焉；众好之，必察焉。"（《卫灵公篇》）

【导读】

从众心理也是人们的一种通病。人为什么要从众？一是自己没有主见，没有辨别是非的能力和标准；二是不想动脑筋，来个盲从或者盲不从最省力。所以孔子告诉人，大家都厌恶的人，你要去考察一下；大家都喜欢的人，你也要去考察一下。尤其是在评价一个人功过是非的时候，在推荐和各种选举的时候，更要持一种严肃负责的态度。

子曰："群居终日，言不及义，好行小慧[①]，难矣哉！"（《卫灵公篇》）

【注解】

①小慧：耍小聪明。

【导读】

整天和人们混在一起，不说一句有道理的话，还好耍点小聪明，这种人连教育家孔子都拿他没办法了。我们可不能做这种人，也少和这种人在一起。

子曰："可与言而不与之言，失人；不可与言而与之言，失言。知者[①]不失人，亦不失言。"（《卫灵公篇》）

【注解】

①知者：聪明人。知同"智"。

【导读】

孔子对于社交中的语言真是研究透了。我们每个人大概都有过这种因"失人"或者"失言"而带来的悔恨和遗憾。"失人"会失去良师益友，失去获得知识和帮助的机遇。所谓"与君一席谈，胜读十年书"。"失言"不但浪费了时间，浪费了口舌，还会惹来不必要的烦恼。如何做一个既不"失人"又不"失言"的智者，实在值得下一番工夫。

子曰："君子不以言举人，不以人废言。"（《卫灵公篇》）

【导读】

我们经常犯的毛病是，对自己喜欢的人，即使他说得不正确，也要吹捧他、抬举他、提拔他；对不喜欢的人说的话，即使这话很正确，也要贬低他、歪曲他、鄙弃他。这两种看法都是片面的、错误的。尤其在学术研究中和推荐选拔人才中既不可“以言举人”，更不可“因人废言”。

子曰：“君子有三戒：少之时，血气未定，戒之在色；及其壮也，血气方刚，戒之在斗；及其老也，血气既衰，戒之在得①。”（《季氏篇》）

【注解】

①得：贪得。

【导读】

孔子对三个不同年龄段的人分别提出了警示：少年戒色，中年戒斗，老年戒得。《淮南子·诠言训》也说：“凡人之性，少则猖狂，壮则强暴，老则好利。”这可以说是为孔子的话做了很好的诠释，也抓住了人在成长发展中的三个弱点和这些弱点给人带来的伤害。人能谨记这“三戒”，不但能减少错误，而且也有利于身心健康。

子曰：“生而知之者上也；学而知之者次也；困而学之，又其次也；困而不学，民斯为下矣。”（《季氏篇》）

【导读】

孔子把学习者分为四个等级：生而知之者、学而知之者、困而学之者、困而不学者。事实上，没有生而知之者，只有学而知之者。在走出学校的成年人中，多数人是因为在工作实践中遇到了困难才去学习的。尤其是在科技发展很快的今天，几乎人人都需要“补课”。现在兴办的各种专业补习班、培训班就是为了解决这个问题而开设的，叫做“用啥学啥”、“缺啥补啥”。如果遇到困难还不想去学，不求上进，甘居下游，那当然就等而下之了。

子夏曰：“大德不逾闲①，小德出入可也。”（《子张篇》）

【注解】

①逾闲:越轨。

【导读】

孔子的学生子夏认为,人在大节上不要越轨,在生活小节上随便一点还是可以的。也就是说,一个人的主流好就行。在孔子的学生中,敢于这样评判一个人,也算是解放思想了。

孟 子

孟子曰:"君子之于禽兽也,见其生,不忍见其死;闻其声,不忍食其肉。是以君子远庖厨也。"(《梁惠王章句上》)

【导读】

孟子是人道主义者、性善论者。他的这几句话是以宰杀牛羊为喻,劝梁惠王对人民增长仁爱之心的。他说,人都有怜悯心、恻隐心。没有怜悯心、恻隐心的人就不成个人(《公孙丑上》)。孟子认为,飞禽走兽都是生命,看着它们活着就不忍看着它们死去,听到它们的哀鸣,就不忍吃它们的肉。所以君子应该远离那些屠宰生灵的厨房和场所。出于这种慈悲心,现在,有不少人讲究吃"三净肉"。所谓"三净肉",就是非自己宰杀的肉,非专门为自己宰杀的肉,自己也没有见人家宰杀的肉。

孟子曰:"老①吾老,以及人之老;幼②吾幼,以及人之幼。"(《梁惠王章句上》)

【注解】

①老:第一个"老"为动词,孝敬。第二个"老"为名词,长辈。②幼:第一个"幼"为动词,爱护。第二个"幼"为名词,子女。

【导读】

孝敬我的长辈,也孝敬别人的长辈;爱护我的子女,也爱护别人的子女。这种设身处地、推己及人的道德准则,正是儒家向往的大同世界,也是我们今天要建设的和谐社会。

孟子曰:“乐民之乐者,民亦乐其乐;忧民之忧者,民亦忧其忧。乐以天下,忧以天下,然而不王者,未之有也。”(《梁惠王章句下》)

【导读】

这段话最能体现儒家以德治国的政见。国家领导人能乐民之所乐,忧民之所忧,便是民本主义;反过来,人民能乐国家之所乐,忧国家之所忧,便是爱国主义。这样自上而下同心同德,同乐共忧,这个国家还能不统一、不强盛吗?

孟子曰:“天下之不助苗长者寡矣。”(《公孙丑章句上》)

【导读】

这句话是孟子在讲了“揠苗助长”这个寓言故事后发出的感慨。可见,急于求成,不按规律办事,是人们常犯的一个错误。我们应当记住“欲速不达”这个教训。

孟子曰:“祸福无不自己求之者。诗[①]云:‘永言配命,自求多福。’太甲[②]曰:‘天[③]作孽,犹可违[④];自作孽,不可活。’此之谓也。”(《公孙丑章句上》)

【注解】

①诗:《诗经》。②太甲:《尚书》篇名。③天:事物发展规律。④违:避。

【导读】

孟子认为,人的祸与福都是自己造成的。所谓“善因结善果,恶因结恶果”。我们要遵循这一规律,与“天命”配合,寻找更多的幸福。《太甲》说,自然灾害有时还可以躲避,自己作的罪孽想逃也逃不了。

孟子曰:“天时不如地利,地利不如人和。”(《公孙丑章句下》)

【导读】

孟子这里是从战争的角度讲的。在战争中，易于作战的天气、时令不如险要易守的地理环境；好的地理环境又不如人心所向、内部团结。这在战争史上已是屡见不鲜的。孟子最后的结论又回到他的仁政上来：“域民不以封疆之界，固国不以山谿之险，威天下不以兵革之利。得道者多助，失道者寡助。寡助之至，亲戚畔之；多助之至，天下顺之。以天下之所顺，攻亲戚之所畔；故君子有不战，战必胜矣。”现在，天时、地利、人和这三个递进式的比较，仍被认为是事业成败的三个要素。其中“人和”又起着决定性的作用。

孟子曰：“彼，丈夫也；我，丈夫也。吾何畏彼哉？”（《滕文公章句上》）

【导读】

你是大丈夫，我也是大丈夫，咱们彼此彼此，我为什么要怕你呢？孟子的话主要是励志的。鼓励那些后进者不要自卑，不要气馁，要有信心赶上和超过那些比自己强的人。这一点儒家就比道家进步。道家不主张竞争，更反对超越。儒家是功利主义者，不但不甘落后，而且敢为天下先。

孟子曰：“劳心者治人，劳力者治于人；治于人者食①人，治人者食于人，天下之通义也。”（《滕文公章句上》）

【注解】

①食：养活。

【导读】

劳心者是脑力劳动者，劳力者是体力劳动者。脑力劳动者统治人，体力劳动者被统治。被统治者养活人，统治者被人养活。这似乎成了天经地义。这话在一定的历史条件下曾受到长时间批判，认为这是替剥削阶级说话，是对劳动人民的歧视。但从今天来看，随着义务教育的普及和全民素质的提高，脑力劳动者与体力劳动者之间的差别正在缩小。尤其在知识经济的时代，没有一定的文化科技，连一个体力劳动者也当不成了，自食其力都困难，还怎能再去养活别人？所以我们应该历史地、发展地认识这个问题。

孟子曰:"得志,与民由之;不得志,独行其道。富贵不能淫,贫贱不能移,威武不能屈,此之谓大丈夫。"(《滕文公章句下》)

【导读】

这是孟子的名句。孟子给"大丈夫"下的这个定义,多少年来被人们广泛引证。人生的际遇不外两种:顺境与逆境,或者说得志与不得志。顺境时,理想容易实现,才能也容易发挥;逆境时,事业受到挫折,才能也受到遏制。但这个时候也是对一个人人格与意志的考验。如果不能兼利天下,偕人民一道前进,就坚持原则,独善其身,做一个大丈夫。大丈夫的标志是:富贵不能乱我之心,贫贱不能变我之志,威武不能屈我之节。

孟子曰:"离娄①之明,公输子②之巧,不以规矩,不能成方圆。"(《离娄章句上》)

【注解】

①离娄:相传为黄帝时人,目力最强,能于百步之外看见秋毫之末。②公输子:鲁班,古代巧匠。

【导读】

"不以规矩,不成方圆"已成为教育名言。"规矩"是定律,"方圆"是成果。就是说,不按规矩办事,就没有圆满的成果。

孟子曰:"夫人必自侮,然后人侮之;家必自毁,而后人毁之;国必自伐,而后人伐之。"(《离娄章句上》)

【导读】

个人也好,家庭也好,国家也好,都必须自尊、自重、自立、自强。纵观古往今来,个人的荣辱、家庭的起落、国家的兴衰,都是先从自己内部开始的。谚语说:"墙倒众人推。"众人为什么要推?因为这堵墙本身已经倾斜了,成了危墙。如果墙很坚固,那就不但没有人推,反而成了人们挡风的墙了。所以,外因只是条件,内因才起决定作用。

孟子曰："有不虞[1]之誉，有求全之毁。"(《离娄章句上》)

【注解】

①虞：料想的意思。

【导读】

人的祸福、毁誉的到来，有时候就像不速之客那样出人预料。所谓"人在家中坐，祸从天上来"。不过，话虽是这么说，祸福到来之前总是有因由的，有先兆的，有蛛丝马迹的。所以，见微知著，居安思危，防患于未然永远是非常必要的。

孟子曰："人之患在好为人师。"(《离娄章句上》)

【导读】

"好为人师"好像是人的一个通病。总觉得自己比别人知道得多，别人都应该向自己请教。实际上，很多时候是知其然，而不知其所以然。为了保全面子便强不知以为知。"以其昏昏，使人昭昭。"我们还是放下架子先当小学生吧！不曾当过学生的先生是不足以为人师的。

孟子曰："人有不为也，而后可以有为。"(《离娄章句下》)

【导读】

人的时间与精力总是有限的。在一定时间内，只能集中精力干好一件事，而不去干别的事。什么都想干就等于什么也没有干。所以，要有所为就得有所不为，有所不为才能有所作为。有些人事业上没有成就，就是因为精力不集中。荀子也说："自古及今，未尝有两而能精者也。"(《荀子·解蔽》)就是说，从古到今还没有一心二用可以精通了技艺的人。

孟子曰："源泉混混[1]，不舍昼夜，盈科[2]而后进，放乎四海。"(《离篓章句下》)

【注解】

①混混:滚滚。②科:低洼的地方。

【导读】

这个很普通的流水现象,告诉人们一个很深刻的哲理:“盈科”才能“后进”。流水总是先把坑坑洼洼的地方注满了才能继续往前流,一直流到大海去。比如学习一种知识,必须循序渐进,一步一步往前走。如果随便跳跃过去,留下了“科”,到头来还得返工、补课,反而耽误了时间。

孟子曰:“人之所以异于禽兽者几希,庶民①去之,君子存之。”(《离娄章句下》)

【注解】

①庶民:一般百姓。

【导读】

孟子说,人与禽兽的差别就那么一点点。一般人丢弃了它,君子保存了它。这一点点差异是什么呢?就是做人的道理。有些人品质恶劣,行为低级,实在不配做一个人,难怪人们说他们是“衣冠禽兽”。

孟子曰:“可以取,可以无①取,取伤廉;可以与,可以无与,与伤惠;可以死,可以无死,死伤勇。”(《离娄章句下》)

【注解】

①无:不。

【导读】

谁都知道,不适当的行为会给人带来遗憾和懊悔。哪些是容易失当的行为呢?孟子为我们从取与不取、给与不给、死与不死三个方面提出警示。有些东西,不取是高尚的,取了有伤于廉洁;有些东西送了人还不如不送的好,送了未必就有恩惠;有些死没有意义,死了有损于勇敢。我们在生活中还会遇到许多类似的选择,这就需要我们反复斟酌,权衡利弊,适当应对。

孟子曰:“鱼,我所欲也,熊掌亦我所欲也,二者不可得兼,舍鱼而

取熊掌者也。生亦我所欲也，义亦我所欲也，二者不可得兼，舍生而取义者也。”(《告子章句上》)

【导读】

孟子这段话是讲决策的。如果鱼和熊掌都能得到，生和义也都能得到，那当然最好。但世界上没有那么多如愿以偿、两全其美的事，在二者不可兼得的情况下，就需要“两利相权取其重，两害相权取其轻”了。鱼不如熊掌贵重，那就舍鱼而取熊掌 。生虽然可贵，但义更可贵，那就舍生而取义了。那么有没有轻重倒置、选择错了的呢？孟子说，有啊。那些丧失了人的本性的人，那些为了贪图一时享受、贪生怕死、忘恩负义的人，就把仁和义都丢了。

孟子曰：“心之官则思，思则得之，不思则不得也。”(《告子章句上》)

【导读】

孟子说的“心”，是指人体能思考的器官(脑)，或者说是指人的善性。耳朵、眼睛等感觉器官不会思考，所以容易为外物蒙蔽。只有用“心”之“官”，才能得到正确的判断。

孟子曰：“故天将降大任于斯人也，必先苦其心志，劳其筋骨，饿其体肤，空乏其身，行拂乱其所为，所以动心忍性①，曾②益其所不能。(《告子章句下》)

【注解】

①动心忍性：震动他的心意，坚韧他的性情。②曾：增。

【导读】

孟子这段话正应了谚语说的“好事多磨”。一个人在担当一件重任之前，一定会经过一个非常艰难困苦的过程，从体力到心力都承受种种折磨，好像有谁在考验他，干什么事情都不如意。经过种种磨难，使他动心忍性，锻炼了他艰苦卓绝的意志，增长了他胜任工作的才能，也使他认识到“生于忧患，死于安乐”的道理。这一点，我们从许多伟人和名家的传记中都不难找到佐证。不经一番寒彻骨，哪得梅花扑鼻香？

孟子曰:"人之有德慧术知[1]者,恒存乎疢疾[2]。独孤臣孽子[3],其操心也危,其虑患也深,故达[4]。(《尽心章句上》)

【注解】

①德慧术知:道德、智慧、道术、才智。②疢(chèn)疾:灾难。③孽子:地位卑贱者。④达:通达事理,胜任工作。

【导读】

孟子说人之所以有德、慧、术、智,是因为他们多是孤臣孽子,经常有一种忧患意识,有一种思想压力。他们思考的问题很多,也很深,所以才通达事理,显得干练。这一条可以与上一条联系起来加深理解。

孟子曰:"杨子取[1]为我,拔一毛而利天下,不为也。墨子兼爱,摩顶放踵利天下,为之。"(《尽心章句上》)

【注解】

①取:主张。

【导读】

杨子是战国时期哲学家,叫杨朱。他反对墨子的兼爱和儒家的伦理思想。主张"贵生"、"重己",保全性命。为利天下拔他一根汗毛都不肯,被认为是很自私自利的人。与此相反,墨子主张兼爱,摩秃头顶,走破脚跟,只要有利于天下,他都愿意。显然,杨子和墨子的主张是两个极端。根据儒家的中庸之道,孟子认为杨子和墨子折中一下就差不多了。

孟子曰:"尽信书,则不如无书。"(《尽心章句下》)

【导读】

孟子认为,完全相信书,什么都按书上的办,那就不如没有书了。他主张应根据自己的实际需要有选择地读书。他举例说,他在读《尚书》中的武成篇时就只读了两三页。孟子在那个时代,敢于提出这样的论断是很了不起的,是对教条主义的挑战。这话即从今天看来仍有其现实指导意义。

孟子曰:"民为贵,社稷①次之,君为轻。"(《尽心章句下》)

【注解】

①社稷:社是土神,稷是谷神。代指国家。

【导读】

在百姓、国家、君主三者中,孟子认为老百姓最重要,国家次之,君主最轻。这是最早的人本主义思想了。

孟子曰:"贤者以其昭昭使人昭昭,今以其昏昏使人昭昭。"(《尽心章句下》)

【导读】

我们常说,教育者必先受教育。目的就是自己彻底明白了再去教育别人,别人才会听得明白。现在有些人是自己还糊里糊涂,却想让别人听得明明白白。如果让这样的人去当教师,那可真是误人子弟了。

孟子曰:"人病舍其田而芸①人之田。"(《尽心章句下》)

【注解】

①芸:通耘,除草。

【导读】

人有一种毛病,不去耕耘自己的土地,却在别人的土地上耕作。这话听来蹊跷,其实是很有哲理的。试看那些从不检点自己,就是爱操闲心、爱管闲事的人;试看那些不能求诸己只能求诸人的人,不是都把自己的"田地"荒芜了吗?

孟子曰:"说①大人,则藐之,勿视其巍巍然。"(《尽心章句下》)

【注解】

①说(shuì):说服。

【导读】

孟子说，向诸侯进言的时候，你要敢于藐视他，不要把他放在眼里，不要把他看得高高在上。孟子的话，不是叫人妄自尊大、瞧不起人，而是有这样两层意思：一层是叫人打消自卑感，不要被“大人”的权威、地位唬住了。这样你才能从精神上放松，不失去理智，把要说的话说出来。另一层是叫人捍卫自己的尊严。你虽然是大人，但在某些方面你还不如我高明，你是丈夫，我也是丈夫，大家彼此彼此。

孟子曰：“养心莫善于寡欲。”（《尽心章句下》）

【导读】

孟子说，修养心性的最好方法是减少物质欲望。这一点，儒家、道家、佛家的理念都是相通的。生活实践证明，一个物欲太盛的人，不但精神境界不高，还会影响到身心健康。

大 学

大学之道①：在明明德②，在亲民③，在止于至善。知止④而后有定⑤，定而后能静，静而后能安，安而后能虑，虑而后能得。物有本末，事有终始，知所先后，则近道矣。

【注解】

①道：宗旨。②明明德：第一个“明”是动词，相当于发扬。第二个“明”是形容词，相当于广大的。德：品德。③亲民：朱子注解为“新民”，使人弃旧图新。④止：达到。⑤定：心有定向。

【导读】

《大学》这篇文章出自儒家大典《礼记》，是“四书”之一，传为孔子的学生曾子所作。《大学》的宗旨有三点：明德、亲民、止于至善。明德要求从庶民到天子在修身、齐家、治国中都能按照儒家的道德标准规范自己的行为。亲民是让百姓在道德教化中不断改恶向善，弃旧图新。这样就能最终达成至善至美的思想境界。达到这个思想境界，才有坚定的志向，才能静而不躁，才能心安理得，才能周详地考虑问题,最后才会有所收获。任何事物都有从始到终的发展规律,能按照这个规律办事,就符合“道”的要求了。

物格[1]而后知至,知至而后意诚,意诚而后心正,心正而后身修,身修而后家齐,家齐而后国治,国治而后天下平。

【注解】

①物格:对事物的深入研究。

【导读】

这段话的大意是:通过对事物的深入研究才能获得知识;获得知识才能使意念真诚;意念真诚才能使心术端正;心术端正才能修养好品行;修养好品行才能管理好家庭;管理好家庭才能治理好国家;治理好国家才能使天下太平。以上这环环紧扣的八个要素——格物、致和、意诚、心正、身修、家齐、国治、天下平,被称为儒家学说的八个条目。前面讲的“明明德”、“亲民”、“止于至善”称为“三纲”。把握住“三纲八目”,学习“四书五经”也就纲举目张了。

苟[1]日新[2],日日新,又日新。

【注解】

①苟:如果。②新:进步。

【导读】

这是商朝开国皇帝成汤刻在洗澡盆上的座右铭,又叫“盘铭”。意思是,今天把身上的污垢洗去了,天天都要这样保持清洁卫生。引申出来的意义就是要天天接受精神上的洗礼,不断弃旧图新,与时俱进。盘铭连用三个“新”字,极言对进步的渴望,便是今天读来,仍然觉得新鲜,引人向上。

君子必慎其独也。

【导读】

《大学》里反复强调“慎独”的问题。“慎独”就是一个人独处的时候,也能自己监督自己，自己制约自己，自己教育自己。能否“慎独”是达到意诚、心正的一个“坎儿”。试看那些在背地里做了坏事的人，他们自以为人不知、鬼不觉，其实都是自欺欺人。殊不知“人之视己，如见其肺肝然”。就是说，别人把你的心肝都看透了，还不知道你在暗中干了些什么？那可是“十目所视，十手所指”，严格得很啊！

心不在焉，视而不见，听而不闻，食而不知其味。

【导读】

《大学》里的这几句话是指在“正心”的时候，必须专心致志，并且用理智来驾驭自己的感情，才能达到“正其心”的目的。后来，这几句话成了老师批评学生不专心学习的口头禅。

好而知其恶，恶而知其美者，天下鲜矣。故谚有之曰：“人莫知其子之恶，莫知其苗之硕。”

【导读】

《大学》里的这几句话是论证为什么齐家必须先修身的。因为人都有些偏见和私心，很少有人能一分为二地看人。对自己最喜欢的人，能知道他有什么缺点；对自己最讨厌的人，能知道人家有什么优点，这样的人天下很少。所以有两句民谚：人都不知道自己孩子的坏处，人都不满足自己的庄稼长得好。不能出以公心的人是管理不好家庭的。

所恶于上，毋以使下；所恶于下，毋以事上；所恶于前，毋于先后；所恶于后，毋以从前；所恶于右，毋以交于左；所毋于左，毋以交于右。此之谓絜矩之道①。

【注解】

①絜（xi é ）矩之道：道德上的示范作用。

【导读】

这段话是通过儒家的“絜矩之道”，说明为什么先治理好国家才能平天下的。大意是,如果你厌恶上司对你的某种行为,你就不要用这种行为对待你的下属;如果你厌恶你的下属对待你的某种行为,你就不要用这种行为对待你的上司。依此类推,前后左右都要推己及人,以身作则。

中 庸

天命①之谓性②,率③性之谓道,修道④之谓教。道也者,不可须臾⑤离也,可离非道也。

【注解】

①天命:有两种解释。一种是可以决定人类命运的天命观。一种是不以人意志转移的自然法则。此处按后一种解。②性:通理。③率:遵循。④修道:修治此道。⑤须臾:片刻。

【导读】

《中庸》一文也同《大学》一样,出自《礼记》,为"四书"之一,传为子思所作。子思,姓孔,名伋(jí),孔子的孙子,曾子的学生。《中庸》开头这一段的大意是:天理人性都是自然法则所赋予人的,一切都遵循这一法则去做便是道,这个道在修身、齐家、治国中是一刻也离不开的,如果能离得开,那就不是道了。

仲尼①曰:"君子中庸,小人反中庸。"

【注解】

①仲尼:孔子。

【导读】

不偏不倚谓之中,平平常常谓之庸。中庸之道是儒家重要的伦理思想。《中庸》把它奉为最高的道德准则。孔子在《论语·雍也》中说:"中庸之为德也,其至以乎。"孔子甚至把坚持中庸还是反对中庸作为君子与小人、贤与不肖的一个区别。中庸为什么如此重要呢?从哲学上讲,世上万事万物都有"过"与"不及"两个极端。随便举个例子,比如炒菜,火候不到,菜熟不了;过火了,又把菜烧焦了。只有掌握好火候,才能炒出色、香、味都好的菜来。中庸之道要求人们在做人和做事上既不要做过了头,也不要消极无为。要掌握好一个“度”,做到适可而止,恰到好处。换句话说,就是在两个极端之间找到那个不偏不倚的“中”点。这就是“中庸之道”的意义。其实,“中庸之道”也非儒家的专利。道家也提倡“中庸”思想。老子强调的“知足”、“知止”、“去甚”、“去泰”、“去奢”,就是警告人不要走极端,不要使矛盾激化,把量变限制在一个平衡点上。佛家管中庸叫“中道”,把两个极端称为“边见”、“邪见”。佛家的修行理念简单来说就是“截断两头”,也就是截断两个极端,找到那个平衡的中点。由此可见,中庸思想在一切圣贤那里是多么的高度一致。

君子素[①]其位而行,不愿[②]乎其外。素富贵行乎富贵,素贫贱行乎贫贱,素夷狄行乎夷狄[③],素患难行乎患难。

【注解】

①素:现在。②愿:羡慕。③夷狄:偏远。

【导读】

佛教有一句名言,叫“活在当下”。意思是说,你现在是什么样的处境,就过什么样的生活;你现在是什么身份,就扮演好什么样的角色。这与本节语录是异曲同工的。用现在的话说就叫“到什么山上唱什么歌”。这话听起来有些消极,有些安于现状,不思进取,其实不然,因为人总是在一定的时空里生活着,在一定的历史条件下,在一定的社会环境里,就得有一定的适应性才能生存。如果是在矮檐下就必须低头才能过得去,否则就只能是自找烦恼和痛苦了。

子[①]曰:“好学近乎知[②],力行近乎仁,知耻近乎勇。”

【注解】

①子:孔子。②知:同“智”。

【导读】

“智”、“仁”、“勇”是儒家道德行为的三个标准。努力学习才能获得智慧;尽力朝着正确的方向去做也就近乎仁了;知道自己的缺点和错误,进步才能加快。“知耻”是一种压力,也是一种动力。

博学之，审问[1]之，慎思之，明辨之，笃行[2]之。

【注解】

①审问：详细考究。②笃行：一心一意去做。

【导读】

学、问、思、辨、行，是《中庸》提出的五步学习法。具体来说就是：广泛地学习各种知识；对所学的知识知道来龙去脉；联系自己的实际加以思索；真正从理论上知道是非得失；把学到的理论不折不扣地落在实处。《中庸》特别强调，学习也好，落实也好，都要有恒心和毅力。不学则已，学就要学会、学通、学精。“人一能之，己百之；人十能之，己千之。”宋代朱熹在注解这五步学习方法时指出，从“博学”到“笃行”要始终贯彻一个“诚”字。“诚者，物之终始，不诚无物。”朱子认为“诚”是纲，学、问、思、辨、行是目，纲举才能目张。

荀子

学不可以已[1]。(《劝学》)

【注解】

①已：停止。

【导读】

《劝学》是《荀子》原书的第一篇，本则又是《劝学》的首句，可见劝学是多么的重要。荀子认为，学习是没有止境的。所谓“生也有涯，知也无涯”。从这个意义上说，任何学历都是相对的学历，每个人都应该接受终身教育。

青取之于蓝而青于蓝[1]，冰水为之而寒于水。(《劝学》)

【注解】

①蓝：草名，可作染料。

【导读】

这两句话通常用来比喻学生超过老师，徒弟超过师傅。这是符合事物发展规律的。否则，人类岂不是一代不如一代了。古希腊的三个伟大哲学家苏格拉底、柏拉图、亚里士多德，后者分别是前者的高足弟子，他们的学术成就也一个比一个大。谚语也说："只有状元徒弟，没有状元师傅。"也是这个道理。状元的老师未必也是状元。

积土成山，风雨兴焉；积水成渊，蛟龙生焉；积善成德，而神明自得，圣心备焉。故不积跬步①，无以至千里。不积小流，无以成江海。骐骥②一跃，不能十步；驽马③十驾，功则不舍。锲④而舍之，朽木不折；锲而不舍，金石可镂⑤。(《劝学》)

【注解】

①跬(kuǐ)步：半步。②骐骥：骐是青色有纹的马，骥是千里马。③驽马：劣马。④锲(qiè)：刻。⑤镂(lòu)：雕刻。

【导读】

《劝学》是《荀子》中的名篇。这段话又是名篇中的名言。荀子打了一连串的比喻，集中说明一个道理，那就是：积少成多，聚沙成丘。也就是哲学上说的，微小的量的积累，可以变成巨大的质的飞跃。再快的马，一跃也达不到十步，劣马不停地走，也能走完千里马的路程。有名的寓言《龟兔赛跑》也是这个意思。一个人要想学有所成，就得有这种"锲而不舍"的精神。

道虽迩不行不至，事虽小不为不成。其为人也多暇日者，其出人不远矣。(《修身》)

【导读】

路近也得一步一步走，事小也得一点一点做。一个人应该忙于道，忙于事。如果一个人过得很逍遥，闲暇的时间很多，这个人是不会有什么作为的，更不会超越别人了。有些人的事业无成，就是因为空耗了不少点点滴滴的时间。本则可以和《劝学》联系起来加深理解。

怒不过夺，喜不过予。(《修身》)

【导读】

“夺”，包括抢夺、掠夺、骗取、盘剥以及讨人家的便宜，是最能激起人的愤怒和仇恨的。“予”，包括给予、赐予、帮助、奉献，是最能使人满意和感动的。一个人是取之于人的多还是给予人的多，在一定程度上决定着这个人的人品和人缘。

形相虽恶，而心术①善，无害为君子也；形相虽善，而心术恶，无害②为小人也。（《非相》）

【注解】

①心术：道，品德。②无害：无妨。

【导读】

荀子不相信相面术。他说：“相形不如论心，论心不如择术。”因为人的外貌与人的品行常常是不统一的。有人是“金刚面貌，菩萨心肠”；有人是阳奉阴违，口蜜腹剑。所谓“伪君子”就是那些“形相虽善，而心术恶”的人。我们在交友、择偶中如果只看形相，不看心术，就可能把君子当成小人，把小人当成君子。

信信，信也；疑疑，亦信也。（《非十二子》）

【导读】

荀子在诸子中是敢于向先秦各家提出批判的人。这句话也表现了他对待学术研究的严谨态度。深信不疑固然是信，但提出质疑也是信。因为不盲从才是真信。我国古代学者在治学中都提倡质疑问难。朱熹在《朱子语录》中说：“读书无疑者，须教有疑，有疑者，却要无疑，到这里方是长进。”陆九渊也说：“为学患无疑，疑则有进。”又说：“小疑则小进，大疑则大进。”（《陆九渊集》）

君子时诎①则诎，时伸则伸也。（《仲尼》）

【注解】

①诎（qū）：通“屈”。

【导读】

常言道：大丈夫能伸能屈。伸是顺应时势，屈是韬光养晦。伸与屈都是发展的需要，策略的需要，机遇的需要，前进的需要。从这个意义上说，屈是蓄势待发，是为了伸。我们常说"道路是曲折的，前途是光明的"，就是这种伸屈现象的表现。

贤能不待次[①]而举，罢[②]不能不待须而废。（《王制》）

【注解】

①待次：等级程序。②罢（pí）：通"疲"，疲沓无能的人。

【导读】

《王制》是荀子论述富国强兵政策中的用人之道。他认为，有本事的人可以破格地提拔上来，不要死搬"台阶论"。同理，对平庸无能之辈也可以破格地免去。提拔与免去都不受级别程序的限制。这真是人事制度上的大胆改革，反映了当时地主阶级积极出仕的政治要求。荀子并把这种破格任免的用人之道提到国家存亡的高度来认识。他说："善择之者王，不善择之者亡。"

积微，月不胜日，时[①]不胜月，岁不胜时。（《强国》）

【注解】

①时：一季。

【导读】

珍惜时间应从一分一秒抓起。抓月不如抓日，抓季度不如抓月，抓年不如抓季度。世界上最大的节约是时间的节约，最大的浪费是时间的浪费，最大的积累也是时间的积累。郭沫若在《科学的春天》里说："时间就是生命，时间就是速度，时间就是胜利。"邓小平到深圳蛇口工业区视察时，又肯定了那里的一句口号："时间就是金钱。"所以有人说，古人惜寸阴，我辈当惜分阴，当惜秒阴。

天[①]行[②]有常[③]，不为尧[④]存，不为桀[⑤]亡。应之以治则吉，应之以乱则凶。（《天论》）

【注解】

①天：自然界。②行：运行。③常：规律。④尧：古代传说中的贤君。⑤桀：古代传说中的暴君。

【导读】

《天论》是荀子的人生观和宇宙观。自然界的发展与变化都遵循着一定的运行规律，即荀子说的“天行有常”。这个规律不以任何人的贤与不肖而转移。不会因为你怕冷就没有了冬天，也不会因为你怕热就永远是春天。人只能顺应规律，顺之则吉；不能悖逆规律，逆之则凶。但人可以利用规律为人类造福，即荀子说的“顺其类者谓之福”。

君子乐得其道①，小人乐得其欲。以道制②欲，则乐而不乱；以欲忘道，则惑而不乐。（《乐论》）

【注解】

①道：道德。②制：控制。

【导读】

此则为荀子关于音乐的论述。音乐本身有高雅、低俗之分，对音乐的欣赏也有清浊之别。高尚的音乐感人深刻，可使人心向善、社会和谐，起到移风易俗的作用。这样的音乐价值便是君子的乐道。相反，只是追求感官满足的低级趣味的靡靡之音，便是小人的“乐道”。是“以道制欲”，还是“以欲忘道”，是两种截然不同的精神境界。

精于物者以物物①，精于道者兼物物。（《解蔽》）

【注解】

①物物：第一个物是动词，支配、管理义。第二个物是名词，指具体事情。

【导读】

这两句话的意思是说，精通于一件事的人，只能就事论事地办好那件事，而精通于道的人，却可以管理好许多具体的事。这是因为精于道的人，他不但在微观上知道怎样办好一件事，还能从宏观上知道与这件事有关的许多事。比如，在一个学校里，一个数学教师精通于他所教的数学课，对于其他课他就未必精通。

而一个校长，虽然未必精通于各门课，但他却能组织领导各科教师上好各门课，从而从总体上提高学校的教育质量。所以一个好教师不一定就是一个好校长。

人心譬如槃[①]水，正错[②]而勿动，则湛浊在下，而清明在上，则足以见须眉而察理矣。微风过之，湛浊[③]动乎下，清明乱于上，则不可以得大形[④]之正也。心亦如是矣。（《解蔽》）

【注解】

①槃：同盘。②错：同措，放置。③湛浊：沉淀的泥沙。④大形：人的整体。

【导读】

荀子以盘水的动与静喻人思想的清与浊。盘水在静止不动的时候，清水在上，泥沙在下，能照见人的须眉，能看清肌肤的纹理；如果盘水被风吹动，就把水搅浑了，就照不见人的体形了。心也是这样，人在明察秋毫的时候，总是心如止水，心平如镜，所以才能鉴别出是非善恶。如果受了外界干扰，把思想搞乱了，就会失去理智，无法做出正确判断。

小人可以为君子而不肯为君子，君子可以为小人而不肯为小人。（《性恶》）

【导读】

人常说，人要学好不容易，学坏很容易。照此说，君子转化成小人是很容易的。但真正的君子却不肯这样做。因为他们爱护自己的名誉与节操，宁为玉碎也不为瓦全。但小人要成为君子就难了，不经过洗心革面、脱胎换骨的改造几乎是不可能的。

多知[①]而无亲，博学而无方，好多而无定[②]者，君子不与[③]。（《大略》）

【注解】

①多知：知己很多。②无定：经常改变。③不与：不赞同。

【导读】

知己很多但没有一个密友；知识很多却没有一个主攻方向；爱好很多且时时改变自己。君子不赞赏这样的人。凡事没有重点，一定流于一般，而一般是很难有成果的。

老 子

道，可道，非常道；名，可名，非常名。无名，天地之始[①]；有名，万物之母[②]。(《一章》)

【注解】

①始：原始。②母：根本。

【导读】

老子哲学思想的核心是“道”。什么是“道”？老子并没有给出明确的定义。因为，说得出来的“道”，就不是“道”了。同样，叫得出来的“名”，也就不是“名”了。老子认为，“道”是宇宙万物的本源。“道生一，一生二，二生三，三生万物。”“道”为什么能生万物？是不好追根究底的，带点儿神秘主义色彩。老子说：“有物混成，先天地生，寂兮寥兮，独立而不改，周行而不殆，可以为天下母。”(《二十五章》)就是说，有那么一个浑然一体的东西，它在天地形成之前就无声无形地独立存在了。它不停地运转着，是生成天地之母。所谓“有生于无”(《四十章》)这一点，很像佛教“中观论”讲的“真空生妙有”。老子的“道”是唯物的，是唯心的，还是二元的，仍然是个有争议的问题。我认为，可以把“道”一般地理解为不以任何人意志为转移的客观规律。因为“道”是自然的、无为的、不受任何外力支配的。

天下皆知美之为美，斯恶矣；皆知善之为善，斯不善矣。故有无相生，难易相成，长短相形，高下相倾，音声相和，前后相随。(《二章》)

【导读】

对立统一规律是宇宙间的一条根本规律。当人们知道了什么是美的时候，也就知道了什么是丑；当人们知道什么是善的时候，也就知道了什么是恶。这一章完全讲的是事物存在的辩证法。在中国古代的哲学家中还没有哪一个能像老子这样广泛而深刻地认识到事物运动变化这种相反相成的规律。

上善若水。水善利万物而不争,处众人之所恶,故几①于道。(《八章》)

【注解】

①几:接近。

【导读】

最高的善就像水一样。它滋润了万物却不与万物相争,安于卑下的地位,这样就接近于人的“道”了。这里的“道”既是老子无为而治之道,“生而不有,为而不恃,长而不宰”(《十章》),也是老子以柔克刚之道。“水可载舟,亦可覆舟。”水看似很柔弱,却又是最坚强的。

夫物芸芸①,各复归其根。归根②曰静,是曰复命③,复命曰常④,知常曰明。不知常,妄作——凶。(《十六章》)

【注解】

①芸芸:纷纭。②归根:回到原处。③复命:受于自然又复归于自然。④常:循环往复现象。

【导读】

老子认为,事物虽然变化不停,但这种变化是循环往复的,变来变去又变回原来出发的地方(静)。就如一年四季,冬天过去,春天又来了。这种反复(复命)就叫常(不变)。知道守常才是明哲,不知道守常,轻举妄动,就危险了。老子的思想是保守的,他反对变革,这是落后的一面,但另一面,知道守常才能以不变应万变,减少莽撞蛮干,却又是可取的。

见素抱朴,少私寡欲。(《十九章》)

【导读】

这是老子讲了“绝圣弃智、绝仁弃义、绝巧弃利”之后特别叮咛的两句话：外表单纯，内心纯朴；去掉私心，降低欲望，这样才能实现无为而治。可见无为而治也是有前提的，并非什么也不要，什么也不管。

不自见，故明；不自是，故彰；不自伐[①]，故有功；不自矜[②]，故长[③]。（《二十二章》）

【注解】

①伐：自吹自擂。②矜：骄傲自大。③长：领导。

【导读】

不自鸣得意，才能看得明确；不自以为是，才能判断正确；不自我吹嘘，才能功绩卓著；不自高自大，才能做群众首领。这些全部贯穿了老子以退为进的处事原则。他在本章开头说的“曲则全，枉则直，洼则盈，敝则新，少则得，多则惑”也是这个意思。

企者[①]不立，跨者[②]不行。（《二十四章》）

【注解】

①企者：踮起脚跟。②跨者：两步并成一步。

【导读】

踮起脚跟想站高些，反而站不稳了；两步并成一步想走得快些，反而不出路了。所以，无论干什么事情，都要脚踏实地，一步一个脚印，克服急躁情绪，防止欲速不达。

是以圣人常善救人，故无弃人；常善救物，故无弃物。（《二十七章》）

【导读】

善于挽救人，就没有没用的人；善于修补物，就没有没用的物。这两句话常用在社会、学校、家庭教育上，只要立足于“救”，就没有改造不好的公民，就没有转变不了的学生,就没有教育不好的子女。

是以圣人去甚①,去奢②,去泰③。(《二十九章》)

【注解】

①甚:极端。②奢:奢侈。③泰:过分。

【导读】

老子要我们去掉生活中那些极端的、奢侈的、过分的东西,过一种最简单、最平常、最朴素的生活,这种生活才能使人活得自在、活得快乐、活得潇洒。相反,那些贪得无厌、穷奢极欲的人,往往是以自己的健康和生命为代价,使自己长年沉浸在金钱的追逐中和感官的刺激中。由于超负荷运转,累得心力交瘁,疲惫不堪,以至出现过劳死。所以老子感慨地说:"吾所以有大患者,为我有身。"就是说,人之患,来自于无限度地满足人体感官的需要。这样,心为形役,得不偿失,成了大患。所以我们还是清心寡欲点好啊!

知人者智,自知者明。胜人者有力,自胜者强。(《三十三章》)

【导读】

在"知人"和"自知"中,"知人"最难。常说:"知人知面不知心。"在"胜人"和"自胜"中,"自胜"最难。有的人身经百战,勇冠三军,但就是不能降伏自心。一个既有自知之明,又能战胜自己的人,那他就很了不起了。无论干什么,他都会是一个成功者。

知足者富,强行者有志,不失其所者久,死而不亡者寿。(《三十三章》)

【导读】

知足者富有,自强者有志,始终不丢失"道"的人才能与世长存。在圣贤看来,比寿命更长的是"道"。"身死"道存才是真正的长寿。孔子甚至说:"朝闻道,夕死可矣。"这个"道"就是人生价值的体现,就是一个人对人民、对社会、对国家所作的奉献。换句话说,就是那些永远活在人们心中的人。这使我们想起诗人臧克家的名句:"有的人死了,他还活着;有的人活着,他已经死了。"

道常无为而无不为。(《三十七章》)

【导读】

道常常是无为的,但没有一件事不是它所为。比如,面对一池平静的水,好像它无所作为,但世界上如果离开了水,又会是个什么样子呢?这里也体现了老子思想的辩证法。

大器晚成。(《四十一章》)

【导读】

越是贵重的器物,它的生产程序也就越是复杂,总是到了最后才能制作出来。现在常用这句话来形容人的老有所为。

名①与身②孰亲?身与货③孰多④?得与亡⑤孰病⑥?是故甚爱⑦必大费,多藏必厚亡⑧。知足不辱,知止不殆⑨,可以长久。(《四十四章》)

【注解】

①名:名声。②身:生命。③货:财产。④多:珍贵。⑤亡:丧失。⑥病:有害。⑦甚爱:过分吝惜。⑧厚亡:巨大损失。⑨殆:危险。

【导读】

道家宣扬贵生重己,明哲保身,防患于未然。老子把名声、身体、财产三者孰轻孰重作了比较,结论是生命最重,生命第一。因为事物总是朝着它自己的反面发展。越是悭吝,就越是容易破费;越是攒钱,就越是容易遭受损失。为了生命安全、长久,老子才提出“知足”、“知止”两条防范措施。

祸兮,福之所倚;福兮,祸之所伏。(《五十八章》)

【导读】

这两句话是《老子》里的名句,指福祸相倚。事物的发展总是走向它的对立面。在一定条件下,好事可以变成坏事,坏事也可以变成好事。懂得了这个道理,我们就会在享福的时候做到居安思危,不得意忘形;在遭难的时候能够看到曙光,不要一蹶不振。老百姓说得好,什么时候也要向好的方面努力,从坏的方面着想。

夫轻诺必寡信,多易必多难。(《六十三章》)

【导读】

有些人对别人提出来的要求,可谓“有求必应”,什么都敢答应,但到头来,全是空头支票,什么也兑现不了;有些人把什么事情都看得很容易,好像探囊取物,不费吹灰之力,结果是困难重重,啥事也办不成。明乎此,我们才不会轻易许诺,也不会轻敌。

合抱之木,生于毫末[①];九层之台,起于累土;千里之行,始于足下。(《六十四章》)

【注解】

①毫末:细小。

【导读】

老子通过这样三个比喻,说明任何事物都有一个发生和发展的过程。这就提示人们,要用发展的眼光看问题。对于好的东西,在它还是萌芽状态时,就要精心爱护它、培养它;对于不好的东西,在它刚一出现的时候,就要改正它、消灭它,做到防微杜渐。老子的三个比喻也告诉人们,高楼万丈平地起,成就任何事业,都要从头做起,都要扎扎实实夯好基础,不能盖空中楼阁。

慎重如始,则无败事。(《六十四章》)

【导读】

老子分析了人们做事,总是在快要成功的时候失败了。他说这其中一个重要原因是,人们在开始的时候都很慎重,越往后就越不像开头那么认真了。虎头蛇尾,有始无终,使许多人不能善始善终,乃至功败垂成。

我有三宝，持而保之：一曰慈①，二曰俭②，三曰不敢为天下先。（《六十七章》）

【注解】

①慈：宽容。②俭：节省。

【导读】

按照老子以退为进的保守原则，“慈”不全是慈悲，而是容忍。“俭”也不完全是节省，而是近于吝啬。“不敢为天下先”就是知雄守雌，知荣守辱。他认为这样才能看似无为，实则有为。

勇于敢，则杀，勇于不敢，则活。（《七十三章》）

【导读】

这一则有两种解释：一种认为是宣扬老子消极的生活态度，叫人随顺自然摆布，不要有什么作为。另一种认为“勇”是指那些逞凶的人，这种人当然没有好结果了。比较起来，还是孟子说得好：“可以死，可以无死，死伤勇。”（《孟子·离娄下》）

天网恢恢，疏而不失。（《七十三章》）

【导读】

老子这句话的原意是，人的一切都是命运安排好了的，人只能听从自然的安排，一切努力都是徒劳的。天网的网孔虽然硕大，但却没有漏掉一件事。现在用这句话来形容法网的严密，不会放过一个坏人。

天之道损有余而补不足；人之道则不然——损不足以奉有余。（《七十七章》）

【导读】

老子认为，天道是最公平的。“有余者损之，不足者补之。”而人道却相反，偏要减少不足的，供给有余的。这是老子在当时看到的社会危机。

和大怨，必有余怨。（《七十九章》）

【导读】

企图调和重大的仇恨，必然还会留下怨恨。所以，老子依然主张用“无为”、“退让”的原则处理人事间的纠纷。换句话说，压根儿不结仇恨，当然也就没有怨恨了。

天道无亲，常与善人。（《七十九章》）

【导读】

老子认为，天道对人是没有偏爱的。但天道因为秉持赏善罚恶，所以又常常帮助那些善良的人。虽然有些天命色彩，而且也不见得公允，但从“善有善报，恶有恶报”的意义上讲，还是不无一定道理的。

信言不美，美言不信。善者不辩，辩者不善。（《八十一章》）

【导读】

这两句话是关于说话的辩证法。真话不漂亮，漂亮的不一定是真话。善人不强词夺理，强词夺理的不是善人。但也不要搞绝对化。真话未必都不漂亮，有人有必要的辩解，也未必都是恶人。

庄 子

且夫水之积也不厚①，则其负②大舟也无力。（《内篇·逍遥游》）

【注解】

①厚：深。②负：载。

【导读】

庄子以深水方能载得动大舟的比喻，说明圣人必须在大道上深蓄厚养，才可致用。这句话在治学上具有普遍的教育意义。一个人的能力与其知识的深浅是分不开的。所谓“知识就是力量”,就是因为知识能帮助人承担起一定的重任。

连叔①曰:“然! 瞽②者无以与乎文章③之观,聋者无以与乎钟鼓之声。岂唯形骸有聋盲哉? 夫知④亦有之。(《内篇·逍遥游》)

【注解】

①连叔:古时修道之士。是否真有其人已不可考。《庄子》这本书里,寓言很多,有许多名字是庄子根据文章需要假托的。②瞽:盲人。③文章:文采。④知:同“智”。

【导读】

不能与盲人共同欣赏文采的美观,不能与聋子共同聆听钟鼓的乐声,这只是生理上的缺陷。难道人的智力上没有这种缺陷吗?这说明找到一个志同道合、有共同语言的知音也是很不容易的。

彼亦一是非,此亦一是非。果且有彼是乎哉?果且无彼是乎哉?彼是莫得其偶①,谓之道枢②。枢始得其环中③,以应无穷。(《内篇·齐物论》)

【注解】

①偶:对立。②道枢:门轴,形容关键处 。③环中:居于观察事物流转的中心地位。

【导读】

彼有是非观点,此有是非观点,他们的是非观点真有区别还是没有区别?说俗一点,公说公有理,婆说婆有理。公婆真的都有理还是都没理?照此争论下去(意指当时的“百家争鸣”),永远也说不清楚。如果不搞对立,除去成见,扬弃我执,打破主观对于外界(自然规律)的各种臆测与偏见,使自己置身于一个空灵的、独立的环中,像看万花筒、走马灯似的,以不变应万变,从而客观地对流转的事物作出价值判断,不是很自由了吗?庄子的《齐物论》追求“万物各一”,虽有抹杀是非界限,搞调和主义之嫌,但却能使人从纷乱的环境中跳出来,避免随波逐流,还是不无可取的。常言说“当事者迷,旁观者清”嘛。

吾生也有涯①,而知②也无涯。以有涯随③无涯,殆④已。(《内篇·生主》)

【注解】

①涯:边际、界限。②知:同"智"。③随:追求。④殆(dài):疲困、危险。

【导读】

人的生命是有限的。以有限的生命去追求无限的东西,那就会很疲困。为什么呢?庄子从养生的角度上指出,这样的追求有悖于"安时处顺"的自然法则。庄子在《养生主》里用了两个生动的比喻,或者说用了两个寓言说明他的养生之道:一是人应该像水泽里的野鸡那样,十步一啄,百步一饮,随心所欲,自由自在,比关在笼子里的鸡健康得多了。二是在为人处世方面要像"庖丁解牛"那样顺乎自然,依乎天理。在庖丁眼里,牛不过是由几部分组合而成的。顺着这几部分的经络纹理下刀,牛就自然地解体了,这就叫"游刃有余"。能这样处人处事,自然就安安康康了。

为善无近名,为恶无近刑。缘督①以为经②,可以保身,可以全生。(《内篇·养生主》)

【注解】

①缘督:在奇经八脉中,身前为任脉,身后为督脉。缘督是顺着自然之道的意思。②经:方法。

【导读】

做善事不要有求名之心,做恶事不要触犯了法纪,这样就可以明哲保身,保全性命了。所谓"无近刑"也是叫人知足不辱、知止不殆,不是教唆人去做坏事。

知天之所为,知人之所为者,至矣。(《内篇·大宗师》)

【导读】

知道天的作用,又知道人的作用,这个人就很不简单了。天的作用就是自然规律,人的作用就是认识并顺应自然规律,使人与自然形成一个和谐的整体,这便是庄子"天人合一"的自然观。用今天的话来说,就是要有保护环境的意识,防止人为地破坏环境,污染环境。庄子认为,人与自然的和谐可以使人享尽天年。

现代科学也证明好的居住环境对人的健康长寿是至关重要的。

长者不为有余，短者不为不足。是故凫胫[1]虽短，续之则忧；鹤胫虽长，断之则悲。（《外篇·骈拇》）

【注解】

①凫(fú)胫：野鸭的小腿。

【导读】

"尺有所短，寸有所长。"凡是原来的，都是合理的。鸭胫虽短，但不能任意加长；鹤胫虽长，也不能随意截短。庄子用这样的比喻，批判了那些滥用聪明、矫饰仁义、违背人情之常的行为。试看那些主观片面，习惯于搞"一刀切"的行为，也无异于加长鸭胫，截短鹤胫。

彼窃钩[1]者诛，窃国者为诸侯，诸侯之门而仁义存焉。（《外篇·胠箧》）

【注解】

①钩：腰带上的环子。

【导读】

窃了人家一个钩子被诛杀了，窃了一个国家的政权却成了诸侯。诸侯门上就又有了仁义这个护身符。这是庄子看到各国发生政变后发出的感慨。齐国大夫田成子杀了齐简公，夺取了政权，他本来是个大盗，但齐国强大，小国不敢非议他，大国不想讨伐他，他也就成了合法的诸侯。圣人制定礼法原本为了防盗制贼，但反过来礼法又成了窃国者装点门面的遮羞布。礼法岂不成了绳小民有余，防大盗不足了吗？

井蛙不可以语于海者，拘于虚[1]也；夏虫不可以语于冰者，笃[2]于时也；曲士[3]不可以语于道者，束于教也。（《外篇·秋水》）

【注解】

①虚:同“墟”,地形。②笃:局限。③曲士:有偏见者。

【导读】

和井底之蛙不能谈论大海,是因为它受了地域的局限;和夏天的虫子不能谈论冰冻,是因为它受了时令的局限;和偏执的人不能谈论大道,是因为他受了礼教的束缚。所以论道,既要看具体对象,也要看具体时间、地点和条件。

达生[1]之情者,不务生之所无以为[2];达命之情者,不务命[3]之所无奈何。(《外篇·达生》)

【注解】

①生:人生。②无以为:做不到。③命:命运。

【导读】

通达人生意义的人,不会热衷于追求身外之物;通达命运的人,也不会违心地去干无可奈何的事情。庄子主张人应该形神并重,才能有健康的体魄。试看世人的苦痛,也不外两个方面:不是无限度地追逐名利权势,就是强迫自己去做无可奈何的事情,这就不符合道法自然了。庄子还有一句名言:“凡外重者内拙。”就是说,过分看重身外之物的人,其内心是笨拙的。

此木以不材得终其天年夫!(《外篇·山木》)

【导读】

庄子在山里看见一棵大树,旁边的伐木工却不去砍它。问其原因,伐木工说:“这树不成材,砍了也无用。”庄子听了感慨地说:“这棵树因为不成材,反而享尽了它的天年。”“直木先伐,甘井先竭。”在当时动乱的时代,能保全性命就算是难能可贵了。道家的“无为”、“守雌”,显然是太消极了。但从养生观念上讲,也是有一定意义的。

且君子之交淡若水,小人之交甘若醴[1];君子淡以亲,小人甘以绝[2]。彼无故以合者,则无故以离。(《外篇·山木》)

【注解】

①醴:甜酒。②绝:断绝。

【导读】

君子之交与小人之交,其最大的差别就在于,君子之交不夹杂任何利害关系,像清茶,像白开水,淡淡的,却是最可口、最解渴的。小人之交则完全是利害攸关的,是以利益为交易的,一旦交易结束了,关系也就结束了。所谓"酒肉朋友,米面夫妻",就生动地说明了这种关系的脆弱。像池水的起落,聚也容易,散也容易。在当今物欲横流、"一切向钱看"的人际关系中,能找到一种君子之交,实在是应当倍加珍惜的。

夫哀莫大于心死,而人死亦次之。(《外篇·田子方》)

【导读】

从字面上讲,人到了心灰意冷的时候是最悲哀的,因为已经找不到寄托,看不到希望,生不如死了。这里是指颜渊与孔子谈到宇宙长流不息,事物变化莫测,人生无常,却又找不到归宿,颇有"前不见古人,后不见来者"的悲凉。

夫声色滋味权势之于人,心不待学而乐之,体不待象[1]而安之。(《杂篇·盗跖》)

【注解】

①象:模仿。

【导读】

声色、滋味、权势这类东西,因为能刺激人的感官,使人感到舒适,所以不用专门去学,也不用去模仿就自然学会了。可见,走正道不容易,走邪道很容易。

列　子[1]

贫者士[2]之常[3]也,死者人之终也。处常得终,当何忧哉。(《天瑞》)

【注解】

①列子:列子也是道家三大代表人物之一。名御寇,战国时郑人,一生隐逸避世,崇尚清虚无为,著有《列子》一书。②士:读书人。③常:常情。

【导读】

道家是乐天派。列子说他有三乐:万物之灵人为贵,他得以为人;男尊女卑,他是男人;人生短促,他已九十高龄。至于贫困那是读书人的常事,不足为奇。死亡是人生必然终结,不足为惧。处常得终,还有什么可忧虑的呢?著名的寓言"杞人忧天"就出自这里。因为"道"的运动是相续不断的,生与死不过是一来一往而已。人应以虚静无为、安贫乐道的态度对待人生才好。

人胥[①]知生之乐,未知生之苦;知老之惫,未知老之佚[②];知死之恶,未知死之息也。(《天瑞》)

【注解】

①胥:全、都。②佚:通"逸",安闲。

【导读】

"人有悲欢离合,月有阴晴圆缺。"人生的快乐与痛苦,老年的疲惫与闲适,死亡的不幸与安息,都是相反相成的自然法则。不能只看到一个方面而看不到另一个方面。只有用辩证的、超脱的态度对待人生,才能从中找到生活的乐趣、享受与归宿。正如庄子说的,大自然给了我形体,用生来使我劳作,用老来使我安逸,用死来使我安息。遗憾的是,有的人只知道贪图享乐,忘了乐极生悲;只知道忙碌奔波,忘了忙里偷闲;只知道死之无奈,忘了回归自然也是对生命的慰藉。

欲刚,必以柔守之;欲强,必以弱保之。积于柔必刚,积于弱必强。(《黄帝》)

【导读】

"刚"与"强"是人的常欲。但要使"刚"与"强"持续下去,又必须依靠"柔"与"弱"才能得以维持。这是道家关于以柔克刚的辩证法。即使"柔"与"弱"暂时还处于颓势,但从长远看,还是会成为优势的,这就叫"蓄势待发"吧。生活中有些被称为“强者”、“铁女人”、“硬汉子”的人，他们一贯争强好胜，只能伸不能屈，只能赢不能输，甚至身在矮檐下也不肯低头，这样“暴虎冯河，死而无悔”的人是不足取的。阳刚是一种美，阴柔也是一种美。

得意[1]者无言，进知[2]者亦无言。用无言为言亦言，无知为知亦知。(《仲尼》)

【注解】

①得意：领会要旨。②进知：尽知。进通“尽”。

【导读】

得意就不需要说了，尽知也不必说了。这样的无言也是一种言说，这样的无知也是一种知晓。这是道家无知才能无所不知，无为才能无所不为，大辩若讷，大巧若拙的思想。但从今天看来，也有商榷之处。应当表白的还是要表白，应当申明的还是要申明。在一定的民主氛围下，还是要提倡知无不言，言无不尽，言者无罪，闻者足戒。

物自违道，道不违物。(《仲尼》)

【导读】

“道”是不以人意志为转移的自然规律。它自行运转，自行变通，如寒来暑往，春华秋实。所以，“道”是不会违背事物的。相反，是事物经常不按规律运动，违背了“道”。事物只能顺应规律，利用规律，而不能随心所欲地改变规律，否则事物就会受到“道”的惩罚。例如，破坏了生态平衡就会招致自然灾害，污染了环境就会引发疾病等等，都是“物自违道”的表现。

“生相怜[1]，死相捐[2]。”此语至矣。(《杨朱》)

【注解】

①怜：怜惜。②捐：舍弃。

【导读】

“活着互相怜惜，死了互相舍弃。”这也是尊重生老病死的自然规律，用佛教的话说就是活着要慈悲喜舍，死了要看破放下。庄子的妻子死了，开始他也很悲痛，但很快他就想通了，而且还敲着瓦盆唱起来。这是“道”的作用还是长歌当哭？向来耐人寻味。

行善不以为名，而名从[①]之；名不与利期[②]，而利归之；利不与争期，而争及[③]之。故君子必慎为善。（《说符》）

【注解】

①从：跟随。②期：企望。③及：到。

【导读】

这段话深刻地道出了做好事者的苦衷。做好事本来不是为了出名，但名誉跟着就来了；有了名誉不是为了得到什么利益，但利益也就有了；有了利益并不想去争夺，但有人出于嫉妒、诽谤偏要来制造麻烦，引起争夺，所以从某种意义上说，还是当个无名英雄为好。

墨 子[①]

故虽有贤君，不爱无功之臣；虽有慈父，不爱无益之子。是故不胜其任而处其位，非此位之人也；不胜其爵[②]而处其禄[③]，非此禄之主[④]也。（《亲士》）

【注解】

①墨子：名翟，春秋战国之际宋人。是墨家学派的创始人，“九流”之一，是儒家的反对派。墨家以无差别的“兼爱”为其学说的中心思想。墨家与儒家并称“显学”达两百余年，直至秦汉以后才开始衰落。《墨子》一书大部分是其弟子或再传弟子记述墨子言行的总汇，现存53篇。②爵：官位。③禄：俸禄。④主：所有者。

【导读】

墨子在治理国家方面提出了“尚贤使能”的进步主张。他说：“官无常贵，而民无终贱。有能则举之,无能则下之。”根据这个原则,贤君在用士上,就不能让不称职的人占据一定的官位,也不能让不称职的官员享受相应的待遇。墨子主张任人唯贤,反对任人唯亲。虽然他提倡“兼爱”,但对那些“无功之臣”、“无益之子”是不能“爱”的。这个思想即使从今天看来也是进步的。

君子之道也:贫则见[1]廉,富则见义[2],生则见爱,死则见哀。(《修身》)

【注解】

①见:通“现”,表现。②义:疏财助人。

【导读】

处贫贱表现出廉洁,处富贵表现出仁慈,对人之生表现出珍爱,对人之死表现出哀痛。这四句话体现了墨子所崇尚的“兼”。所谓“兼”就是时时处处想到别人,以“兼相爱”达到“交相利”的目的,“兼爱”的实质是提倡一种平等的爱。这就很难为历代统治者所接受,这也是墨子学说长期推广不开乃至中断的重要原因。

子墨子[1]言见染丝者而叹曰:染于苍[2]则苍,染于黄则黄。所入者变,其色亦变;五入[3]必[4]而已则为五色矣。故染不可不慎也!(《所染》)

【注解】

①子墨子:墨子学生对老师的尊称。②苍:青色。③五入:放在五种不同的颜色中。④必:同“毕”。

【导读】

墨子以染丝为例,说明周围环境对人的影响是很大的。将白色的丝置于不同颜色的染缸里就染成不同颜色的丝。一个国君周围有些什么亲信,一个人周围有些什么朋友,能不慎重地加以选择吗?

爱人利人者,天[1]必福之;恶人贼[2]人者,天必祸之。(《法仪》)

【注解】

①天:这里指鬼神。②贼:残害。

【导读】

墨子学说的中心是“兼爱”。兼爱就是相亲相爱，视人如己，以“兼相爱，交相利”取代“兼相恶，交相贼”。做到“兼爱”就是“义”，反之就是“不义”。墨子学说的另一个思想是“尊天事鬼”。天是天意，鬼是鬼神。“天”与“鬼”的愿望都是使人“兼爱”，而且赏罚分明，应验很灵，顺者福之，逆者祸之。虽然宣扬了神权与迷信，但也对统治阶级起到了警戒作用。

爱人者必见[1]爱也，而恶人者必见恶也。(《兼爱下》)

【注解】

①见：相当于“被”。

【导读】

爱与憎在人际关系中总是双向的。你爱人，人也爱你；你恶人，人也恶你。《墨子》中多处强调这个关系。墨子认为，天下的祸乱、争斗、怨愤、仇恨的出现，都是因为人们互不相爱的缘故。他说：“凡天下祸篡怨恨其所以起者，以不相爱生也。”(《兼爱中》)

古者有语曰：“君子不镜于水而镜于人。镜于水，见面之容；镜于人，则知吉与凶。”(《非攻中》)

【导读】

以水为镜，只能照见自己；以人为镜，才能知道吉凶。“他山之石，可以攻玉。”古人常以镜为喻，指借鉴别人的经验教训。最著名的是唐太宗李世民在悼念大臣魏徵时说的：“夫以铜为镜，可以正衣冠；以古为镜，可以知兴替；以人为镜，可以知得失。”

杀不辜者，天予不祥。(《天志中》)

【导读】

杀害无辜的人，上天将会严惩他。

其然也同,其所以然不必同。(《小取》)

【导读】

“然”是结果,“所以然”是形成结果的原因。在治学中,或者在学术研究中,应当知其然,也知其所以然。但在结果上基本相同,达到了目的,就不必细究其方法了。因为世界上殊途同归的事情很多。一道数学题可以有几种解法,一道作文题也可以有几种写法,不必千篇一律,这叫一果多因。有些人不问结果,偏在方法上争论不休,实在是徒劳无益的。

世俗之君子,贫而谓之富则怒,无义而谓之有义则喜,岂不悖哉!(《耕柱》)

【导读】

世俗之人,如果他贫穷,你要说他富,他一定会生气;如果他是个不义之人,你却说他有义,他就会感到很高兴。这不是很矛盾吗?如果说这是人们的一种痼疾,那从古到今又都何尝不是这样?我们应如何克服这个毛病呢?

世之君子,使之为一犬一彘①之宰②,不能则辞之;使之为一国之相,不能而为之,岂不悖哉!(《贵义》)

【注解】

①彘(zhì):猪。②宰:屠夫。

【导读】

世上的人,你要让他去杀猪宰狗,如果他干不了,他是一定不会去的。可是你要让他去当一国的宰相,他明知自己干不了也要硬着头皮去当的。这岂不是咄咄怪事吗?

晏 子[①]

诛[②]不避贵，赏不遗贱。（《内篇问上第三》）

【注解】

①晏子：名婴，字平仲，春秋时齐国卿相。其思想属于墨家。传世《晏子春秋》是战国时人搜集他的言行编成的。②诛：杀。

【导读】

惩罚罪人不回避权贵，奖赏有功者不遗漏卑贱。前一句说法律面前人人平等，后一句说论功行赏也人人平等。能做到这两条，就是一个民主与法制健全的社会了。

古之贤君，饱而知人之饥，温而知人之寒，逸而知人之劳。（《内篇谏上第一》）

【导读】

自己温饱而能想到百姓的饥寒，自己温暖而能想到还有人受寒，自己安逸而能想到百姓的辛劳，就算是个贤明的君主了。只知道自己享乐，置百姓死活于不顾的就是昏君和暴君了。

言无阴阳，行无内外。（《内篇问上第三》）

【导读】

说话行动都能做到表里如一，就是一个磊落光明、心底无私的人了。

所求于下者必务[①]于上；所禁于民者不行于身[②]。（《内篇问上第三》）

【注解】

①务：一定做到。②身：自身。

【导读】

对下面的要求，上面首先做到；不准下面干的事，上面首先不干。领导以身作则，身先士卒，群众便会上行下效，贯彻执行了。

任人之长，不强①其短；任人之工②，不强其拙。此任人之大略也。(《内篇问上第三》)

【注解】

①强：勉强。②工：特长。

【导读】

人各有所长，也各有所短。用人之道就是要扬长避短，能做梁的就让他去做梁，能做柱的就让他去做柱。将才就是将才，帅才就是帅才。一个好教师，未必就是一个好校长；一个好医生，未必就是一个好院长。所谓"用人如器"。用人不当也是事业失败的一大原因。

愚者多悔。(《内篇杂上第五》)

【导读】

愚昧的人因为缺乏理智，容易感情用事，或者只顾眼前，不看长远，经常办后悔事，吃后悔药。但聪明人由于过分自信，自以为是，或者利令智昏，钻了牛角尖，聪明反被聪明误，也会吃后悔药，而且剂量还很大。

圣人千虑，必有一失；愚人千虑，必有一得。(《内篇杂上第五》)

【导读】

世界上的事情是复杂的、变化的，再高明的人也有错估形势、始料不及的时候。诸葛亮算得上是个会远虑的人了，但他在战争指挥上也发生过不少错误。愚人虽然不像圣人那样料事如神，但也未必没有一步高棋。所以，我们在决策中应当广泛征求不同人的意见，包括那些不如自己的人。因为下下人有时也会有上上智。

韩 非 子[1]

诚[2]有功则虽疏贱[3]必赏，诚有过则虽近爱必诛。(《主道》)

【注解】

①韩非子：战国末期韩国人，法家思想的集大成者。著有《孤愤》、《五蠹》、《说难》、《定法》等十余万言。②诚：确实。③疏贱：关系疏远，地位卑贱。

【导读】

确实有功的，即使与自己关系疏远，地位卑贱也要赏；确实有过的，即使与自己关系密切且受到宠爱也要诛。韩非子是法家的杰出代表，法家崇尚严刑峻法。这种“严”不但体现在有刑有赏，而且是不徇私情、执法如山的。

明主[1]使法择人，不自举[2]也；使法量功，不自度[3]也。(《有度》)

【注解】

①明主：开明的君主。②自举：个人推荐。③自度：个人估计。

【导读】

在一个法制的国家里，选拔人才也好，论功行赏也好，都以国家制定的有关法律为依据、为标准，不能由一个人随心所欲地说了算。这其中就有个“人治”与“法治”的问题。所谓“人治”就是个人权力不受法的制约，我就是法，甚至我大于法。“人治”严重的地方用人都是如此。有民谣戏曰：“说你行，你就行，不行也行；说你不行，你就不行，行也不行。”

知臣莫若君，知子莫若父。(《十过》)

【导读】

照理说，君主最熟悉他的臣子，父亲最了解他的儿子。但也未必，有些君主因听了谗言，受了蒙蔽，忠奸不分者在历史上并不鲜见。有些父亲因偏见、溺爱、感情用事导致贤与不肖不分者在家庭中也大有人在。看来，做一个知臣的君主、做一个知子的父亲，也不是容易的。

事以密成，语以泄败。（《说难》）

【导读】

有些事情在一定时间、一定范围内必须保密，严防泄露。倘若走了口风，就会前功尽弃，导致失败。需要说明的是，没有必要保密的事情就不要保密，否则反而会引起别人的怀疑。有位智者说得好："当密不密使人败，不当密而密使人疑。"

桀①为天子能制天下，非贤也，势重也；尧②为匹夫，不能正③三家，非不肖，位卑也。千钧得船则浮，锱铢失船则沉，非千钧轻而锱铢④重也，有势⑤之于无势也。（《功名》）

【注解】

①桀(jié)：传说中的暴君。②尧：传说中的贤人。③正：治罪。④锱铢(zī zhū)：锱是古代的重量单位，一两的四分之一。铢是古代的重量单位，一两的二十四分之一 。锱铢表示分量很轻。⑤势：权力。

【导读】

桀虽然是暴君，但因为他是天子，就有权力统治天下；尧虽然是贤人，但因为他是百姓，就没有权力去管别人。这就好像船可以载千钧之物，但如果没有船，即使分量很轻的东西也会沉下水去。水的这种浮力就像是人的权力。所以一个君主要治理国家就得拥有权力（势），才能令行禁止，如果没有权力（势），即使有才也施展不开。"夫有才而无势，虽贤不能制不肖。"（《功名》）由此可见，法家韩非是极力主张中央集权的。

圣人不期①修古，不法②常可，论世之事，因为之备。（《五蠹》）

【注解】

①期：要求。②法：效法、遵循。

【导读】

圣人在治国中，不要求沿用古人制定的章法，也不非要效法一般人认为有长效的办法，而是因时制宜地建立新法。韩非子吸取了当时儒家、道家、墨家、名家关于法制的观点，提出了法律的制定必须适应时代发展的需要，不能泥古、仿古，一成不变。他还用“守株待兔”这个寓言辛辣地讽刺了那些抱残守缺，只知“以先王之政，治当世之民”的人。

今人主之于言也，其说辩而不求其当①焉；其用于行也，美其声而不责其功②焉。（《五蠹》）

【注解】

①当：合适。②功：成效。

【导读】

大意是说，现在的君主，只喜欢听那些花言巧语，而不研究他说得是否适当；在用人上，只喜欢他的名声，却不追究他工作的实绩。韩非子是个怀才不遇的人，他虽是荀子的学生，却反对儒家以文乱法，主张重赏、重罚、重农、重战的富国强兵政策。他曾多次上书韩国国君要求变法却不被采用，他的名作《孤愤》、《五蠹》传到秦国，深受秦王赞赏，秦王为了得到韩非还对韩国发动了战争，韩国只好把韩非交给秦国。但秦王对韩非也只是欣赏，并不重用，加上李斯等人的嫉妒、陷害，韩非只能含恨死于狱中。这段话也表达了他无奈的心情。

管　子①

仓廪实②则知礼节，衣食足则知荣辱。（《牧民》）

【注解】

①管子：管仲，名夷吾，春秋初期齐国人，法家的重要代表人物。管仲相齐四十年，对齐国实行了一系列的治理、改革措施，使齐国成为春秋五霸中的第一个霸主。②仓廪(lǐn)实：国库充实。

【导读】

管仲认为，一个国家只有经济繁荣了，人民才能富足，社会才能安定，军力才能强盛。礼、义、廉、耻这些东西才能推广开来。如果人们连肚子都填不饱，还怎么去讲究礼节呢？他说：“礼义廉耻，国之四维，四维不张，国乃灭亡。”经济基础决定着上层建筑，正是这个道理。

一年之计，莫如树谷；十年之计，莫如树木；终生之计，莫如树人。（《权修》）

【导读】

一年之计种谷，十年之计栽树，终生之计树人，这是千古至理。管子把培养人作为终生之计是具有远见卓识的。用今天的话说就是“百年大计，教育为本”。如果我们每个人都能依此规划自己的一年、十年、终生，不但生活能提高，人品也能提升了。

君之所审者三：一曰德不当其位，二曰功不当其禄，三曰能不当其官。（《立政》）

【导读】

管仲为齐国制定了严格的举贤任能制度。君主要亲自参与对官员的审查与考核，看其品德是否与其地位相称；看其功绩是否与其俸禄相称；看其能力是否与其官职相称。管仲认为，在用人上宁可有过于君子，也不能错用了小人。“过于君子，其为怨浅；失于小人，其为祸深。”（《立政》）

私者，乱天下者也。（《心术下》）

【导读】

无论国家，无论集体，无论家庭，私欲都是“乱”的根源。有了私欲，就没有公心，没有真理，没有正义，没有团结，焉能不乱乎？

日极则仄，月满则亏。（《白心》）

【导读】

太阳到了正午的时候，就要偏斜了，月亮到了圆满的时候，就要亏缺了。这叫“物极必反”。“正午”和“圆满”就是日月运行中的两个“极”，也就是事物走向其反面的“临界点”。如果说这是一条红线，那么智者会在红线前停下来，愚者会踩在红线上。

强而骄者损其强，弱而骄者亟[①]死亡；强而卑者信[②]其强，弱而卑者免于罪。是故骄之余[③]卑，卑之余骄。（《白心》）

【注解】

①亟：急，加速。②信：通“伸”，发展义。③余：指结局。

【导读】

管子此处是指国家而言的。强国如果骄傲，会损害其强大；弱国如果骄傲，会加速其灭亡。反之，强国如果谦卑会更强大，弱国如果谦卑会免于灾难。其实，做人又何尝不是这个道理呢？

为[①]而不知所成，成而不知[②]所用，用而不知所利害，谓之妄举。（《版法解》）

【注解】

①为：做事。②知：预知。

【导读】

这段话是强调预见性的。尤其对那些成本高、投入大、周期长的事业，更要充分估计到它的成功率、利用率和由此所担的风险有多大，如果对这一切都处于盲目状态，就叫轻举妄动。

商　君　书[①]

有高人[②]之行者，固见负[③]于世；有独知之虑者，必见骜[④]于民。语

曰:"愚者闇[5]于成事,知者见于未萌。民[6]不可与虑始,而可与乐成。"(《更法》)

【注解】

①商君:指商鞅。战国时卫国人,姓公孙,名鞅,亦称卫鞅。因受封于商地,尊称商鞅。法家重要代表人物。是秦国"商鞅变法"的推行者。撰有《商君书》。②高人:超过人们。③负:反对。④骜(ào):嘲笑。⑤闇(àn):不明白。⑥民:平庸的人。

【导读】

商鞅是历史上著名的改革家。秦孝公时两度实行变法,奠定了秦国富强的基础。这段话表达了他推行变法的艰难与感慨:先进的行为会遭到世人的反对,超前的意识又会受到人们的嘲弄。愚昧的人事情成功了还不知道是怎么回事,聪明的人事未临头就看清楚了。不能指望同愚昧的人一起开创一种事业,只能等到事业成功以后与他们分享喜悦。

国为善,奸必多。(《去强》)

【导读】

"以法治国"还是"以德治国",法家与儒家是对立的。商鞅认为,如果一味按照儒家的仁义去教化百姓,那犯罪率不但不会下降,反而会上升。尤其在乱世,更得使用重刑才能对那些不守法的人起到震慑作用。换句话说,商鞅认为要使犯罪率下来,就得从严刑峻法入手。所以他反对儒家的"以德去刑",主张"以刑去刑"。他说:"禁奸止过,莫若重刑。"从今天来看,德治与法制应结合起来,不可偏颇。

国无怨民曰强国。(《去强》)

【导读】

老百姓没有怨恨情绪,说明安居乐业、社会和谐,这个国家就是强国了。

刑不能去奸,而赏不能止过者,必乱。故王者刑用于将过,则大邪

不生;赏施于告奸,则细过不失。(《开塞》)

【导读】

刑与赏是相辅相成的治国之道,如果二者都不能遏止犯罪,国家就乱了。所以王者要把刑法用在人们将要犯罪的时候,大的邪恶就不会产生了;把赏赐用在告发奸人上面,小的罪过也就不会漏掉了。

国之所以治者三:一曰法,二曰信,三曰权。(《修权》)

【导读】

治理国家的三个要素是:法度、信用、权力。

圣人之为国也,壹赏,壹刑,壹教。(《赏刑》)

【导读】

圣人治国,必须统一赏赐,统一刑罚,统一教育。

国之乱也,非其法乱也,非法不用也。国皆有法,而无使法必行之法。(《画策》)

【导读】

国家纷乱,往往不是因为法乱,而是没有执法的具体办法。

过举①不匿②,则官无邪人。(《垦令》)

【注解】

①举:检举。②匿:隐瞒。

【导读】

举报官员的错误行为没有隐蔽,奸邪的人就少了。监督机制不健全,正是造成一些人欺上瞒下和出现犯罪的根源。

以日治者王，以夜治者强，以宿[①]治者削[②]。（《去强》）

【注解】

①宿：拖延、推后。②削：弱。

【导读】

商鞅把处理政事的效率分成三等：王、强、削，或者说上、中、下。白天处理完公务的为王，加夜班处理完公务的为强，当日处理不完，拖延积压下来的为弱。这种对工作高效率的要求，至今仍有现实指导意义。

民生则计利，死则虑名。名利之所出，不可不审也。利出于地，则民尽力；名出于战，则民致死。（《算地》）

【导读】

大意是，老百姓活在世上都是要名要利的。获得名利的途径不能不加审察。获利的途径在土地，老百姓就会尽力去耕种；获名的途径在战争，老百姓就会拼命去打仗。人民一面努力耕织，得到丰衣足食；一面勇敢作战，得到官职与爵位。这样，国家就富强了。这正是商鞅发展耕织、奖励军功、农战并重的变法主张。

慎　子[①]

贤而屈[②]于不肖[③]者，权轻也；不肖而服于贤者，位尊也。（《威德》）

【注解】

① 慎子：即慎到，战国时赵国人。早年学黄老之学，后来成为从道家分化出来的法家。主要思想是“尚法”和“重势”。②屈：服从。③不肖：品行不端的人。

【导读】

贤者有时屈从于不肖者，那是因为贤者没有权管教不肖者；不肖者服从贤者，那是因为贤者有一定的权威。慎到认为要实行法制，既要有法，还要有执法的权力，最重要的是使执法权掌握在贤者手里。

治国无其法则乱，守法而不变则衰。(《慎子逸文》)

【导读】

治国必须有法，无法可依国家就乱套了。但只知守着旧法，不能与时俱进地适时变法，国家也会走向衰败的。可见法家是反对泥古的。

家富则疏族聚，家贫则兄弟离。(《慎子逸文》)

【导读】

这种不讲亲疏，只看贫富的离合现象，反映了人情的淡漠和世态的炎凉。

匠人成棺，不憎人死，利之所在，忘其丑也。(《慎子逸文》)

【导读】

做棺材的木匠是不讨厌人们死去的。人在有利可图的时候就忘记其不好的一面了。

投钩以分财，投策以分马①，非钩策为均②也。使得美者，不知所以德③；使得恶者，不知所以怨。此所以塞愿望也。(《威德》)

【注解】

① 钩、策，都是古代用来决定胜负的工具。②均：公平。③德：感激。

【导读】

在无法决定分配原则或所属的时候，民间有许多游戏可以一决胜负，如投标、划拳、丢子儿、抓纸球等，虽然结果未必公平，但大家也无可奈何。赢了的只能说自己手气好，也不知道该感激谁。输了的只能认自己晦气，也不知道怨恨谁。输赢都引不起仇恨。这确实是个没有办法的办法，没办法的办法也是办法。

疑[1]则动，两[2]则争，杂[3]则相伤。（《德立》）

【注解】

①疑：疑虑。②两：有对立面。③杂：多头。

【导读】

法家是主张独立统一的。双方势均力敌必然要争，头目越多越要互相伤害。

孙　子[1]

兵者，诡道[2]也。故能而示[3]之不能，用而示之不用，近而示之远，远而示之近；利而诱之，乱而取之，实而备之，强而避之，怒而挠[4]之，卑而骄之，佚[5]而劳之，亲而离之。攻其不备，出其不意。此兵家之胜[6]，不可先传[7]也。（《计篇》）

【注解】

①孙子：即孙武，字长卿，春秋齐国人。古代军事家、兵家，创立了我国最早的军事理论。《孙子》亦称《孙子兵法》，现存十三篇。② 诡道：诡诈的计谋。③示：表面装作。④挠：挑逗。⑤佚：通"逸"，军队休整得好。⑥胜：用兵的奥妙。⑦先传：事先规定。

【导读】

本篇提出了"知己知彼，百战不殆"的论断。只有"知彼"才能采取灵活机动的斗争策略。或阴差阳错，声东击西；或欲擒故纵，将计就计；或出其不意，攻其不备，反正是虚虚实实，诡计多端，兵不厌诈。《孙子兵法》虽然主要用于战争，但在复杂的国际环境中和人际关系中也具有普遍的指导意义。现在国内外的商界、政界，乃至一切竞争场合都在竞相应用着《孙子兵法》。俗话说："害人之心不可有，防人之心不可无。"但"害"也好，"防"也好，实际上都是在使用着某种"计策"。所以《计篇》也就成了《孙子兵法》的首篇。

知彼知己，百战不殆；不知彼而知己，一胜一负；不知彼，不知己，

每战必殆。(《谋攻篇》)

【导读】

生活虽然不等于作战,但“知己知彼”这条原则却永远是正确的。因为它可以减少我们生活中的盲目性,提高我们的自觉性和预测性。试看我们在工作中、生活中出现的种种失误,很多是因为不了解对方而造成的。

百战百胜,非善之善者也;不战而屈人之兵,善之善者也。(《谋攻篇》)

【导读】

百战百胜还不是上策,上策是不战而能使敌人屈服。

将有五危:必死①,可杀也;必生②,可虏也;忿速③,可侮也;廉洁④,可辱也;爱民⑤,可烦也。凡此五者,将之过也,用兵之灾也。(《九变篇》)

【注解】

①必死:有勇无谋者。②必生:贪生怕死者。③忿速:急躁易怒者。④廉洁:虚荣好名者。⑤爱民:缺乏决断者。

【导读】

孙武指出指挥战争的将领有五种危险。有勇无谋只知死拼者,可能被杀;临阵畏怯贪生怕死者,可能被俘;急躁易怒一触即发者,可能受辱;虚荣好名过分自尊者,可能失控;只知“爱民”而陷入优柔寡断者,可能被敌烦扰而处于被动。战争的失败,军队的覆灭,将帅的被杀,基本上是这五种致命的弱点造成的。我们可以引申一下,为人处世中的失败是不是也吃了这五种弱点的亏。

投之亡地然后存,陷之死地然后生。(《九地篇》)

【导读】

所谓“置之死地而后生”，是一种辩证的说法。此处是指在极度困难的条件下才能想出生存的办法来。

吴　子[1]

凡兵之所起[2]者有五：一曰争名，二曰争利，三曰积恶，四曰内乱，五曰困饥。其名有五：一曰义兵，二曰强兵，三曰刚兵，四曰暴兵，五曰逆兵。（《图国》）

【注解】

①吴子：即吴起，战国中期法家、兵家，卫国人，曾在鲁国、魏国任将军。著有《吴子》，又称《吴子兵法》、《吴起兵法》。原著四十八篇，今存六篇。②起：起兵。

【导读】

这段话的大意是说，发动战争的原因有五种：一是争名位，二是争利益，三是有积怨，四是敌国发生内乱，五是敌国发生饥荒。相应于上述五种原因而出兵的，其性质分别为义兵、强兵、刚兵、暴兵、逆兵。既分析了发动战争的原因，也从兵的角度分析了战争的性质。

当[1]敌而不进，无逮[2]于义矣；僵尸[3]而哀之，无逮于仁矣。（《图国》）

【注解】

①当：面对。②逮：够得上。③僵尸：指扑在战死者的尸体上。

【导读】

失去了战机，事后只会伏在死者身上哭泣，这样做既不是义，也谈不上仁。

用兵之害，犹豫最大；三军之灾，生于狐疑。（《治兵》）

【导读】

战争中最大的祸害是优柔寡断，拿不定主意。其实，干什么事情也都需要果断。所谓“当断不断，反受其乱”。

君能使贤者居上，不肖者处下，则陈[①]已定矣。民安其田宅，亲其有司[②]，则守已固矣。百姓皆是[③]吾君而非[④]邻国，则战已胜矣。（《图国》）

【注解】

①陈：同“阵”。②有司：上级长官。③是：正确，合理。④非：错误，不正确。

【导读】

魏武侯问吴起，希望听你讲讲在战场上如何布阵，如何守卫，如何向敌人发起进攻取得最后胜利的道理。吴起没有说具体打仗的事，而是从国内安定、人心所向这个角度作了解释。大意是：国君能让有才德的人去领导那些没有才德的人，全国的阵线就布置好了。老百姓安居乐业，服从上级领导，防御组织就牢不可破了。百姓心目中都认为自己君主是正确的、合理的，邻国是错误的、非理的，战争就一定能取得胜利。

尉 缭 子[①]

苍苍之天，莫知其极[②]？帝王[③]之君，谁为法则[④]？往世不可及，来世不可待，求己者也。（《治本》）

【注解】

① 尉缭子：战国时期兵家，也是其兵书名。《汉书·艺文志》载《尉缭》三十一篇，今存二十四篇。②极：边际。③帝王：三皇五帝。④法则：效法。

【导读】

大意是：蓝蓝的天空哪里是边际？三皇五帝的政治谁的办法可以效法？过去不可得，未来不能等，全靠自己创造了。尉缭子这种不骄不馁、不等不靠、反求诸己的精神，无论用兵，还是干事业，都是非常可贵的。

“百里之海，不能饮一夫[①]；三尺之泉，足止三军渴。”臣谓[②]欲生于无度，邪生于无禁。(《治本》)

【注解】

①一夫：一人。②臣谓：我认为。

【导读】

人要贪得无厌，就是百里大海也不够他喝；人要不贪，便是三尺深的小泉也能解三军之渴。所以说，欲生于没有节制，邪生于禁止不力。

刑以伐之，德以守之。(《天官》)

【导读】

梁惠王问尉缭子，据说黄帝用兵恩威兼施，百战百胜，是这样吗？尉缭子说，是这样。刑法用来征伐不服之邦，恩德用来安抚天下百姓。

地所以养民也，城所以守地也，战所以守城也。(《战威》)

【导读】

地养民、城守地、战护城，尉缭子指出这三者的关系，正是先王治理国家的根本任务。

祸在于好利，害在于亲小人，亡在于无所守，危在于无号令。(《十二陵》)

【导读】

这几句话虽是说给带兵者的，但也是说给所有领导者的。祸在于贪婪，害在于用人不当，亡在于未能防患，危在于政令不明。

公孙龙子[1]

马者，所以命形也；白者，所以命色也。命[2]色形者，非命形也。故曰：白马非马。（《白马论》）

【注解】

①公孙龙：字子秉，战国末期赵国人。《公孙龙子》被列为先秦名家的代表作。这部书议论诡谲，叙述波折，是研究中国古代逻辑思想和哲学思想发展的重要著作。②命：有的地方作“名”，意思相同。

【导读】

“白马论”是先秦名家公孙龙关于名与实（概念与事物）著名的“守白”理论。（守是执守，白即白马）。战国时期，“名辩”之风盛行。孔子提出“正名”，老子主张“无名”。为了克服名实之混乱，公孙龙提出名称与实物必须相当，并用“白马非马”作为佐证。虽然过分强调了事物的同一性，但对我国古代逻辑学的建立还是做出了很大贡献。公孙龙关于“白马非马”的理由是：“言白所以名色，言马所以名形也；色非形，形非色也。夫言色则形不当也，言形则色不宜从，今合以义物，非也。”就是说，“白”是称呼颜色的，“马”是称呼形体的。颜色不同于形体，形体也不同于颜色。把白马说成是颜色与形体合成的东西，是错误的。多年来，对于“白马论”总是见仁见智，其中既有辩证观念，也有诡辩成分。

以其所正[1]，正其所不正[2]；不以其所不正，疑[3]其所正。其正者，正其所实[4]也；正其所实者，正其名[5]也。（《名实论》）

【注解】

①以其所正：正，正当，指名实相符。②正其所不正：第一个“正”为“矫正”，第二个“正”为“正常”。③疑：检验。④实：实体。⑤名：概念、称号。

【导读】

公孙龙认为，凡物都有它自己固定的位置，超出了应在的位置就不正了。所以只能用正来矫正不正，不能用不正来检验正。要纠正名实混乱的现象，必须把物体本身位置摆正，物体位置正了，称谓也就对了。

尹文子[1]

为[2]善与众行之，为巧与众能之，此善之善者，巧之巧者也。（《大道上》）

【注解】

①尹文：又称尹文子，战国时齐国人。《汉书·艺文志》把他列为名家。②为：做。

【导读】

做善事与大家一起做，这是善中之善；学技巧与大家一起学，这是巧中之巧。理由是，共同做善事不但成绩大，而且会形成良好风尚；共同学技巧，不但有兴趣，还可以相互切磋、鼓励。

专用[1]聪明，则功不成；专用晦昧，则事必悖。一明一晦，众人所载[2]。（《大道上》）

【注解】

①专用：一味。②载：从事。

【导读】

做人做事要避免两个极端：一味聪明与一味晦昧。有聪明也有昏暗，是众人常有的。窃以为此则可解为：大问题清楚些，小问题糊涂点。

圆者之转，非能转而转，不得不转也；方者之止，非能止而止，不得不止也。（《大道上》）

【导读】

圆的东西之所以转动，并不是因为它能转动，而是不得不转动；方的东西之所以静止，并不是因为它能静止，而是不得不静止。这是因为物体自身的形状与所克服的阻力不同使然。这个现象也告诉我们，欲动欲静，欲行欲止，最好遵循事物自身的特点与规律，而不要反其道而行之。

失治则任法,失法则任兵。(《大道下》)

【导读】

国家混乱就用法律治理,法律失去效力就用军队弹压。

鬼 谷 子[①]

夫仁人轻货[②],不可诱以利,可使出费;勇士轻难,不可惧以患,可使据[③]危;智者达于数[④],明于理,不可欺以不诚,可示以道理,可使立功。是三才也。(《谋篇》)

【注解】

①鬼谷子:战国时楚国人。因隐于鬼谷而得名。长于养性持身和纵横捭阖之术,在"九流"中属于纵横家,据说张仪、苏秦俱出其门下。《鬼谷子》就是总结纵横家经验与理论的一本书。②货、费:均指财物。③据:解除。④数:谋略。

【导读】

大意为:有仁德的人看轻财物,不可用物质引诱他们,却可以让他们提供财力;勇敢的人不怕艰难,不可用危险吓唬他们,却可用他们解除危难;有智慧的人,通达事理,不可用假仁假义欺骗他们,却可以晓以大义,让他们建功立业。这是三种人才啊!

无以人之所不欲而强之于人;无以人之所不知而教之于人。人之有好[①]也,学而顺之;人之有恶[②]也,避而讳之。故阴道[③]而阳取[④]之也。(《谋篇》)

【注解】

①好:嗜好。②恶:厌恶。③阴道:阴谋。④阳取:公开获得。

【导读】

大意是:不要把人家不喜欢的东西强加于人;不要把人家不知道的东西强教于人。如果对方有什么嗜好,可以迎合他;如果对方有什么厌恶,应该回避,以免引起反感。虽是阴谋，却可以得到公开的好处。这是一个纵横家要遵循的“捭阖”之理，也是在游说中要掌握的策略。

故圣人之道阴①，愚人之道阳②；智者事易，而不智者事难。（《谋篇》）

【注解】

①道阴：谋略隐蔽。②道阳：谋略显露。

【导读】

大意是：圣人的处世之道属阴，其谋略很少为外人所知；愚人的处世之道属阳，其谋略动辄便大肆张扬。智者成事容易，愚者成事艰难。纵横家很讲究“捭阖”（开合），在外交上，什么时候开放，什么时候封闭，什么时候公开，什么时候保密，都按照事物的阴阳变化作出判断，寻求有利时机。

愚者易蔽也，不肖者易惧也，贪者易诱也。（《谋篇》）

【导读】

外交也好，社交也好，要善于利用愚者、不肖者、贪者这三个弱点。

说人主者，必与之言奇；说人臣者，必与之言私。（《谋篇》）

【导读】

游说君主，一定要陈述奇谋；游说大臣，一定要隐蔽。

吕 氏 春 秋①

是其所谓非，非其所谓是，此之为大惑②。若此人者，天之所祸也。以此治身，必死必殃；以此治国，必残必亡。（《重己》）

【注解】

①《吕氏春秋》：这本书是秦相吕不韦召集门下宾客辑百家九流之说编写的，长达二十余万言。《汉书·艺文志》把他列为杂家。②大惑：是非颠倒。

【导读】

“重己”的意思是要看重自己，明哲保身。一个是非颠倒了的人，无论治国、治身，都是上天降祸的对象。

流水不腐，户枢[1]不蠹[2]，动也。形气亦然。（《尽数》）

【注解】

①户枢：门轴。②蠹（dù）：蛀虫。

【导读】

流动的水不会腐臭，转动的门轴不会生虫。人的气血也是这样。由此引申出：生命在于运动。

荆人[1]有遗[2]弓者，而不肯索[3]，曰：“荆人遗之，荆人得之，又何索焉？”孔子闻之曰：“去其荆而可矣！”老聃[4]闻之曰：“去其人而可矣！”故老聃则至公矣。（《贵公》）

【注解】

①荆人：楚国人。②遗：丢失。③索：寻找。④老聃（dān）：老子。

【导读】

《贵公》里提出一个重要思想：“天下非一人之天下也，天下之天下也。”虽然还说不上是反对君主专政，但至少是希望统治者能秉公办事，不要把天下当成一己之私。荆人丢了弓不去找，认为荆人丢了，荆人得到，没必要再找了，可谓公而忘私了。但荆人的“公”又不如孔子那样打破了国界，孔子的“公”又不如老子那样根本不把丢弓的事放在心上，而是若无其事。这里表现了人们对待“公”的三种不同的思想境界。

智[1]所以相过[2]，以其长见与短见也。今之于古也，犹古之于后世

也。今之于后世，亦犹今之于古也。故审知今则可知古，知古则可知后。古今前后一也，故圣人上知千岁，下知千岁也。(《长见》)

【注解】

①智：智力。②相过：相互超过。

【导读】

人的智力主要表现在有无远见卓识。人的远见是怎么来的？是从研究古今历史中来的。所谓“无古不成今”、“博古通今”。圣人所以能知上下千年，就是因为事物在发展中存在着一种规律性的相似，这种相似有时甚至是惊人的。

譬之若良医，病万变，药亦万变。病变而药不变，向之寿民①，今为殇子②矣！(《察今》)

【注解】

①寿民：长寿的人。②殇子：未成人而夭折者。

【导读】

作者是想借医生给人看病这个比喻，说明只知效法古代帝王制定的法制，而不会根据时代发展制定新的法制。这就好像医生看病，病变了，药却没有变，那样就只能把本来可以长寿的人也治成短命的人了。

凡乱者，刑名不当①也。人主虽不肖，犹若用贤，犹若听善，犹若为可②者，其患③在乎所谓贤从不肖也，所为善而从邪辟也，所谓可从悖逆也。(《正名》)

【注解】

①刑名不当：名实不符。②可：合理。③患：危害。

【导读】

大意是，凡国家混乱，主要是因为名实不相符。国君虽然不贤明，仍然标榜着任用贤人，听从好话，做合理的事。但实际上却信任不肖的人，听了歪门邪道的话，干了荒谬无道的事。这就叫“名实不当”。名实问题，是春秋战国时期学术上争论的一大问题。是“名”决定于“实”还是“实”决定于“名”？在诸子中是有分歧的。本文主张名实相符，主张以实务名，符合存在决定意识的唯物主义思想。

事多似[①]倒而顺，多似顺而倒。有知顺之为倒倒之为顺者，则可与言化[②]矣。（《似顺论》）

【注解】

① 似：连续之义。②化：道。

【导读】

大意是说，事物的发展往往是紧接着倒出现的就是顺。反之，紧接着顺出现的就是倒。懂得这个道理的人就可以和他论道了。这是一种朴素的辩证法：事物发展到一定程度的时候就会走向自己的反面。

譬之若射者，射而不中，反修于招[①]，何益于中！夫以汤止沸，沸愈不止，去其火则止矣。（《尽数》）

【注解】

①招：箭靶子。

【导读】

射箭不中，不是改进射法，而是移动靶子。水沸腾了，不是去火抽薪，而是用热水来止。这两个比喻都说明没有找到治本的方法。

天下无粹白之狐，而有粹白之裘，取之众白也。夫取于众，此三皇五帝之所以大立功名也。（《用众》）

【导读】

天下没有纯白的狐狸，却有纯白的狐裘。这是从许多白狐狸皮里取来的。以此比喻吸收众人之长才能成就大业。

淮 南 子[①]

泰古[②]二皇[③],得道之柄[④],立于中央,神与化游,以抚四方。(《原道训》)

【注解】

①《淮南子》:亦称《淮南鸿烈》。西汉淮南王刘安及其门人编著。书中以道家思想为主,结合了儒、法、阴阳五行之家,一般认为是杂家著作。②泰古:远古。③二皇:指伏羲氏、神农氏。④柄:根本。

【导读】

远古两位帝王,因为掌握了道的根本,把世上精神的、物质的东西结合起来,不但建立了国家,而且安抚了全国的百姓。

人生而静,天之性[①]也;感[②]而后动,性之害也;物至而神应,知之动也;知与物接,而好憎[③]生焉。好憎成形,而智诱于外,不能反己,而天理灭矣。故达于道者,不以人易[④]天,外与物化,而内不失其情。(《原道训》)

【注解】

①性:天性。②感:接触外界事物。③好憎:爱憎。④易:改变。

【导读】

淮南子认为,安静是人的天性,只有在与外物的接触下才会产生活动,产生喜爱与厌恶的反应。这时如果不能回归本性,为外物所转,人的本性就会衰灭。所以,要维持道的境界,就要用人欲来适应天性,而不能改变天性。即使人欲与外界表面融合了,但内心的本性却是不可改变的。

夫善游者溺,善骑者堕,各以其所好,反自为祸。是故好事者[①]未尝不中[②],争利者未尝不穷也。(《原道训》)

【注解】

①好事者:沉溺于色欲者。②中:伤害。

【导读】

俗话说:“河漂走的都是会水的。”人各有所好,但这个“好”,既是利,也是害;既是福,也是祸。好事的,争利的,到头来往往事与愿违,乃至适得其反。

先者难为知,而后者易为攻也。先者上高,则后者攀之;先者窬[①]下,则后者蹶[②]之;先者颓陷,则后者以谋[③];先者败绩,则后者违[④]之。由此观之,先者,则后者之弓矢质的也。(《原道训》)

【注解】

①窬(yú):穿过。②蹶(jué):解作跟上。③谋:研究。④违:改变策略。

【导读】

世界上的一切成功与成果,都是前人在一次次的失败和试验中总结出来的。所谓“前车之辙,后车之鉴”。后来者所以能居上,就是因为后来者总是踩着前人的肩膀攀登的。所以,先做的人,他们的经验和教训,也就像靶子一样,成了后来者参照和效法的目标。这在一切技术改进和创新中看得最为明显。

第三卷　古代散文赏析

大凡稍有文学知识的人，都能记得几篇甚至能背诵几篇古代著名的散文。如陶渊明的《桃花源记》、柳宗元的《小石潭记》、韩愈的《师说》、刘禹锡的《陋室铭》、范仲淹的《岳阳楼记》、周敦颐的《爱莲说》等。这些优秀的古代散文，多少年来从内容到形式不但给人以文学美的享受，而且强烈地陶冶着人的心性与情操，脍炙人口，令人终身难忘。清初康熙年间吴楚材、吴调侯两人编选的《古文观止》，就是一本古代散文选集，上起先秦，下迄明代，共选文章 222 篇。这本书原是学习散文写作的启蒙读物，可惜现在人们对它已经越来越陌生了。

中国古代的文章体裁比较单一。广义地讲，凡是不押韵、不排偶的文章都可以归之于散文。也就是说，散文是区别于韵文的文体。散文的"散"，不是说文章写得松松散散，而是指文章包容的范围很广。小自随笔、小品、杂文、游记、寓言、笑话，大到经、史、子、集、笔记小说都可以称之为散文。散文的"散"，还表现在写作方法上不拘一格，非常自由。散文可以记事，可以抒情，可以状物，可以议论，可以写实，也可以适当虚构。散文在表现形式上虽然有这么多"散"，但散文的主题又是非常集中和突出的，这就叫"形散而神不散"。

我国的散文，早在先秦、两汉时期就有了很大的成就。《尚书》是我国的第一本散文集。虽然大都是些政府文告、贵族告诫，但也有不少记叙文和论说文。如《盘庚》三篇就是三篇生动的演说词。本书的《诸子百家妙语》，也可以说是古代散文的节录。我们从"百家争鸣"中已经领略到了诸子散文的精彩。从较早的《论语》到较晚的《吕氏春秋》，既有关于政治、经济、军事、哲学、文化等方面的时事评说，更有大量的历史典故、风土人情和寓言故事。内容之广泛、风格之殊异、语言之精粹，正是散文这一文体独具的特色。这一"百花齐放"局面的出现，当然与《诗经》的现实主义精神和《楚辞》的浪漫主义思想影响分不开，但更重要的是它是由春秋战国这一伟大的时代变革所决定了的。知识分子为了适应某一阶级或阶层的利益需要，发愤著书立说，提出不同的政治主张。就历史散文来说，《左传》的作者主要是宣传儒家的思想观点，《战国策》的作者主要是表现纵横家的口才和业绩。其他各学派也大都如此。正如孟子自己说的“予岂好辩哉？予不得已也”(《孟子·滕文公下》)。为了游说各国君主，策士们除了研究各国的政治、经济形势，揣摸各国君主的心理活动，还必须讲究言辞的逻辑与文采，这也是促成当时文学繁荣的一个重要原因。以“比喻”这一表现手法(修辞)为例，在诸子散文中可以说比比皆是。孟子见梁惠王打的第一个比喻就是“五十步笑百步”。这个比喻后来也成了一个著名的寓言。老子用水来比喻最高的善，所谓“上善若水”，水居下而不显，利万物而不争。这正是老子无为而治的哲学思想。法家墨子用绳子不屈从于弯曲比喻法律不屈从于权贵，既形象生动，又恰如其分。荀子的《劝学篇》，为说明“学不可以已”的治学之道，竟连续打了几十个比喻，词藻绚烂，句法骈俪，既是劝学的金科玉律，也是散文写作的经典范例。

总之，先秦散文基本上可以分为两大类，一类是诸子散文，一类是历史散文。诸子散文侧重于说理，历史散文侧重于记事。这两种散文在战国时期的两百多年中从内容到形式都积累了丰富的经验，对后代各种文学形式的发展产生了深远的影响。

汉初的作家基本上沿袭了诸子散文的优良传统，关心社会问题，致力于社会改革。但在抒发个人政见和身世感慨中逐步走向辞赋化。辞赋原是战国时期南方楚国的一种文学形式，代表作有屈原的《离骚》等。所以辞赋又称为“骚体”、“楚辞体”。这种文体通篇以偶句为主，讲究声律。汉统一以后，辞赋以及楚声、短歌(都是楚国的民歌体)在全国范围盛行起来，这可能与秦末的陈胜、吴广、刘邦、项羽都是楚国人有一定关系。项羽就写过《垓下歌》，刘邦也写过《大风歌》。其他主要赋家及其作品有贾谊的《吊屈原赋》，枚乘的《七发》，司马相如的《上林赋》、《子虚赋》等。

两汉的历史散文自然首推司马迁和他的传记文学《史记》了。这部书上自传说中的黄帝，下至汉武帝时代，总结了中华民族三千年的历史。全书共130篇：“本纪”12篇，“表”10篇，“书”8篇，“世家”30篇，“列传”70篇。“本纪”是帝王的传记；“表”是帝王和侯国间的大事；“书”是经济、文化方面的专史论述；“世家”是诸侯、功臣的传记；“列传”是一般人物的传记。应该特别提出的是，司马迁是一位具有唯物史观的历史学家。他不仅为帝王将相立传，也为一般平民百姓立传。在多达70篇的列传中，既有杰出的政治家和思想家，也有刺客游侠、医卜星象、商人艺人和农民起义领袖。在汉武帝独尊儒术、封建等级观念森严的社会里，司马迁敢于冲破封建道德伦理的束缚，按照自己评价历史的标准，为那些社会底层的人物树碑立传，这需要多大的智慧和勇气啊！这在我国史学家中是非常少见的。此外，司马迁用传记体书写历史也是一种创造。司马迁是一位伟大的文学家，他对各色人物形象与性格的刻画具有很高的文学价值。我们今天重读那些人物传记，无论是大泽乡起义的陈胜与吴广，还是将相和中的廉颇与蔺相如，还是鸿门宴上舞剑的项庄，还是“不教胡马度阴山”的飞将军李广，都鲜活地出现在我们的眼前。作者好像不是在写历史，而是在写小说；好像不是写散文，而是写史诗。正如鲁迅说的《史记》是“史家之绝唱，无韵之《离骚》”(《汉文学史纲要》)。《史记》的影响，不只是为史家树立了批判的现实主义楷模，也对后来的小说与散文写作起了不容低估的示范作用。在两汉的历史散文中，还有东汉班固著的《汉书》。其规模仿照《史记》，写西汉两百多年的史实，其中的李陵传、苏武传在民间都广泛传诵。

从先秦到两汉，再到汉魏之间的“建安文学”，散文写作基本上继承了自然朴实、反映社会真实的这一优良传统。但从六朝开始一直到初唐，却出现了一种不健康的文风，内容上逐渐脱离实际，逃避现实，羡慕隐逸，谈玄志怪，形式上几乎为骈文所取代。骈文是一种文体，起源于汉魏，形成于南北朝。全篇以双句(即俪句、偶句)为主，讲究对仗和声律，并以四字、六字定句，世称“四六文”。所谓“骈四俪六，锦心绣口”。显然，这种咬文嚼字的形式主义会严重阻碍人们思想的自由表达。到了中唐时期，反对骈文写作，要求恢复先秦两汉文风的人越来越多，这就掀起了一个革新散文的运动。因为先秦、两汉较六朝为古，所以文学史上称这次运动为“古文运动”。这场运动的领导者是韩愈和柳宗元。散文革新包括两个方面：内容上提出“文以载道”，文道合一，以道为主。用现在的话说，就是思想内容第一，内容决定形式。在形式上提出变骈为散，创造一种自然流畅、文从字顺、务去陈言的散体形式。这是一种文体上的彻底改革。韩愈的主张由于顺应了时代的需求，再加上师承、交游关系的大力宣传，以及韩、柳身体力行所提供的古文范例，使“古文运动”取得了显著成效。“古文运动”不仅有力地打击了风靡三百年的绮丽浮艳的文风，也有力地推动了北宋的文学革新运动，开创了中国文学史上以唐宋八大家为代表的新局面。

宋代古文运动的推手是柳开。他在《应责》中直言不讳地说：“吾之道，孔子、孟轲、扬雄、韩愈之道；吾之文，孔子、孟轲、扬雄、韩愈之文。”在“文”、“道”关系上，宋代的古文运动家们甚至比韩愈走得更远。欧阳修就说“道胜者文不难而自至”(《答吴充秀才书》)，“勤一世以尽心于文字间者，皆可悲也”(《答祖择之书》)。这种有“道”就有“文”，甚至否定“文”的独立价值的观点，虽未免失之偏颇，但也矫枉必须过正。所以，宋代文学在推行古文运动中确实起着承前启后的作用。宋代的著名作家很多。他们在文学创作上有两个显著的特点：一是知识渊博，才艺全面，像欧阳修、王安石、苏轼、黄庭坚、陆游、辛弃疾等，他们既是诗人，又是词家，更是散文写作的高手。读他们的文章，即使是论事、状物，似乎都能读出一种诗一般的意境。二是宋代的作家因受儒家道学的影响很深，再加上道家、佛家的影响，作品中说理的成分都很重，所谓"言理而不言情"(这里的"情"指爱情与色情)。"情"的任务都是由词来担负了。苏轼文艺思想的一大特点就是"杂"。他不仅尊重儒家，而且向往道家的隐逸生活，并且与许多高僧都有交往。在他的诗文里，不但感慨人生的哲理很深，而且还带着一种超凡脱俗的禅意。苏轼诗文中这种融释、道、儒为一体的风格，直到元、明和清代中叶以前，都被人们奉为学习的典范。

元代文学的成就主要是杂剧和散曲。元代出了不少著名的剧作家。如关汉卿和他的《窦娥冤》，王实甫和他的《西厢记》，白朴和他的《墙头马上》，马志远和他的《汉宫秋》等。相形之下，散文就显得逊色了。这可能与蒙古统治者喜欢歌舞和戏曲有一定关系。加之，散文作者大都有一官半职，无暇深入生活，又一味慕唐仿宋，文章自然也就一般化了。

也许每个时代都有其文学特色吧。明代虽然也有几位散文作家，如宋涛的传记文《王冕传》、刘基的寓言故事集《郁离子》等。但主要的文学成就还在于产生了几部伟大的长篇小说，如罗贯中的《三国演义》、施耐庵的《水浒传》、吴承恩的《西游记》、陆长庚的《封神演义》、笑笑生的《金瓶梅》、汤显祖的《牡丹亭》以及冯梦龙的短篇小说集《古今小说》和《拍案惊奇》等。

清代虽然民族斗争十分激烈，而且屡屡发生残酷的文字狱，但在文学方面的成就还是很高的。除了吴敬梓的《儒林外史》、曹雪芹的《红楼梦》等几部著名长篇小说外，散文创作也达到很高的水平。清代的诗文基本上继承了明代"唐宋派"的传统，出现了钱谦益、魏禧、戴名世、侯方域、方苞、姚鼐等所谓的"桐城派"作家。他们提倡古文，反对时文(八股文)，主张"义理"、"考证"、"辞章"为一体。其他重要的散文作家还有蒲松龄、顾炎武、袁枚、纪昀、郑燮、龚自珍等。蒲松龄的《聊斋志异》、顾炎武的《日知录》、纪昀的《阅微草堂笔记》、钱泳的《履园丛话》、宜鼎的《夜雨秋灯录》、徐珂的《清稗类钞》等，都可视为清代著名的散文丛书或笔记小说，在古代的散文宝库中占有重要的地位。总之，我国古代的散文实在是太多了。所谓阅读古书，除了小说，主要是阅读古代散文。这里我们只能从不同历史时期的著名散文中选很小一部分供大家欣赏。

夸父追日

夸父[①]与日逐走[②]。入日，渴，欲得饮，饮于河渭[③]。河渭不足，北饮大泽[④]。未至，道渴而死。弃其杖[⑤]，化为邓林[⑥]。

【注解】

①夸父：古代神话中的英雄。②逐走：赛跑。③河渭：黄河与渭水。④大泽：大湖。⑤杖：手杖。⑥邓林：桃林。邓、桃古音同。

【简评】

这则神话故事选自我国古代地理名著《山海经》。作者不详。成书约在战国时期。书中除介绍山川地理环境之外，也保存了不少神话故事。这则神话反映了古代黄河流域的高温天气，夸父为了寻找水源，与干旱作了不屈不挠的斗争。虽然他渴死了，但他的手杖却化作一片桃林，为后来者遮挡烈日，继续前进。全文只用了短短的 37 个字，就把一个完整的故事讲得清清楚楚，文字可谓再简练不过了。

中流砥柱

砥柱者，山名也。昔禹[①]治洪水，山陵当水者凿之，故破山以通河。河水分流，包山而过，山见[②]于水中若柱焉，故曰砥柱也。三穿既决，水流疏分，指状表目[③]，亦谓之三门[④]矣。山在虢[⑤]城东北大阳城东也。《搜神记》称：齐景公渡于江沈[⑥]之河，鼋[⑦]衔左骖[⑧]，没之。众皆惕。古冶子[⑨]于是拔剑从[⑩]之，邪[⑪]行五里，逆行三里，至于砥柱之下。乃鼋也。左手持鼋头，右手挟左骖，燕跃鹄[⑫]涌而出，仰天大呼，水为之逆流三百步。观者皆以为河伯[⑬]也。

【注解】

①禹：大禹，传为夏代第一个君主，治水专家。②见：同现。③指状表目：按地形命名。④三门：今黄河三门峡。南边叫鬼门，中间叫神门，北边叫人门。⑤虢(guó)：今河南灵宝县。⑥江沈：地名，不详。⑦鼋(yuán)：大鳖。⑧左骖(cān)：左边拉套的马。⑨古冶子：齐国著名勇士。⑩从：追赶。⑪邪：同“斜”。

⑫鹄(hú):水鸟。⑬河伯:河神。

【简评】

本文选自北魏郦道元写的地理名著《水经注》。本文按一般文章结构,写到"山在虢城东北大阳城东也"就已经完整了。对"砥柱"的由来、"三门"的形成与方位都已作了介绍。但因为后面引进了《搜神记》里的一个传说,使这篇说明文带上了神话色彩。这正是《水经注》在写法上善于旁征博引的一个特点。作者把文章的知识性与趣味性融合在一起了。

晏子使楚

晏子将使楚①。楚王闻之,谓左右曰:"晏婴,齐之习辞者②也。今方来,吾欲辱之,何以也③?"左右对曰:"为其来也,臣请缚④一人,过王而行。王曰,何为者也?对曰,齐人也。王曰,何坐⑤?曰,坐盗。"

晏子至,楚王赐晏子酒,酒酣,吏二缚一人诣⑥王。王曰:"缚者曷⑦为者也?"对曰:"齐人也,坐盗。"王视晏子曰:"齐人固⑧善盗乎?"晏子避席⑨对曰:"婴闻之,橘生淮南则为橘,生于淮北则为枳⑩,叶徒相似,其实味不同。所以然者何?水土异也。今民生长于齐不盗,入楚则盗,得无⑪楚之水土使民善盗耶?"王笑曰:"圣人非所与熙⑫也,寡人反取病⑬焉。"

【注解】

①使楚:出使楚国。②习辞者:熟悉辞令、善于讲话的人。③何以也:用什么办法呢。④缚:绑。⑤何坐:犯什么罪。坐,犯罪。⑥诣:到。⑦曷:同"何"。⑧固:本来。⑨避席:离开座位,表示郑重。⑩枳(zhǐ):橘和枳是两种不同的品种。橘甜,枳苦。⑪得无:莫不是。⑫熙:同嬉。⑬病:自讨没趣。

【简评】

本文选自《晏子春秋》。这是一本近于历史小说的散文著作。传为齐国宰相晏婴(晏平仲)所作。当时各大国之间常常在外交场合斗智斗勇,借以抬高自己的地位,贬低或羞辱别的国家。楚王就是这样一个处心积虑制造恶作剧的人。文章不长,只有"设计"、"赐酒"两个场面和几句人物对话,但把楚王自讨没趣的尴尬和晏子能言善辩的机智表现得淋漓尽致。

曹刿论战

齐师伐我[1],公将战。曹刿[2]请见。其乡人曰:“肉食者谋之,又何间[3]焉?”刿曰:“肉食者鄙,未能远谋。”遂入见。

问:“何以战?”公曰:“衣食所安,弗敢专也,必以分人。”对曰:“小惠未遍,民弗从也。”公曰:“牺牲[4]玉帛,弗敢加也,必以信。”对曰:“小信未孚[5],神弗福也。”公曰:“小大之狱,虽不能察,必以情[6]。”对曰:“忠之属也,可以一战。战则请从。”

公与之乘,战于长勺[7]。公将鼓之,刿曰:“未可。”齐人三鼓,刿曰:“可矣。”齐师败绩。公将驰之,刿曰:“未可。”下视其辙[8],登轼[9]而望之,曰:“可矣!”遂逐齐师。

既克,公问其故。对曰:“夫战,勇气也。一鼓作气,再而衰,三而竭。彼竭我盈,故克之。夫大国难测也,惧有伏焉。吾视其辙乱,望其旗靡,故逐之。”

【注解】

①我:指鲁国。②曹刿(guì):鲁国人。《史记·刺客列传》作曹沫。③间:参与。④牺牲:祭祀用的猪、牛、羊。⑤孚:信任。⑥情:合情合理处理诉讼案件。⑦长勺:鲁国地名。今曲阜县东。⑧辙:轮迹。⑨轼:车前扶手的横木。

【简评】

本文选自《春秋左氏传》,简称《左传》,也称《左氏春秋》。作者为春秋、战国之际的左丘明。书中保存了春秋时期各国大量的史料,记事详实,文字优美,是我国第一部编年体史书。曹刿所论的“长勺之战”是战争史上以弱胜强的一个战例。弱小的鲁国为什么能战胜强大的齐国?我们从曹刿的论战中得出两个结论:一是取信于民,二是抓住战机。也可以说,第一点是讲战略的,第二点是讲战术的。曹刿论战虽然重点在“论”,但却没有一点抽象议论的感觉。这是因为每个结论都有具体的事例为论据(包括战前准备、战时指挥、战后总结),这就使他对战争的论述有理有据,说服力很强,表现了作者对历史事件具有很高的论说能力。

扁鹊见蔡桓公

扁鹊见蔡桓公[1],立有间[2],扁鹊曰:“君有疾在腠[3]理,不治将恐深。”桓侯曰:“寡人无疾。”扁鹊出,桓侯曰:“医之好治不病以为功!”居[4]十日,扁鹊复见,曰:

"君之病在肌肤,不治将益深。"桓侯不应。扁鹊出,桓侯又不悦。居十日,扁鹊复见,曰:"君之病在肠胃,不治将益深。"桓侯又不应。扁鹊出,桓侯又不悦。居十日,扁鹊望桓侯而还走[5]。桓侯故使人问之。扁鹊曰:"疾在腠理,汤熨[6]之所及也;在肌肤,针石之所及也;在肠胃,火齐[7]之所及也;在骨髓,司命之所属,无奈何也。今在骨髓,臣是以无请也。"居五日,桓侯体痛,使人索扁鹊,已逃秦矣。桓侯遂死。

【注解】

①扁鹊:战国时医学家。蔡桓公:战国时蔡国国君。②立有间:站了一会儿。③腠(còu):表皮。④居:过了。⑤还:通"旋",转身。走:逃。⑥熨:热敷。⑦火齐:服汤药。齐通"剂"。

【简评】

本文选自《韩非子·喻老》。主要写蔡桓公由于讳疾忌医,不信扁鹊诊断,结果养痈遗患,终至病入膏肓,送掉了性命。它的象征意义是教人听取批评意见,及时修正错误,不要固执己见,以免铸成大错。文章层次非常清楚,且反复出现同样句式,如"扁鹊出"、"桓公不应"、"桓公不悦"等,使人物的形象与性格十分鲜明。

大泽乡起义

陈胜者,阳城[1]人也,字涉。吴广者,阳夏[2]人也,字叔。

陈涉少时,尝与人佣耕[3],辍耕之垄上[4],怅恨久之,曰:"苟富贵,无相忘!"佣者笑而应曰:"若[5]为佣耕,何富贵也!"陈涉太息[6]曰:"嗟乎!燕雀安知鸿鹄[7]之志哉!"

二世[8]元年七月,发闾左谪戍渔阳九百人[9],屯大泽乡[10]。陈胜、吴广皆次当行,为屯长[11]。会[12]天大雨,道不通,度已失期[13]。失期,法皆斩。陈胜、吴广乃谋曰:"今亡[14]亦死,举大计[15]亦死;等[16]死,死国可乎!"陈胜曰:"天下苦秦久矣!我闻二世,少子也,不当立[17];当立者乃公子扶苏[18]。扶苏以数谏故,上[19]使外将兵。今或闻无罪,二世杀之。百姓多闻其贤,未知其死也。项燕为楚将,数有功,爱士卒,楚人怜之。或以为死,或以为亡。今诚以吾众诈自称公子扶苏、项燕[20],为天下倡[21],宜[22]多应者。"吴广以为然。

乃行卜[23]。卜者知其指意,曰:“足下事皆成,有功。然足下卜之鬼乎?”陈胜、吴广喜,念[24]鬼,曰:“此教我先威众耳。”乃丹书[25]帛,曰“陈胜王”,置人所罾[26]鱼腹中。卒买鱼烹食,得鱼腹中书,固已怪之矣。又间令吴广之次所旁丛祠中[27],夜篝火[28],狐鸣[29]呼曰:“大楚兴,陈胜王。”卒皆夜惊恐。旦日[30],卒中往往语,皆指目[31]陈胜。

吴广素爱人,士卒多为用者。将尉[32]醉,广故数言欲亡[33],忿恚尉,令辱之以激怒其众。尉果笞[34]广。尉剑挺,广起夺而杀尉。陈胜佐之,并杀两尉。召令徒属曰:“公等遇雨,皆已失期。失期,当斩。借第令毋斩[35],而戍死者固十六七。且壮士不死即已,死即举大名[36]耳,王侯将相宁[37]有种乎!”徒属皆曰:“敬受命。”乃诈称公子扶苏、项燕,从民欲也。袒右[38],称大楚。为坛而盟,祭以尉首。陈胜自立为将军,吴广为都尉[39]。

攻大泽乡,收而攻蕲[40]。蕲下,乃令符离[41]人葛婴将兵徇蕲以东。攻铚、酂、苦、柘、谯皆下之[42]。行收兵,比至陈[43],车六七百乘,骑千余,卒数万人。攻陈,陈守令[44]皆不在,独守丞与战谯门中[45]。弗胜,守丞死。乃入据陈。数日,号令召三老[46]、豪杰与皆来会计事。三老、豪杰皆曰:“将军身披坚执锐,伐无道,诛暴秦,复立楚国之社稷,功宜为王。”陈涉乃立为王,号为张楚[47]。

【注解】

①阳城:河南省登丰县东南。②阳夏:河南省太康县。③佣耕:做雇农。④垄上:田中的高处。⑤若:你。⑥太息:叹息。⑦鸿鹄(hú):天鹅。⑧二世:秦朝第二代皇帝。⑨闾左:住在里巷左边的平民。谪戍:调去守卫。渔阳:北京市密云县西南。⑩屯:停驻。大泽乡:安徽省宿县西南。⑪屯长:小队长。⑫会:碰到。⑬度:料想。失期:错过期限。⑭亡:逃亡。⑮举大计:起义。⑯等:同样是。⑰立:做皇帝。⑱扶苏:秦始皇长子。⑲上:秦始皇。⑳诚:假使。诈:冒名。㉑倡:号召。㉒宜:应当。㉓行卜:算卦。㉔念:考虑。㉕丹书:用朱砂写。㉖罾(zēng):渔网。㉗次所:指吴广驻地。丛祠:荒庙。㉘篝火:把火放在竹笼里。㉙狐鸣:装狐狸叫。㉚旦日:第二天。㉛指目:指着看。㉜将尉:押送壮丁的军官。㉝故数言欲亡:故意说要逃亡。㉞笞:用竹板打。㉟借:即使。第:仅仅。㊱举大名:做大事。㊲宁:哪。㊳袒右:脱衣露出右臂。㊴都尉:将军之下的军官。㊵蕲(qí):安徽省宿县南。㊶符离:安徽省宿县。㊷铚(zhì):安徽省宿县西南。酂(zuàn):河南省永城县西南。苦:河南省鹿邑县东。柘(zhè):河南省柘城县北。谯(qiáo):安徽省亳(bó)县。㊸比:等到。陈:河南省淮阳县。㊹守令:县长官。㊺守丞:县长官助理。谯门:陈县城门。㊻三老:秦代掌管教化的官员。㊼张楚:复兴楚国的意思。

【简评】

这是《史记·陈涉世家》开头的一段，写陈胜、吴广领导900名壮丁在大泽乡起义的过程。他们在起义前做了多方面的准备。首先分析了朝廷的昏庸无道，忠奸不分，百姓苦秦久矣的形势，这是起义能够取得成功的社会基础。其次，紧紧抓住因雨失期，失期当斩的这一天赐机遇，给大家讲明只有起义才是唯一出路的道理，并用激将法引起众怒，杀死两名军尉，为起义做了组织上的准备。再次，通过求助鬼神，人为地制造了鱼腹中发现天书、荒祠里传出狐鸣的怪事，既征服了众人，又树立了个人威信，这可以说是做了舆论上的准备。还应该提出的是，陈胜在起义前做了有力的动员："壮士不死则已，死则举大名耳，王侯将相宁有种乎！"所谓胜者王，败者贼。表现了陈胜胸怀大志、蔑视权贵、敢于胜利的大无畏精神。司马迁为一个农民起义领袖立传，大概原因正在这里。我们从这篇传记中也可以看出，司马迁笔下的人物是多么活灵活现、生动传神，难怪人们不仅把《史记》当史书看，也把《史记》当文学作品看。

邹忌讽齐王纳谏

邹忌修八尺有余①，而形貌昳丽②。朝，服衣冠窥镜，谓其妻曰："我孰与城北徐公美？"其妻曰："君美甚，徐公何能及君也！"城北徐公，齐国之美丽者也。忌不自信，而复问其妾曰："吾孰与徐公美？"妾曰："徐公何能及君也！"旦日③，客从外来，与坐谈，问之："吾与徐公孰美？"客曰："徐公不若④君之美也！"明日，徐公来。熟视⑤之，自以为不如。窥镜而自视，又弗如远甚。暮，寝而思之，曰："吾妻之美我者，私我也；妾之美我者，畏我也；客之美我者，欲有求于我也。"

于是，入朝见威王⑥，曰："臣诚⑦知不如徐公美，臣之妻私臣，臣之妾畏臣，臣之客欲有求于臣，皆以美于徐公。今齐地方千里，百二十城，宫妇左右莫不私王，朝廷之臣莫不畏王，四境之内⑧莫不有求于王。由此观之，王之蔽⑨甚矣！"王曰："善。"

乃下令："群臣吏民，能面刺⑩寡人之过者，受上赏；上书谏寡人者，受中赏；能谤议于市朝，闻寡人之耳者，受下赏。"令初下，群臣进谏，门庭若市。数月之后，时时⑪而间进。期年⑫之后，虽欲言无可进者。燕、赵、韩、魏闻之，皆朝于齐。此所谓战胜于朝廷。

【注解】

① 邹忌：齐国大夫。修：长。②昳(yì)丽：美丽。③旦日：明日。④不若：

不如。⑤熟视:细看。⑥威王:齐国国君,姓田,名婴齐。⑦诚:实在。⑧四境之内:全国范围。⑨蔽:蒙蔽。⑩面刺:当面指责。⑪时时:不定什么时候。⑫期年:一年。

【简评】

这篇散文选自《战国策·齐策》。《战国策》主要记载战国时期许多谋士说客(纵横家)的政治活动和言论,它原来的编排比较乱,也不是出自一个人之手。到了汉代由刘向整理校订,按东周、西周、秦、楚、齐、赵、魏、韩、燕、宋、卫、中山十二国分编,定名为《战国策》。本故事写齐相邹忌以自己与徐公比美而受蒙蔽的切身体会劝说齐王纳谏。齐王觉得很有道理,于是下令广泛听取臣民的批评意见,而且还给以奖励。提意见的人从"门庭若市"到"虽欲言无可进者",说明齐王不但接受了大家的批评,而且还采取了改进的措施。"忠言逆耳利于行",齐国因此兴利除弊,迅速成为七强之一。文章通篇没有讲一句空洞的道理,完全用邹忌与徐公比美的事实,达到了进谏齐王的目的,真是事实胜于雄辩。

诸葛亮前出师表

臣亮言:

先帝[①]创业未半,而中道崩殂[②]。今天下三分,益州疲敝[③],此诚危急存亡之秋[④]也。然侍卫之臣不懈于内,忠志之士亡身于外者,盖追先帝之殊遇,欲报之于陛下[⑤]也。诚宜开张圣听[⑥],以光先帝遗德,恢宏志士之气,不宜妄自菲薄,引喻失义,以塞忠谏之路也。

宫中府中,俱为一体,陟罚臧否[⑦],不宜异同。若有作奸犯科[⑧],及为忠善者,宜付有司[⑨]论其刑赏,以昭陛下平明之治,不宜偏私,使内外异法也。

侍中[⑩]、侍郎[⑪]郭攸之、费祎、董允等,此皆良实,志虑忠纯,是以先帝简拔以遗陛下。愚以为宫中之事,事无大小,悉以咨[⑫]之,然后施行,必能裨补阙漏[⑬],有所广益。

将军向宠,性行淑均[⑭],晓畅军事,试用于昔日,先帝称之曰能,是以众议举宠以为督。愚以为营中之事,事无大小,悉以咨之,必能使行阵和穆,优劣得所也。

亲贤臣,远小人,此先汉所以兴隆也;亲小人,远贤臣,此后汉所以倾颓也。

先帝在时，每与臣论此事，未尝不叹息痛恨于桓、灵[15]也。侍中、尚书、长史、参军，此悉贞亮死节之臣也，愿陛下亲之信之，则汉室之隆，可计日而待也。

臣本布衣[16]，躬耕于南阳[17]，苟全性命于乱世，不求闻达[18]于诸侯。先帝不以臣卑鄙，猥自枉屈[19]，三顾臣于草庐之中，谘臣以当世之事。由是感激，遂许先帝以驱驰。后值倾覆[20]，受任于败军之际，奉命于危难之间[21]，尔来二十有一年矣。

先帝知臣谨慎，故临崩寄臣以大事也。受命以来，夙夜[22]忧叹，恐托付不效，以伤先帝之明，故五月渡泸[23]，深入不毛。今南方已定，兵甲已足，当奖帅三军，北定中原[24]，庶竭驽钝[25]，攘除奸凶，兴复汉室，还于旧都[26]，此臣之所以报先帝而忠陛下之职分也。至于斟酌损益，进尽忠言，则攸之、祎、允之任也。

愿陛下托臣以讨贼兴复之效，不效则治臣之罪，以告先帝之灵。若无兴德之言，则责攸之、祎、允之咎，以彰其慢。陛下亦宜自谋，以咨诹[27]善道，察纳雅言，深追先帝遗诏。臣不胜受恩感激。

今当远离，临表涕泣，不知所云。

【注解】

①先帝：去世的皇帝，指刘备。②崩殂(cú)：皇帝死亡。③益州：四川一带。疲敝：衰弱。④秋：指紧要时刻。⑤陛下：对皇帝的尊称，此处指刘禅。⑥开张圣听：扩大您的听闻。⑦陟(zhì)罚臧否(pǐ)：引申为提升、处罚、表扬、批评。⑧科：法律条文。⑨有司：主管官员。⑩侍中：皇帝的侍从顾问，这里指郭攸之、费祎。⑪侍郎：传达诏谕的官员，这里指董允。⑫咨：询问。⑬裨：补助。阙：同缺。⑭淑均：和善公平。⑮桓、灵：东汉末年的桓帝刘志、灵帝刘宏，他们任人唯亲，政治腐败，使东汉走向灭亡。⑯布衣：没有官职的人。⑰躬耕：指隐居。南阳：指隆中，属南阳郡。⑱闻达：扬名、做官。⑲猥(wěi)自枉屈：屈就。⑳倾覆：这里指公元208年刘备在长坂被曹操打败。㉑受任、奉命二句：指诸葛亮去东吴求援，完成联吴抗曹的使命。㉒夙夜：日夜。㉓泸：水名，今金沙江。这里指公元225年诸葛亮率师南征，平定豪族地主叛乱。㉔中原：指魏国统治地区。㉕庶：或许。驽钝：能力低。㉖旧都：指汉朝首都长安。㉗咨诹(zōu)：询问。

【简评】

诸葛亮是大家熟悉的政治家、军事家。他帮助刘备统一了我国西南地区，建立了与魏、吴鼎立的蜀汉政权。在公元221年刘备称帝，他当了丞相。公元223年刘备病逝，其子刘禅继位，诸葛亮遵照刘备遗诏，辅佐刘禅治蜀。本文是诸葛亮安定后方之后，于公元227年出师伐魏前写给刘禅的一道奏疏。他在奏疏中谆谆告诫刘禅要广开言路，继承刘备遗德，亲贤臣，远小人，并为刘禅推荐了一批可以倚重的文臣武将，表现了诸葛亮对蜀汉政权“鞠躬尽瘁，死而后已”的忠诚。文章写得条理清晰，语言委婉，像父辈叮嘱子女一样情真意切，感人至深。

兰亭集序

永和[①]九年，岁在癸丑，暮春之初，会于会稽山阴之兰亭[②]，修禊[③]事也。群贤毕至，少长咸集。此地有崇山峻岭，茂林修竹，又有清流急湍，映带左右，引以为流觞[④]曲水，列坐其次[⑤]，虽无丝竹管弦之盛，一觞一咏，以足以畅叙幽情。是日也，天朗气清，惠风和畅。仰观宇宙之大，俯察品类之盛，所以游目骋怀，足以极视听之娱，信可乐也。

夫人之相与，俯仰一世。或取诸怀抱，晤言一室之内；或因[⑥]寄所托，放浪形骸[⑦]之外。虽取舍万殊，静躁不同，当其欣于所遇，暂得于己，快然自足，曾不知老之将至；及其所之既倦，情随事迁，感慨系[⑧]之矣。向之所欣，俛[⑨]仰之间已为陈迹，犹不能不以之兴怀[⑩]；况修短随化[⑪]，终期于尽。古人云：“死生亦大矣”。岂不痛哉！

每览昔人兴感之由，若合一契[⑫]，未尝不临文嗟悼，不能喻之于怀。固知一死生为虚诞，齐彭殇为妄作[⑬]。后之视今，亦犹今之视昔，悲夫！故列叙时人，录其所述。虽世殊事异，所以兴怀，其致一也。后之览者，亦将有感于斯文。

【注解】

①永和：东晋穆帝年号。 ②兰亭：在今浙江绍兴西南。 ③修禊(xì)：一种消除不祥的祭礼。 ④流觞(shāng)：把漆制的酒杯盛酒放在曲水上游，任其顺流而下，停在谁面前，谁就取而饮之。⑤次：处所。 ⑥因：凭借。⑦形骸：身体。 ⑧系：随着。 ⑨俛：同俯。 ⑩兴怀：发生感慨。 ⑪修短：指人的寿命长短。化：造化。 ⑫契：古人用竹、木刻的卷契，分成两半，各执一半，以相合为凭证。 ⑬彭：彭祖，传说古代长寿者，活了八百岁。殇(shāng)：幼年死去的人。

【简评】

《兰亭集序》是东晋大书法家王羲之写的一篇宴游诗序。当时参加聚会的有谢安、孙绰等四十一人。文章生动地记叙了诗友们聚会的盛况，抒发了个人的无限感慨，斥责了“一死生”、“齐彭殇”的虚无主义。这在谈玄之风盛行的东晋社会里是很有进步意义的。

桃花源记

晋太元[①]中，武陵[②]人捕鱼为业。缘[③]溪行，忘路之远近。忽逢桃花林，夹岸[④]数百步，中无杂树，芳草鲜美，落英[⑤]缤纷。渔人甚异之。复前行，欲穷[⑥]其林。

林尽水源，便得一山。山有小口，仿佛若有光。便舍船，从口入。初极狭，才通人。复行数十步，豁然开朗。土地平旷，屋舍俨然，有良田、美池、桑竹之属。阡陌[⑦]交通，鸡犬相闻。其中往来种作，男女衣着，悉如外人。黄发垂髫[⑧]，并怡然自乐。

见渔人，乃大惊，问所从来。具[⑨]答之。便要[⑩]还家，设酒杀鸡作食。村中闻有此人，咸[⑪]来问讯。自云先世避秦时乱，率妻子邑人[⑫]来此绝境，不复出焉，遂与外人间隔。问今是何世，乃[⑬]不知有汉，无论魏晋。此人一一为具言所闻，皆叹惋。余人各复延[⑭]至其家，皆出酒食。停数日，辞去。此中人语云："不足为外人道也。"

既出，得其船，便扶[⑮]向路，处处志之[⑯]。及郡下，诣太守说如此[⑰]。太守即遣人随其往，寻向所志，遂迷，不复得路。南阳刘子骥[⑱]，高尚士也，闻之，欣然规往[⑲]，未果，寻[⑳]病终。后遂无问津[㉑]者。

【注解】

①太元：东晋孝武帝司马曜年号。②武陵：郡名，郡治在今湖南常德县境。③缘：顺着。④夹岸：两岸。⑤落英：落花。⑥穷：走完。⑦阡陌：田间小路。南北叫阡，东西叫陌。⑧黄发：指老人。垂髫(tiáo)：指儿童。⑨具：全部。⑩要：同"邀"。⑪咸：都。⑫邑人：同乡人。⑬乃：竟。⑭延：请。⑮扶：沿着。⑯处处志之：处处作了标记。⑰诣：拜见。太守：郡的最高长官。⑱南阳：郡名，郡治在今河南南阳市。刘子骥：东晋末隐士。⑲规往：计划去。⑳寻：不久。㉑问津：指寻访。

【简评】

本文作者陶渊明，名潜，字元亮。浔阳柴桑(今江西九江)人。东晋诗人。受儒家"治国平天下"的影响，青年时代的陶渊明确有过建功立业，"大济于苍生"的雄心壮志。但他所处的时代正是门阀制度的全盛时期，仕途的进退不是依据个人才德，而是要看门第高下和财产多少。"据上品者非公侯之子孙，则当涂之昆弟也”(《晋书·段灼传》)。愤世嫉俗、洁身自好的陶渊明就只能“请息交以绝游,世与我而长违”了(《归去来辞》)。因此,他两次出任,两次弃官归隐,到任最短的只有八十天。他宁肯去过“夏日抢长饥,寒夜无被眠”的贫困生活,也不去迎合权贵,为五斗米折腰。所以,陶渊明的归隐是他壮志难酬,对现实极度失望的结果。但在躬耕自资中,也拉近了他与农民的感情和对田园生活的热爱,并产生了他所向往的像《桃花源记》里那样一个没有君权,没有压迫,人人安居乐业,怡然自得的理想社会。《桃花源记》是一篇优美的散文诗。作者用白描的手法描绘了一个乌托邦式的社会。虽是想象,却写得真挚感人。语言又是那么朴实自然,看不出一点矫揉造作。多少年来《桃花源记》不仅为散文写作提供了范例,也成了许多人心驰神往的境界。

归去来辞[1]

归去来兮!田园将芜胡不归?既自以心为形役[2],奚惆怅而独悲?悟已往之不谏,知来者之可追,实迷途其未远,觉今是而昨非。舟摇摇以轻□,风飘飘而吹衣,问征夫以前路,恨晨光之熹微。

乃瞻衡宇[3],载欣载奔,童仆欢迎,稚子候门。三径[4]就荒,松菊犹存,携幼入室,有酒盈樽。引壶觞[5]以自酌,眄[6]庭柯[7]以怡颜,倚南窗以寄傲,审容膝[8]之易安。园日涉以成趣,门虽设而常关,策扶老以流憩[9],时矫首而遐观[10]。云无心以出岫[11],鸟倦飞而知还,景翳翳以将入[12],抚孤松而盘桓[13]。

归去来兮!请息交以绝游,世与我而相违,复驾言兮焉求[14]?悦亲戚之情话,乐琴书以消忧,农人告余以春及,将有事于西畴[15]。或命巾车[16],或棹[17]孤舟,既窈窕[18]以寻壑,亦崎岖而经邱。木欣欣以向荣,泉涓涓而始流,羡万物之得时,感吾生之行休。

已矣乎!寓形宇内[19]复几时,曷不委心任去留[20],胡为遑遑欲何之[21]?富贵非吾愿,帝乡[22]不可期。怀良辰以孤往,或植杖[23]而耘耔,登东皋[24]以舒啸,临清流而赋诗。聊乘化以归尽[25],乐夫天命复奚疑[26]!

【注解】

①归去:回去。来:助词。辞:文体名,一般押韵。②心为形役:为了生活违心地去做事。③衡宇:简陋的房子。衡同横,横木为门的房子。④三径:汉代蒋诩隐居后,在屋前竹林中开三条小路,只与隐士来往。后以三径为隐士住的地

方。⑤觞(shāng):酒杯。⑥眄(miàn):斜看。⑦柯:树枝。⑧审:明白。容膝:形容住处狭窄,只能容下双膝。⑨策:拄着。扶老:手杖。流:周游。憩(qì):休息。⑩矫:举起。遐:远。⑪岫(xiù):山峰。⑫景:同"影"。翳(yì):阴暗。⑬盘桓:徘徊。⑭驾:乘车外出。言:语助词。焉求:何求。⑮畴(chóu):田亩。⑯巾车:有篷布的小车。⑰棹(zhào):划船的桨。⑱窈窕(yǎotiǎo):指山路弯曲的样子。⑲寓形宇内:寄身在宇宙内。⑳曷:同"何"。委心:随心。去留:行止。㉑胡为:何为。遑遑:急急忙忙。㉒帝乡:神仙住的地方。㉓植杖:把手杖插在田边。㉔皋:水边高地。㉕聊:姑且。乘:顺着。化:自然变化。尽:指死亡。㉖乐夫天命:乐天知命。奚:何。

【简评】

《归去来辞》是陶渊明又一篇著名文章。他在四十岁那年,因生活贫困再一次出仕,做了八十天的彭泽令。在任期间,郡里派一个督邮来县,县吏叫他束带迎接,以示敬意。他说:"我不愿为五斗米折腰向乡里小儿。"当天就辞职回乡,并写下《归去来辞》,表示他从此不再出仕的归隐决心。这年农业遭受严重灾害,他的旧居又被大火烧毁,使他的生活越发雪上加霜。但政治上的失意,生活上的煎熬,都没有改变他"大济于苍生"的理想与气节。由于贫病交加,他只活了六十三岁就离开了人世。历来评论家都把陶渊明看作"田园诗人"、"隐逸诗人",实在也是出于无奈。《归去来辞》同样以白描的手法写出他躬耕自资的田园生活,看似怡然自得,却也隐含着无限的辛酸。其中既有儒家"穷则独善其身"的道德准则,也有道家"乘化委运"、"乐天知命"的生活态度。

谏太宗十思疏[①]

臣闻求木之长者,必固其根本;欲流之远者,必浚[②]其泉源;思国之安者,必积其德义。源不深而望流之远,根不固而求木之长,德不厚而思国之安,臣虽下愚,知其不可,而况于明哲乎?人君当神器[③]之重,居域中之大,不念居安思危,戒奢以俭,斯亦伐根以求木茂,塞源而欲流长也。

凡昔元首,承天景命,善始者实繁,克终者盖寡。岂取之易守之难乎?盖在殷忧,必竭诚以待下;既得志,则纵情以傲物。竭诚则吴越[④]为一体,傲物则骨肉为行路。虽董之以严刑,振之以威怒,终苟免而不怀仁,貌恭而不心服。怨不在大,可畏惟人。载舟覆舟,所宜深慎。

诚能见可欲则思知足以自戒,将有作则思知止以安人,念高危则思谦冲而自牧,惧满溢则思江海下百川,乐盘游则思三驱以为度,忧懈怠则思慎始而敬终,虑壅蔽则思虚心以纳下,惧谗邪则思正身以黜恶,恩所加则思无因喜以谬赏,罚所及则思无因怒而滥刑:总此十思,宏兹九德⑤,简能而任之,择善而从之,则智者尽其谋,勇者竭其力,仁者播其惠,信者效其忠。文武并用,垂拱而治。何必劳神苦思,代百司之职役哉!

【注解】

①疏:奏本。②浚(jùn):疏通。 ③神器:帝王的宝座。 ④吴、越:春秋时代有世仇的两个国家。 ⑤九德:《尚书》中说的九种德治。“宽而栗,柔而立,愿而恭,乱而敬,扰而毅,直而温,简而廉,刚而塞,强而义。”

【简评】

这是大臣魏征写给唐太宗的一篇奏文。魏征总结了隋朝灭亡的历史教训,从十个方面提出了巩固国家政权的策略,尤其对开国后意志骄怠、无复远图的人更具教育意义。唐太宗采纳了他的建议,虚心纳下,知人善任,而且慎始敬终,从而出现了国泰民安的“贞观之治”。魏征是历史上不怕犯上敢于面谏皇帝的大臣。唐太宗也把他看成治国安邦、修正错误的一面镜子。奏文写得语重心长,情真意切,条理清晰。

捕蛇者说

永州①之野产异蛇,黑质而白章②;触草木,尽死;以啮③人,无御之者。然得而腊④之以为饵,可以已大风、挛踠、瘘、疠⑤,去死肌⑥,杀三虫⑦。其始太医以王之命聚之,岁赋其二;募有能捕之者,当⑧其租入。永人争奔走焉。

有蒋氏者,专其利三世矣。问之,则曰:“吾祖死于是,吾父死于是,今吾嗣为之十二年,几⑨死者数矣。”言之貌若甚戚者。余悲之,且曰:“若毒之乎?余将告于莅⑩事者,更若役,复若赋,则何如?”蒋氏大戚,汪然出涕曰:“君将哀而生之乎?则吾斯役之不幸,未若复吾赋不幸之甚也!向吾不为斯役,则久已病矣。自吾氏三世居是乡,积于今,六十岁矣,而乡邻之生日蹙⑪,殚⑫其地之出,竭其庐之入,号呼而转徙,饥渴而顿踣⑬,触风雨,犯寒暑,呼嘘毒疠,往往而死者,相藉⑭也。曩⑮与吾祖居者,今其室十无一焉;与吾父居者,今其室十无二三焉;与吾居十二年者,今其室十无四五焉:非死则徙尔。而吾以捕蛇独存。悍吏之来吾乡,叫嚣乎东西,隳突[16]乎南北,哗然而骇者,虽鸡狗不得宁焉!吾恂恂[17]而起,视其缶[18],而吾蛇尚存,则弛然而卧。谨食之,时而献焉。退而甘食其土之有,以尽吾齿。盖一岁之犯死者二焉,其余则熙熙而乐。岂若吾乡邻之旦旦有是哉!今虽死乎此,比吾乡邻之死,则已后矣,又安敢毒邪!"

余闻而愈悲。孔子曰:"苛政猛于虎也!"吾尝疑乎是;今以蒋氏观之,犹信。呜呼!孰知赋敛之毒,有甚是蛇者乎!故为之说,以俟夫观人风[19]者得焉。

【注解】

①永州:治所在今湖南零陵县。②章:花纹。③啮(niè):咬。④腊(xī):(将它杀死)晾干。⑤已:治好。大风:麻风。挛踠(wǎn)手足弯曲不能伸展。瘘(lòu):体内脓肿生成的管子。疠(lì):恶疮。⑥去死肌:除去失去机能的死肉。⑦三虫:指蛔虫、赤虫、蛲虫。⑧当:抵。⑨几:几乎。数:屡。⑩莅(lì):临。莅事者,管理此事的官吏。⑪蹙(cù):紧迫。⑫殚(dàn):尽。⑬踣(bó):倒毙。⑭藉:相压。⑮曩(nǎng):从前。⑯隳突:纷扰。⑰恂恂(xún):小心翼翼。⑱缶(fǒu):小口瓦器。⑲人风:民风。唐人讳李世民的"民",凡"民"都写为"人"。

【简评】

作者柳宗元,唐代文学家、哲学家。字子厚,河东(今山西运城解州)人,世称柳河东。他因参与王叔文的政治革新运动,失败后被贬为永州司马,后又迁柳州刺史。柳宗元的散文创作成就很高,是唐宋八大家之一。谪居永州期间,曾写了八篇关于当地山水名胜的文章,即有名的《永州八记》。大家熟悉的《小石潭记》就是其中一篇。《捕蛇者说》也是柳宗元散文中影响最大的一篇。作者以对比的手法,写了捕蛇者蒋氏宁可冒死继续捕蛇也不愿恢复赋税,说明统治者对农民的横征暴敛比蛇毒更可怕。作者在篇末说,他原来对孔子说的"苛政猛于虎"还不大相信,听了蒋氏的诉说,深信"赋敛之毒,有甚是蛇者乎!"这样的结束语,既形成了强烈的对比,也深化了文章的主题,表达了作者对民情的特别关注。

小石潭记

从小丘西行百二十步，隔篁竹[1]，闻水声，如鸣佩环，心乐之。伐竹取道，下见[2]小潭，水尤清洌。全石以为底，近岸，卷石底以出，为坻，为屿，为嵁，为岩[3]。青树翠蔓，蒙络摇缀，参差披拂。

潭中鱼可百许头，皆若空游无所依。日光下彻，影布石上，佁然[4]不动；俶尔[5]远逝，往来翕忽[6]。似与游者相乐。

潭西南而望，斗折蛇行[7]，明灭可见。其岸势犬牙参互[8]，不可知其源。

坐潭上，四面竹树环合，寂寥无人，凄神寒骨，悄怆幽邃[9]。以其境过清，不可久居，乃记之而去。

同游者：吴武陵，龚古，余弟宗玄。隶而从者[10]，崔氏二小生：曰恕己，曰奉壹。

【注解】

①篁(huáng)竹：成林的竹子。②见：同"现"。③坻(chí)、屿(yǔ)、嵁(kān)、岩：露出水面高低大小不同形状的石头。④佁(yǐ)然：停留。⑤俶(chù)尔：忽然。⑥翕(xì)忽：敏捷。⑦斗折蛇行：溪流像北斗星一样曲折，像蛇一样游动。⑧参(cī)互：交错。⑨悄怆(chuàng)幽邃(suì)：寂寞幽静。⑩隶：随从。

【简评】

《小石潭记》是柳宗元写的《永州八记》之一，是一篇短小精悍的著名游记。景色描写非常集中、逼真。前四段每段虽然角度不同，空间不同，感受不同，但都紧紧围绕"小石潭"这个中心，勾勒出四个不同的画面，使人读了如闻其声，如临其境。虽然小石潭清凉袭人，幽邃异常，不可久留，但还是令人感到十分留恋。

荔枝图序

荔枝生巴峡[1]间。树形团团如帷盖[2]。叶如桂，冬青；华[3]如桔，春荣；实如丹[4]，夏熟。朵[5]如葡萄，核如枇杷，壳如红缯[6]，膜如紫绡[7]，瓤肉莹白如冰雪，浆液甘酸如醴酪[8]。大略如彼，其实过之，若离本枝，一日而色变，二日而香变，三日而味变，四五日外，色、香、味尽去矣。

元和[9]十五年夏，南宾守[10]乐天命工吏[11]图而书之，盖为不识者与识而不及一、二、三日者云。

【注解】

①巴峡:指现在四川东和湖北西一带。②帷盖:古代车上的顶盖。周边叫“帷”,顶上叫“盖”。③华:同花。④丹:赤色。⑤朵:果粒。⑥如红缯(zēng):好像红缎。⑦如紫绡(xiāo):好像紫绸。⑧如醴酪(lǐlào):好像甜酒奶酪又甜又酸。⑨元和:唐宪宗年号。⑩南宾守:南宾郡太守,即作者。⑪工吏:会画图的官吏。

【简评】

作者白居易,字乐天,晚年法号香山居士。原籍太原(山西省)人。唐代著名现实主义诗人。主张“文章合为时而著,诗歌合为事而作”。元和年间任左拾遗及左赞善大夫。因上表得罪了权贵被贬为江州司马。本文是白居易让人画了一幅荔枝图,他在图上题的一篇小序。这个小序也成了一篇优美的说明文。说明文为了通俗易懂,固然离不开比喻,但通篇用比喻写成的说明文还不多见。这既是本文的一大特点,也是诗人白居易丰富的形象思维的反映。

陋室铭[1]

山不在高,有仙则名;水不在深,有龙则灵。斯是陋室,惟吾德馨[2]。苔痕上阶绿,草色入帘青。谈笑有鸿儒[3],往来无白丁[4]。可以调素琴,阅金经[5]。无丝竹[6]之乱耳,无案牍[7]之劳形。南阳诸葛庐[8],西蜀子云亭[9]。孔子云:何陋之有?[10]

【注解】

①陋室:简陋的房子。铭:文体名,多刻在器物上。②德馨:美好的名声。③鸿儒:知识渊博的学者。④白丁:没有学问的平民。⑤金经:用泥金书写的佛经。⑥丝竹:泛指乐器。⑦案牍:指官府公文。⑧诸葛庐:诸葛亮出仕前在南阳住过的草庐。⑨子云亭:西汉辞赋家扬雄在成都盖的草房。⑩何陋之有:孔子说:“君子居之,何陋之有?”(《论语·子罕》)

【简评】

作者刘禹锡,字梦得,洛阳(今河南洛阳市)人。唐代著名的文学家、哲学家。

他和柳宗元参加了王叔文的政治革新运动,失败后长期被贬。《陋室铭》是他对自己陋室的描写和赞美。全文只有八十一个字,是一篇经久传诵的散文名作。历代文人们之所以喜欢它,不仅因为它短小精悍,声律和谐,更重要的是它抒发了知识分子那种安贫乐道、不慕荣华的高尚情怀。开篇所谓的"仙"与"龙",实际上都是屈居于陋室中有才德、有抱负的人。虽然流露出些文人们的清高自负,却也道出了他们怀才不遇的苦衷。

师 说[①]

古之学者必有师。师者,所以传道、受业[②]、解惑也。人非生而知之者,孰能无惑?惑而不从师,其为惑也,终不解矣。生乎吾前,其闻道也固先乎吾,吾从而师之;生乎吾后,其闻道也亦先乎吾,吾从而师之。吾师道也,夫庸[③]知其年之先后生于吾乎?是故无贵无贱,无长无少,道之所存,师之所存也。

嗟乎!师道[④]之不传也久矣,欲人之无惑也难矣。古之圣人,其出人也远矣,犹且从师而问焉;今之众人,其下圣人也亦远矣,而耻学于师。是故圣益圣[⑤],愚益愚[⑥]。圣人之所以为圣,愚人之所以为愚,其皆出于此乎?

爱其子,择师而教之,于其身也,则耻师焉,惑矣!彼童子之师,授之书而习其句读者也,非吾所谓传其道、解其惑者也。句读[⑦]之不知,惑之不解,或师焉,或不焉,小学而大遗[⑧],吾未见其明也。巫医、乐师、百工[⑨]之人,不耻相师;士大夫之族,曰师曰弟子云者,则群聚而笑之。问之,则曰:"彼与彼年相若也,道相似也,位卑则足羞[⑩],官盛则近谀[⑪]"。呜呼!师道之不复,可知矣!巫医、乐师、百工之人,君子不齿[⑫],今其智乃反不能及,其可怪也欤!

圣人无常师,孔子师郯子、苌宏、师襄、老聃[⑬]。郯子之徒,其贤不及孔子。孔子曰:"三人行,则必有我师。"是故弟子不必不如师,师不必贤于弟子。闻道有先后,术业有专攻,如是而已。

李氏子蟠[⑭],年十七,好古文,六艺[⑮]经传皆通习之,不拘于时,学于余。余嘉其能行古道,作《师说》以贻[⑯]之。

【注解】

①师说:说说从师学习的道理 。"说"也是一种文体,属于议论文。②受:同"授"。③ 庸:何,哪里。④师道:从师学习的风尚。⑤圣益圣:圣人更加高

明。⑥愚益愚：愚人更加愚昧。⑦句读(dòu)：断句。完整的句子叫句，句中停顿的地方叫读。⑧小学而大遗：小指学习句读，大指疑难问题。此处是说，只学习了小节(句读)，而忽略了大道理。⑨巫医：用迷信活动给人治病的人。乐师：以歌唱奏乐为职业的人。百工：各种手工业者。⑩位卑则足羞：向地位低的人学习感到羞耻。⑪官盛则近谀：向地位高的人学习又感到近于谄媚。⑫不齿：鄙视。⑬郯(tán)子：春秋时郯国国君。孔子曾向他请教古代官制。苌(cháng)弘：周敬王时的大夫，孔子曾向他请教音乐方面的问题。师襄：鲁国的乐官，孔子曾向他学习弹琴。老聃(dān)：老子。孔子曾向他请教周礼。⑭李蟠(pān)：韩愈的学生。⑮六艺：六经。⑯贻：赠送。

【简评】

本文作者韩愈，字退之，邓州南阳(今河南省洛阳)人。唐代著名的散文家和诗人，唐宋八大家之一，也是古文运动的倡导者。学术上推崇儒家，排斥佛老。仕途坎坷，曾几上几下。《师说》是他针对当时社会耻于从师的不良风气而写的一篇论说文。韩愈在文章中首先提出了尊师重道的要求，明确指出教师的任务是传道、授业、解惑。能完成这个任务的，不论他年龄大小、地位高低，都应当受到尊重。其次，韩愈在《师说》中还提出了“圣人无常师”的理念，这是对尊师重道思想的进一步深化。为了加强论证，他既摆了孔子师郯子、师苌宏、师师襄、师老聃的事实，又讲了“古之学者必有师”的道理。最后得出“弟子不必不如师，师不必贤于弟子”的结论。说事论理都十分严谨。所以，《师说》不仅是一篇重要的教育论文，也是一篇很好的写作论说文的范文。

触龙说赵太后[①]

秦伐赵，取三城。赵王新立，太后用事[②]，求救于齐。齐人曰：“必以长安君为质。”[③]太后不可。齐师不出，大臣强谏。太后明谓左右曰：“复言长安君为质者，老妇必唾其面！”左师[④]触龙愿见太后，太后盛气而胥之入[⑤]。左师公徐趋而坐，自谢[⑥]曰：“老臣病足，不得见久矣，窃自恕[⑦]；而恐太后体之有所苦也，故愿望见太后。”太后曰：“老妇恃辇[⑧]而行。”曰：“食得毋[⑨]衰乎？”曰“恃粥耳。”太后不和之色稍解。左师公曰：“老臣贱息[⑩]舒祺，最少，不肖，而臣衰，窃怜爱之，愿得补黑衣[⑪]之缺以卫王宫，昧死以闻[⑫]！”太后曰：“诺[⑬]。年几何矣？”对曰：“十五岁矣。虽少，愿及未填沟壑而托之[⑭]。”太后曰：“丈夫亦爱少子乎？”对曰：“甚于妇人。”太后笑曰:"妇人异甚。"对曰:"老臣窃以为媪之爱燕后贤于长安君。"⑮太后曰:"君过矣!不若长安君之甚。"左师公曰:"父母爱其子则为之计深远。媪之送燕后也,持其踵⑯而泣,念其远也,亦哀之矣。已行,非不思也,祭祀则祝之曰:'必勿使反!'⑰岂非为之计长久,为子孙相继为王也哉?"太后曰:"然。"左师公曰:"今三世⑱以前,至于赵王之子孙为侯者,其继有在者乎?"曰:"无有。"曰:"此其近者祸及身,远者及其子孙。岂人主之子侯则不善哉?位尊而无功,奉厚而无劳,而挟⑲重器多也。今媪尊长安君之位,而封之以膏腴⑳之地,多与之重器,而不及今令有功于国,一旦山陵崩㉑,长安君何以自托于赵哉?"太后曰:"诺,恣君之所使之!"于是为长安君约车百乘质于齐。齐师乃出,秦师退。

【注解】

① 触龙:赵国臣子。说(shuì):劝说。赵太后:赵惠文王妻赵威后。②用事:因孝成王年幼,由赵威后执政。③长安君:赵太后小儿子的封号。质:抵押。④左师:官名。⑤盛气:充满怒气。胥:等待。⑥谢:道歉。⑦自恕:自己原谅自己。⑧辇(niǎn):专供国君、王后乘坐的小车。⑨得毋:也许不会。衰:减少。⑩贱息:对自己儿子的谦称。⑪黑衣:宫廷里的卫士。⑫昧死以闻:冒死请求。⑬诺:答应声。⑭及:趁。填沟壑:谦称自己死后扔在山沟里。⑮媪(ǎo):对老妇人尊称。燕后:赵太后女儿嫁到燕国为后。⑯踵:脚后跟。古时车门在车后,女儿上了车,太后在车下,只能抱着女儿的脚哭泣。⑰必勿使反:一定别让她回来。反同返。古代诸侯的女儿嫁到国外,只有被废或亡国才能回到本国。所以赵太后祭祀时,祝女儿千万别回来。⑱三世:指赵武灵王、赵惠文王、赵孝成王。⑲挟:拥有。⑳膏腴(yú):肥沃。㉑山陵崩:喻指赵太后的死。

【简评】

这个故事选自宋代史学家司马光的《资治通鉴》。赵太后决定不准长安君去当人质,也没有人敢再去劝说她。触龙却通过和赵太后聊天,拉家常,不但消除了赵太后的一脸怒气,而且还说服了赵太后让小儿子去做人质以求得救兵。这个故事除了说明劝说人要讲究艺术之外,还说明这样一个道理:居于高位的人,要让自己的子女为国家建功立业,才能取得应有的地位。如果无功受禄,只靠父母的权势而得到尊位,那是靠不住的。文章写得委婉亲切,从家庭琐事扯到国家大事,由小及大,由近及远,入情入理,说服力很强。

岳阳楼[①]记

庆历[②]四年春，滕子京[③]谪守巴陵郡。越[④]明年，政通人和，百废俱兴。乃[⑤]重修岳阳楼，增其旧制[⑥]，刻唐贤今人诗赋于其上。属[⑦]予作文以记之。

予观夫[⑧]巴陵胜状，在洞庭一湖：衔远山，吞长江，浩浩汤汤[⑨]，横无际涯；朝晖夕阴，气象万千。此则岳阳楼之大观也，前人之述备[⑩]矣。然则北通巫峡，南极潇湘，迁客骚人[⑪]，多会于此，览物之情[⑫]，得无异乎？

若夫[⑬]霪雨霏霏，连月不开，阴风怒号，浊浪排空，日星隐曜，山岳潜形；商旅不行，樯倾楫摧；薄暮冥冥，虎啸猿啼。登斯楼也，则有去国怀乡，忧谗畏讥，满目萧然，感极而悲者矣。

至若[⑭]春和景明，波澜不惊，上下天光，一碧万顷；沙鸥翔集，锦鳞游泳，岸芷汀兰[⑮]，郁郁青青；而或长烟一空，皓月千里，浮光耀金，静影沈璧；渔歌互答，此乐何极！登斯楼也，则有心旷神怡，宠辱皆忘，把酒临风，其喜洋洋者矣。

嗟夫！予尝求古仁人之心，或异二者之为[⑯]。何哉？不以物喜，不以己悲。居庙堂之高[⑰]，则忧其民；处江湖之远[⑱]，则忧其君：是进亦忧，退亦忧。然则何时而乐邪？其必曰："先天下之忧而忧，后天下之乐而乐欤！"噫！微斯人，吾谁与归[⑲]？

【注解】

①岳阳楼：在岳州巴陵县（今湖南省岳阳市）城西门楼，面临洞庭湖，为游览胜地。②庆历：宋仁宗年号。③滕子京：范仲淹好友。因被人诬告降职为巴陵郡知州。④越：到。⑤乃：于是。⑥增其旧制：扩大原来的规模。⑦属：同嘱。⑧夫：发语词。⑨浩浩汤汤(sh ā ng)：形容水势之大。⑩备：详尽。⑪迁客骚人：迁客是降职的官，骚人指诗人。因屈原作《离骚》，后世称诗人为骚人。⑫览物之情：观赏景物的心情。⑬若夫：另起一端的发语词。⑭至若：与"若夫"同。⑮芷：香草。汀：水岸平处。⑯或异二者之为：不同于上面提到的两种心情。⑰庙堂：朝廷，指高的官位。⑱江湖：指边远地区。⑲吾谁与归：宾语前置句即"吾归于谁"。

【简评】

作者范仲淹，字希文，苏州吴县（今属江苏）人。北宋政治家、文学家。因参与"庆历新政"的革新，失败后由参知政事（副宰相）降为邓州（今河南省邓县）地方官。但他并不因为身处逆境而忘却忧国忧民。作为一个"迁客"，他以非常宽广的胸怀和积极的生活态度面对现实，并以"先天下之忧而忧，后天下之乐而乐"

这样的千古名句自勉和鼓励滕子京等友人。《岳阳楼记》是一篇著名的古代散文。它集记叙、抒情、议论为一体,情理并重,感人至深。在写法上,作者没有重复前人关于岳阳楼大观的描述,而是侧重写了迁客骚人们来到岳阳楼的览物之情,遇上“霪雨霏霏,连月不开,阴风怒号,浊浪排空”的天气,便会产生“去国怀乡,忧谗畏讥”的悲凉心情;遇上“春和景明,波澜不惊,上下天光,一碧万顷”的景象,便又“心旷神怡,宠辱皆忘”而喜洋洋起来。作者以这两种截然不同的悲喜心情,衬托出“不以物喜,不以己悲”的古仁人之心,使“先忧后乐”这一主题得到深化。此外,《岳阳楼记》在文体上采用了少见的“骈散”结合,中间两段用骈体写成,使文章更加音韵和谐,脍炙人口。

醉翁亭记

环滁[①]皆山也。其西南诸峰,林壑尤美。望之蔚然而深秀者,琅琊[②]也。山行六七里,渐闻水声潺潺,而泻出于两峰之间者,酿泉也。峰回路转,有亭翼然临于泉上者,醉翁亭也。作亭者谁?山之僧智仙也。名之者谁?太守[③]自谓也。太守与客来饮于此,饮少辄醉,而年又最高,故自号曰醉翁[④]也。醉翁之意不在酒,在乎山水之间也。山水之乐,得之心而寓之酒也。

若夫日出而林霏[⑤]开,云归而岩穴暝,晦明变化者,山间之朝暮也。野芳发而幽香,佳木秀而繁阴,风霜高洁,水落而石出者,山间之四时也。朝而往,暮而归,四时之景不同,而乐亦无穷也。

至于负者[⑥]歌于途,行者休于树,前者呼,后者应,伛偻[⑦]提携,往来而不绝者,滁人游也。临溪而渔,溪深而鱼肥;酿泉为酒,泉香而酒洌[⑧],山肴野蔌[⑨],杂然而前陈者,太守宴也。宴酣之乐,非丝非竹;射[⑩]者中,奕[⑪]者胜,觥[⑫]筹交错,坐起而喧哗者,众宾欢也。苍颜白发,颓然乎其间者,太守醉也。

已而夕阳在山,人影散乱,太守归而宾客从也。树林阴翳[⑬],鸣声上下,游人去而禽鸟乐也。然而禽鸟知山林之乐,而不知人之乐;人知从太守游而乐,而不知太守之乐其乐也。醉能同其乐,醒能述以文者,太守也。太守谓谁?庐陵[⑭]欧阳修也。

【注解】

①滁(chú)州:今安徽省滁县。 ②琅琊(lángyá):山名,在滁州西南。

③太守:官名。宋时州长已改为知州。这里是欧阳修故意袭用前代官衔。④醉翁:欧阳修自称醉翁时不过四十岁。他这样自称也反映了他被贬后的愤懑心情。⑤霏:雾气。⑥负者:背着东西的人。⑦伛偻(yǔlǚ):弯腰驼背,指老年人。⑧洌(liè):极清。⑨山肴(yáo)野蔌(sù):山中野味。⑩射:古代宴席上有投壶游戏,用箭状的酒筹去投长颈壶,败者罚酒。⑪奕:下围棋。⑫觥(gōng):酒杯。⑬翳(yì):遮盖。⑭庐陵:今江西省吉安市。欧阳修是永丰县人,属庐陵郡。

【简评】

作者欧阳修,字永叔,自号"醉翁"、"六一居士"。北宋古文运动领袖,唐宋八大家之一。曾任枢密副使、参知政事。因支持范仲淹的政治改良被贬为滁州知州。《醉翁亭记》是一篇寄情于山水的著名散文。文章含蓄婉转,峰回路转,耐人寻味。"醉翁之意不在酒"已成为意在言外的千古名句。那么,醉翁之意在哪里呢?表面看来是在山水之间,实际上醉翁之意还有两个方面:一是在与民同乐中体现了欧阳修治理滁州的政绩,这也正是他想要实现的政治理想。二是在嘻嘻哈哈、热热闹闹的野宴中寄托了他由于政治上不得志而又无法宣泄的那种苦闷。正是这样一种复杂的心情,文章在表现手法上也很特殊。如多次设问或者作出说明性的判断以引起读者的特别关注。文中连用 21 个"也"字,不但不显得重复,反而觉得语气舒缓,自然流畅,别具一格。欧阳修是注重文章修改的名家。据说,这篇文章原来的开头是写滁州四面都有哪些山,后来经过反复修改,才成为"环滁皆山也"一句。因为文章的中心是写琅琊山的醉翁亭,不能冲淡这个主题,分散读者的注意力。

爱莲说

水陆草木之花,可爱者甚蕃[①]。晋陶渊明独爱菊。自李唐[②]来,世人甚爱牡丹。予独爱莲之出淤泥而不染,濯清涟而不妖[③],中通外直,不蔓不枝,香远益清,亭亭净植,可远观而不可亵玩[④]焉。

予谓[⑤]菊,花之隐逸者也;牡丹,花之富贵者也;莲,花之君子者也。噫!菊之爱,陶后鲜有闻;莲之爱,同予者何人?牡丹之爱,宜乎[⑥]众矣!

【注解】

①蕃:多。②李唐:即唐朝。因皇帝姓李,也称李唐。③濯(zhuó):洗涤。妖:妖艳。④亵玩:轻慢地玩弄。⑤谓:以为。⑥宜乎:当然的意思。

【简评】

本文作者周敦颐,字茂叔,道州营道(今湖南省道县)人。北宋哲学家、散文家。因筑室庐山莲花峰下的小溪上,取故居濂溪名之,后人遂称他濂溪先生。他继承《易传》和部分道家思想,认为至诚是道德的最高境界,只有通过主静、无欲才能达到这个境界。《爱莲说》是一篇设喻论事的优美散文。中国的文人常以花卉的某种特质来赞扬人的某种品格,或者就是自己人格的写照。作者欣赏莲花"出淤泥而不染,濯清涟而不妖"的高尚情操,鄙视那些为了私利而趋炎附势、同流合污的人。本文文字简洁,蕴义深刻,像是一则寓言。

前赤壁[①]赋

壬戌[②]之秋,七月既望[③],苏子[④]与客,泛舟游于赤壁之下。清风徐来,水波不兴。举酒属[⑤]客,诵明月之诗,歌窈窕之章[⑥]。少焉月出于东山之上,徘徊于斗牛[⑦]之间。白露横江,水光接天。纵一苇之所如[⑧],凌万顷之茫然。浩浩乎,如冯[⑨]虚御风,而不知其所止。飘飘乎,如遗世独立,羽化而登仙。

于是饮酒乐甚,扣舷而歌之。歌曰:"桂棹[⑩]兮兰桨,击空明兮泝[⑪]流光。渺渺兮予怀,望美人[⑫]兮天一方。"客有吹洞箫者,倚歌而和之。其声呜呜然,如怨,如慕,如泣,如诉,余音嫋嫋[⑬],不绝如缕,午幽壑之潜蛟,泣孤舟之嫠[⑭]妇。

苏子愀[⑮]然,正襟危坐,而问客曰:"何为其然也?"

客曰:"'月明星稀,乌鹊南飞',此非曹孟德之诗乎?西望夏口,东望武昌,山川相缪[⑯],郁乎苍苍,此非孟德之困于周郎[⑰]者乎?方其破荆州,下江陵,顺流而东也,舳舻[⑱]千里,旌旗蔽空,酾[⑲]酒临江,横槊[⑳]赋诗,固一世之雄也,而今安在哉?况吾与子,渔樵于江渚[㉑]之上,侣鱼虾而友麋鹿;驾一叶之扁舟,举匏[㉒]樽以相属;寄蜉蝣[㉓]于天地,渺沧海之一粟。哀吾生之须臾,羡长江之无穷。挟飞仙以遨游,抱明月而长终。知不可乎骤得,托遗响于悲风。"

苏子曰:"客亦知夫水与月乎?逝者如斯,而未尝往也;盈虚者如彼,而卒莫消长也。盖将自其变者而观之,则天地曾不能以一瞬;自其不变者而观之,则物与我皆无尽也,而又何羡乎?且夫天地之间,物各有主,苟非吾之所有,虽一毫而莫取。惟江上之清风,与山间之明月,耳得之而为声,目遇之而成色,取之无禁,用之不竭,是造物者之无尽藏[24]也,而吾与子之所共适。”

客喜而笑,洗盏更酌。肴核既尽,杯盘狼藉。相与枕藉乎舟中,不知东方之既白。

【注解】

①赤壁:苏轼所游的赤壁在湖北省黄冈县城外赤鼻矶(亦称赤壁),非周瑜破曹的赤壁。②壬戌:宋神宗元丰五年(1082)。③望:阴历每月十五。既望即十六日。④苏子:即苏轼。⑤属(zhǔ)。⑥“窈窕”:明月。《诗·陈风·月出》中有“月出皎兮……舒窈纠兮”,“窈纠”即“窈窕”。⑦斗牛:北斗星与牵牛星。⑧所如:去的地方。⑨冯:同凭。⑩棹(zhào):划船的工具。前推的叫桨,后推的叫棹。⑪泝(sù)同溯。⑫美人:指宋神宗。自屈原以香草比君主、贤人后,文人都继承这一手法。⑬嫋(niǎo):同袅。⑭嫠:(lí)妇:寡妇。⑮愀(qiǎo):凄怆。⑯缪(liáo):通缭,缭绕。⑰周郎:周瑜。⑱舳舻(zhúlú):形容船只多。⑲酾(shī):斟酒。⑳槊(shuò):长矛。㉑渚(zhǔ):水中小块陆地。㉒匏(páo)樽:一种饮具。㉓蜉蝣(fúyóu):一种水生昆虫。㉔无尽藏:无穷无尽的财富。

【简评】

作者苏轼,字子瞻,号东坡居士。眉山县(今属四川省)人。北宋著名的文学家和诗人。他同他的父亲苏洵、弟苏辙合称“三苏”,同属唐宋八大家。但苏轼仕途坎坷,宋神宗时因反对王安石的新法被贬到黄州(今湖北黄冈县),生活贫困,心情郁闷。元丰五年的七月和十月,他曾两次游赤壁,写了《前赤壁赋》和《后赤壁赋》。由于时令不同,景色不同,心情也就大不一样。《前赤壁赋》是一篇豪情奔放、挥洒自如的古代优秀散文,读来不难发现作者那种复杂的、矛盾的心情。既有泛舟在静静的江面上,目睹水光山色,令人流连忘返的夜景,又有驾着长风,远离尘世,独立天外,羽化成仙的向往;既有扣着船舷,吟着古诗,和客人举杯酣饮的悠然自得,又有从洞箫中听出的那种如怨、如慕、如泣、如诉的低沉与悲凉;既有当年曹孟德东进赤壁时战船千里、旌旗蔽天、横槊赋诗的雄心壮志,又有时光易逝、人生无常,只能与麋鹿为友、与渔樵同在的消极失落情绪。这正是一种在政治斗争中遭到失败,离不开现实又希望超然于现实的复杂心理。但无论作者怎样表白,都能在不同的方面引起读者强烈的感情共鸣。这正是苏轼散文魅力之所在。

卖柑者言

杭有卖果者，善藏柑，涉寒暑不溃。出之烨[1]然，玉质而金色。剖其中，干若败絮。予怪而问之曰："若所市于人者，将以实笾豆[2]，奉祭祀，供宾客乎？将衒[3]外以惑愚瞽[4]乎？甚矣哉为欺也！"

卖者笑曰："吾业[5]是有年矣，吾业赖是以食[6]吾躯。吾售之，人取之，未闻有言，而独不足子所[7]乎？世之为欺者不寡矣，而独我也乎？吾子未之思也！今夫佩虎符[8]，坐皋比[9]者，洸洸[10]乎干城之具也，果能授孙、吴之略邪？峨大冠，拖长绅者，昂昂乎庙堂之器也，果能建伊、皋[11]之业邪？盗起而不知御，民困而不知救，吏奸而不知禁，法斁[12]而不知理，坐糜廪粟而不知耻。观其坐高堂，骑大马，醉醇醴而饫[13]肥鲜者，孰不巍巍乎可畏，赫赫乎可象也，又何往而不金玉其外，败絮其中也哉！今子是之不察，而以察吾柑！"

予默默无以应。退而思其言，类东方生[14]滑稽之流。岂其忿世嫉邪者邪，而托于柑以讽邪？

【注解】

① 烨(yè)：有光泽。②笾(biān)、豆：古代盛食物用具。笾是竹制的，豆是木制的。 ③衒(xuàn)：夸耀。④瞽(gǔ)：瞎子。⑤业：解为"已经"。⑥食(sì)：养活。⑦所：心意。⑧虎符：虎形兵符。⑨皋比(pí)：虎皮。⑩洸洸(guāng)：威武的样子。⑪伊、皋：伊尹，商朝的贤相。皋陶(yáo)，虞舜时掌管刑法的官。⑫斁(dù)：败坏。⑬饫(yù)：饱。⑭东方生：东方朔，汉武帝时人，善以滑稽之言对武帝进行讽谏。

【简评】

本文作者刘基，字伯温，明初大臣。这是一篇讽刺小品文，有的把它当做寓言。通过卖柑者的一番议论，深刻地揭露了那些高高在上的腐败官吏，文官不会理政，武官不能御敌，就像他卖的柑子，都是金玉其外，败絮其内。本文比喻绝妙，讽刺辛辣。

为学[①]一首示子侄

天下事有难易乎？为之，则难者亦易矣；不为，则易者亦难矣。人之为学有难易乎？学之，则难者亦易矣；不学，则易者亦难矣。

蜀之鄙[②]有二僧，其一贫，其一富。贫者语于富者曰："吾欲之南海，何如？"

富者曰："子何恃[③]而往？"

曰："吾一瓶一钵[④]足矣。"

富者曰："吾数年来欲买舟而下，犹未能也。子何恃而往！"

越明年，贫者自南海还，以告富者。富者有惭色。

西蜀之去南海，不知几千里也，僧富者不能至而贫者至焉。人之立志，顾[⑤]不如蜀鄙之僧哉？

【注解】

①为学：求学。②蜀：四川。鄙：偏远的地方。③何恃：凭什么。④瓶：汲水的器具。钵(bō)：和尚用的饭碗。⑤顾：反而。

【简评】

本文作者彭端淑，字乐斋，生卒年月不详，清初四川丹棱(今四川丹棱县)人。这是一篇劝学励志的论说文。文章首先以设问的方式提出明确的论点：天下事只要去做，难者亦易；不去做，则易者亦难。为学也是如此。然后，以一贫一富两个僧人去南海的事实为例加以论证，最后的结论是：有志者，事竟成。文章简明扼要，语言明白如话，可为初学写论文的范例。

第四卷 古代笔记浏览

在先秦、两汉之前，散文可以说是除诗歌、韵文之外唯一的文体。尤其在浩瀚的诸子散文中，既有记叙、抒情、议论、说明，更有各式各样的随笔、琐记、故事、典章等。这些短小精悍、不拘一格的东西，正是产生“笔记”这一文体的肥沃土壤。也就是说，在先秦、两汉的时候，“笔记”事实上已经存在了，只是没有这样称谓罢了。比如，像《晏子春秋》这样的书，书中选编了二百多个故事，说它是一本“笔记故事”或者“笔记小说”都未尝不可；再比如《论语》这部书，它的每一篇都包含着若干节内容各异的孔子言论，或者是孔子和他的弟子们的谈话，说它是一本笔记汇编也是恰如其分的；甚至像《山海经》、《水经注》这样讲神话传说和地理知识的书，也没有被称为“笔记”。当然，这与那个时代“笔记”被认为是片言只语，随意拈来，不像诗文史传那么正宗，因而不登大雅之堂也有一定的关系。

笔记真正从散文中独立出来，成为散文的一个新文体，是到了魏晋南北朝的时候了。

汉末的黄巾大起义，动摇了东汉贵族集团的统治，也冲击了儒学礼教思想的束缚。经过军阀割据与混战，以曹操为代表的中小地主阶层在政治文化上采取了兼容并蓄的方针，实行任人唯贤的政策，当时曹操就提出“不仁不孝，而有治国用兵之术”（《三国志·魏志》）的用人理念，这使当时知识分子的思想得到一定程度的自由与活跃。也由此出现了文学上不尚空谈，强调现实主义的“建安文风”。但好景不长，凭借魏国实力建立起来的西晋王朝又恢复了大贵族的特权统治，并且实行了祸国殃民的门阀制度和分封制度，出现了“上品无寒门，下品无世族”的等级对立。从西晋王朝灭亡到东晋王朝偏安，知识分子一方面反对强暴，追求自由平等的社会理想；一方面又在政治高压下逃避现实，崇尚老庄，高谈玄理，寻找精神上的超脱。反映在文学上也就不守绳墨，不拘正统，嬉笑怒骂，借题发挥。有的翻阅史籍，专写历史小品；有的搜罗奇闻逸事，编撰神仙鬼怪故事；有的剪辑名人生活片断，作为茶余酒后调侃的话题；更有的收集生活中的各种笑料,编出许多笑话本子。如此一来,写笔记的人越来越多,一时盛况空前,成了一种时尚的文体、著述的途径。从魏晋南北朝到唐代,是笔记这一文体走向完善的全盛时期,或者说是由志怪志人的笔记向短篇小说创作的过渡时期。在这个时期,出现了许多笔记专著,其中有不少故事情节曲折生动被人们称之为古典短篇小说。实际上,这些作品还不是真正意义上的小说,充其量也只是一种小说的萌芽,或者说是小说创作的初级阶段。所以,我认为仍把它们称作笔记更为妥帖些。这大概就是"笔记小说"这一概念产生的缘由吧。唐代不仅是中国诗歌的黄金时代,也是古典小说从散文和笔记中逐渐分离和形成的时代。宋初,奉宋太祖之命编辑整理的《太平广记》,就是一部规模浩大的笔记小说集。《太平广记》收录了上迄先秦,下至北宋的作品七千余篇,凡五百卷,近三百万字。其目录不是按时代排列,而是按故事性质分为九十一大类,如神仙、道术、方士、异僧、报应、感应、名贤、权佞、诙谐、酒食、天象等。从这些分类看,《太平广记》更像是一部笔记大全。不过,从晋唐到晚清,笔记著作中确实出现了不少上乘作品。如大家熟悉的《笑林》、《西京杂记》、《搜神记》、《世说新语》、《随唐嘉话》、《梦溪笔谈》、《老学庵笔记》、《归田录》、《谐史》、《困学记闻》、《夷坚志》、《南村辍耕录》、《古今谭概》、《日知录》、《聊斋志异》、《阅微草堂笔记》、《履园诗话》、《夜雨秋灯录》、《清稗类钞》等。其中不少就是短篇小说了,如《聊斋志异》里的许多故事。

关于笔记的类型,周续赓、马啸凤、卢今选编的《历代笔记选注》前言中将其分为三大类:第一类是故事传说。包括志人、志怪两种。以人物或鬼怪为中心,有简单的故事情节。志怪笔记多属虚构,志人笔记也带有小说创作的味道。这是唐宋以来文言短篇小说的前身。第二类是杂史琐记。这类笔记或掇拾历史逸事,或记载现实见闻,内容繁杂,包罗万象,因而在一定程度上也保留了不少当时社会、风土、人情的史料。第三类是考证评论。这类笔记基本上是关于文艺、史地、哲学、典章制度、自然科学等方面的治学或读书札记。内容涉及考经证史、评论诗文、记画言戏、识名辨物、训字析语等。以上三类笔记也不能截然分开,往往在一本笔记中,甚至一篇笔记中,常常兼有故事、史料、考索三个方面。古人的这些笔记写作经验,对我们今天写作杂文、随感、札记、短评、小品之类的文章仍有很好的借鉴作用。

笔记虽然来自于散文,但也有它自己的一些特点。

一是笔记的写作比散文的写作更"散"。就是说,笔记在形式上比散文更自由、更活泼,不受任何体裁的约束,所以被称为"漫谈"、"随笔"、"杂感"、"琐记",甚至是"无题"。笔记在内容上总是异军突起,异想天开,独树一帜。作者有他自己评判是非的标准,无须去迎合哪些人的口味,也无须顾忌哪些人的面子与非议。

因此,笔记涉及的内容也就成了那些“名家”不敢写或者不屑一顾的东西。也正是这样,笔记才有别于千篇一律的官样文章,也才有它自己不同凡响的生命力和震撼力。如鲁迅的杂文就被人喻为“投枪”和“匕首”。

二是它本身所显示的。顾名思义,笔记就是信笔把一件事情和自己的感想随心所欲地记下来。就像给朋友写信一样,兴之所至,笔之所到。不在文字上作过多的推敲与雕饰。因此就显得朴实自然,实话实说。笔记重在纪实,即使记的是奇闻逸事、神怪故事,作者也都是当作实有其事对待的。所谓大千世界,无奇不有。何况笔记常常意在言外,醉翁之意不在酒呢。所以,笔记无论怎么写,都使人觉得确实如此。从这个意义上说,笔记也最适合于写大家关注的社会热点问题。如见诸报端的“按语”、“寄语”、“编后”、“短评”、“链接”、“瞭望”、“精彩回放”、“经济视点”、“社会观察”、“心理驿站”等。所谓“寓褒贬,别善恶”者是也。

三是短小精悍,单纯明快。它往往只有几十个字或者几百个字,就把许多长篇大论浓缩进去了。笔记中的议论,常常是开门见山,旗帜鲜明,是就是是,非就是非,不拐弯抹角,不吞吞吐吐,读了使人感到痛快。笔记中的事情,是经过选择的有代表性的事例。即使是小事情,也是很典型的生活细节,能使人见微知著,防微杜渐,提高人的社会观察力。笔记中的人物形象不像小说那么细腻,而是采用“白描”的手法,是特写镜头。这样,即使只写了人物的某一个方面,也会使人想到他的全部。由此可见,笔记作者选材的精当、构思的巧妙、驾驭语言的功底都是很深厚的。

鉴于笔记的内容单一,语言也较通俗,晦涩费解的地方不多,所以本卷所选的笔记除了做些必要的注解,不再加以阐释和评论,读者可自行解读,见仁见智好了。

王嫱不赂画工

元帝①后宫既多,不得常见,乃使画工图形②,案图召幸③之。诸宫人皆赂画工,多者十万,少者亦不减五万。独王嫱④不肯,遂不得见。后匈奴入朝,求美人为阏氏⑤。于是上案图,以昭君行。及去,召见,貌为后宫第一,善应对,举止娴雅。帝悔之,而名籍已定。帝重信于外国,故不复更人。

乃穷案其事⑥,画工皆弃市⑦,籍⑧其家资皆巨万。画工有杜陵毛延寿,为人形⑨,丑好老少,必得其真;安陵陈敞,新丰刘白、龚宽,并工为牛马飞鸟众势,人形好丑,不逮[10]延寿;下杜阳望亦善画,尤善布色,樊育亦善布色[11]同日弃市。京师[12]画工,于是差稀[13]。

【注解】

①元帝:汉元帝刘奭(shì)。②图形:描绘美人形貌。③幸:皇帝有所宠爱。④王嫱(qiáng):字昭君,元帝时被选入宫。⑤阏氏(yān zhī):匈奴君长的正妻,相当于皇后。⑥穷案其事:彻底追查画工丑化王嫱之事。⑦弃市:在闹市执行死刑,将死者暴尸于众。⑧籍:登记。⑨为人形:画人像。杜陵、安陵、新丰、下杜都是陕西省地名。⑩不逮:不及。⑪布色:着色。⑫京师:长安。⑬差稀:较少了。

本文选自《西京杂记》。西京即西汉京城长安。作者葛洪,字稚川,自号抱朴子。丹阳句容(今属江苏省)人。东晋道教理论家、医学家、炼丹学家。医学著作有《金匮药方》、《肘后急备方》等。笔记著作有《西京杂记》、《神仙传》。

李寄斩蛇

东越闽中[1],有庸岭,高数十里。其西北隰[2]中,有大蛇,长七八丈,大十余围[3],土俗常病[4]。东冶都尉及属城长吏,多有死者[5]。祭以牛羊,故不得福[6]。或与人梦,或下谕巫祝[7],欲得啖[8]童女年十二三者。都尉、令、长[9],并共患之。然气厉不息。共请求人家生婢子,兼有罪家女养之[10]。至八月朝祭,送蛇穴口,蛇出,吞啮[11]之。累年如此,已用九女。

尔时预复募索[12],未得其女。将乐县[13]李诞家,有六女,无男,其小女名寄,应募欲行,父母不听。寄曰:"父母无相[14],惟生六女,无有一男,虽有如无。女无缇萦[15]济父母之功,既不能供养,徒费衣食,生无所益,不如早死。卖寄之身,可得少钱,以供父母,岂不善耶?"父母慈怜,终不听去。寄自潜行[16],不可禁止。

寄乃告请[17]好剑及咋蛇犬。至八月朝,便诣庙[18]中坐。怀剑,将[19]犬。先将数石米餈[20],用蜜麨[21]灌之,以置穴口。蛇便出,头大如囷[22],目如二尺[23]镜。闻餈香气,先啖食之。寄便放犬,犬就啮咋,寄从后斫[24]得数创。疮痛急,蛇因踊出,至庭而死。寄入视穴,得其九女髑髅[25],悉举出,咤[26]言曰:"汝曹[27]怯弱,为蛇所食,甚可哀愍[28]。"于是寄女缓步而归。

越王闻之,聘寄女为后[29],拜[30]其父为将乐令,母及姊皆有赏赐。自是东冶无复妖邪之物。其歌谣至今存焉。

【注解】

①东越:汉武帝时封立东越王,管辖今浙、闽一带。闽中:秦置郡名,旧址在今福州。②隰(xí):低湿地方。③围:两手合拢叫一围。④土俗:当地百姓。病:以之为患。⑤多有死者:当地官吏或被蛇咬死,或因不能平定蛇害被治罪而死。⑥故不得福:仍无福佑。⑦巫祝:降神的叫巫,主持祭礼的叫祝。⑧啖(dàn):吃。⑨都尉、属城长吏:都是管理兵事的官。令、长:万户以上的县,县官叫令;不足万户的叫长。⑩"共请"两句:祭蛇的女孩有两种,一是奴婢所生的女孩,一是有罪人家的女孩。⑪啮(niè):咬。⑫预复募索:又预先征求民女。⑬将乐县:今福建省南平县南。⑭无相:没有福相。⑮缇(tí)萦:西汉时为赎父罪愿当公家婢女的一个孝女。⑯潜行:秘密地走了。⑰告请:向官府申请去。⑱庙:祭蛇的庙宇。⑲将:带着。⑳米餈(cí):糯米蒸的食品。㉑麸(chǎo):炒麦粉。㉒囷(qūn):圆形的米囤。㉓二尺:指直径二尺。㉔斫(zhuó):砍。㉕髑髅(dúlǒu):死人头骨。㉖咤(zhà):叹息声。㉗汝曹:你们。㉘哀愍(mǐn):哀怜。㉙后:聘娶寄女为王后。㉚拜:授于官职。

这则笔记选自《搜神记》。作者干宝,字令升。新蔡(今河南省新蔡)人。东晋史学家和文学家。《搜神记》主要辑录了我国古代的神话故事和民间传说,是魏晋时期志怪小说的代表作。

孔文举应对

孔文举[①]年十岁,随父到洛[②]。时李元礼[③]有盛名,为司隶校尉。诣门者皆隽才清称及中表亲戚[④],乃通。文举至门,谓吏曰:"我是李府君亲。"既通,前坐。元礼问曰:"君与仆[⑤]有何亲?"对曰:"昔先君仲尼与君先人伯阳有师资之尊[⑥],是仆与君奕[⑦]世为通好也。"元礼及宾客莫不奇之。太中大夫陈韪[⑧]后至,人以其语语[⑨]之,韪曰:"小时了了[⑩],大未必佳。"文举曰:"想君小时,必当了了。"韪大踧踖[⑪]。

【注解】

①孔文举:孔融。汉末文学家。②洛:东汉京城洛阳。③李元礼:汉桓帝时任司隶校尉(监管京师官吏),名望极高。④诣:前往。隽(jùn)才:俊才。清称:有清高称誉者。中表:指表亲关系,这里泛指亲戚。⑤仆:自谦称。⑥先君仲尼:孔融因姓孔,所以称孔子为先君。伯阳:先秦老子姓李,名耳,字伯阳。孔子曾向老子请教过古礼,构成师生之交。孔融即依此与李元礼拉上类似的关系。⑦奕(yì)世:累代。⑧太中大夫:掌握议论的官员。韪(wěi)。⑨语:告诉。⑩了了:聪明。⑪踧踖(cù jí):局促不安状。

这则笔记选自《世说新语》。作者为南朝宋刘义庆。他是宋武帝刘裕的侄子,袭封临川王。《世说新语》可以说是魏晋时期志人小说的代表作。主要记载汉末到东晋的遗闻逸事。全书分德行、言语、政事、文学、方正、雅量等三十六类。此外,刘义庆还撰有《宣验记》、《幽明录》等。

庾公乘马有的卢

庾公乘马有的卢①,或②语令卖去。庾云:"卖之必有买者,即复害其生。宁可不安己而移于人哉?昔孙叔敖③杀双头蛇,以为后人,古之美谈,效之,不亦达乎?"

【注解】

①庾公:即庾亮,字元规,东晋鄢陵(今河南省鄢陵县)人。领江、荆、豫三州刺史。致力于恢复中原,号"征西将军"。的卢:一种凶马。《相马经》说,马白额入口至齿者名"的卢"。仆人乘它会客死他乡,主人乘它会被杀头,这是一种迷信的说法。②或:有人。③孙叔敖:春秋时楚国令伊,辅佐楚庄王称霸诸侯。他小时候遇到一条两头蛇。据说看见两头蛇的人会很快死掉。他回家哭着告诉了母亲。母亲问他蛇在哪里?他说:"为了不让别人再看见它,我就把蛇杀死埋掉了。"母亲说:"你有这样的好心,就不必担忧了。"

这则笔记选自《世说新语》。

邓艾口吃

邓艾[①]口吃，语称“艾……艾”。晋文王[②]戏之曰：“卿[③]云‘艾……艾’，定是几艾？”对曰：“‘凤兮、凤兮’，故是一凤。”[④]

【注解】

①邓艾：字士载，三国魏末棘阳(今河南南阳)人。曾任尚书郎等职。因口吃常重复“艾”字，常说“期期艾艾”就来源于此。②晋文王：即司马昭，司马懿次子。他的儿子司马炎篡魏称帝，建立晋朝后称他为文帝。③卿：君称臣。④凤兮句：出自《论语》。邓艾自我解嘲说，凤啊，凤啊，本来是说一个凤，我说艾、艾，本来也是说一个艾。

这则笔记选自《世说新语》。

管、华绝交

管宁、华歆[①]共园中锄菜。见地有片金，管挥锄与瓦石不异，华捉[②]而掷去之。

又尝同席[③]读书，有乘轩冕[④]过门者，宁读如故，歆废书[⑤]出观。宁割席分坐，曰：“子非吾友也。”

【注解】

①管宁：汉末隐士。华歆(xīn)：汉献帝时任尚书令，曹魏时官至太尉。②捉：拿。③同席：古人席地而坐。同席是两人同坐一张席子。④乘轩冕：坐着有围盖的车，穿着礼服的官员。⑤废书：停止读书。

这则笔记选自《世说新语》。

富不易妻

太宗谓尉迟[①]公曰："朕[②]将嫁女与卿，称意否？"敬德谢曰："臣妇虽鄙陋，亦不失夫妻情。臣每闻说古人语：'富不易[③]妻，仁也。'臣窃慕[④]之，愿停圣恩。"叩头固让[⑤]。帝嘉[⑥]而止之。

【注解】

①尉迟：尉迟敬德。②朕(zhèn)：皇帝自称。③易：指离异，另娶。④窃慕：心中仰慕。⑤固让：坚决推辞。⑥嘉：赞扬。

这则笔记选自《隋唐嘉话》。唐代刘悚(sù)撰。此书主要记载隋文帝至唐玄宗开元期间逸事。

身死而法不可改

徐大理[①]有功，每见武后[②]将杀人，必据法廷争。尝与后反复[③]，辞色愈历，后大怒，令拽[④]出斩之，犹回顾曰："臣身虽死，法终不可改。"至市[⑤]临刑得免，除名为庶人[⑥]。如是再三，终不挫折，朝廷倚赖，至今犹怀之。

【注解】

①徐大理：徐有功，唐初人，武则天执政时任大理寺卿(最高法官)。②后：武则天。③反复：经常争辩。④拽(zhuài)：拉。⑤市：集市，古代在闹市行刑。⑥庶人：平民。

这则笔记亦选自《隋唐嘉话》。

王积薪闻棋

王积薪[①]棋术功成，自谓天下无敌。将游京师[②]，宿于逆旅[③]。既灭烛，闻主人媪[④]隔壁呼其妇曰:“良宵难遣,可棋一局乎?”妇曰:“诺。”媪曰:“第几道下子矣。”妇曰:“第几道下子矣。”各言数十。媪曰:“尔败矣。”妇曰:“伏局[⑤]。”积薪暗记,明日复其势,意思皆所不及也[⑥]。

【注解】

①王积薪:是唐代下围棋的高手。②京师:唐都长安。③逆旅:客店。④媪(ǎo):老妇。是下文妇的婆母。⑤伏局:认输。⑥“意思”句:虽是虚设棋盘,但下子的用意十分奇妙,自愧不如。

这则笔记选自唐李肇写的《唐国史补》。作者在自序中说明他取材的标准:“言报应,叙鬼神,征梦卜,近帷箔(男女私情),悉去之;纪事实,探物理,辨疑惑,示劝诫,采风俗,助谈笑,则书之。”

武则天读檄

骆宾王为徐敬业作檄[①],极疏大周[②]过恶。则天览及“蛾眉不肯让人,狐媚偏能惑主”,微笑而已。至“一抔[③]之土未干,六尺之孤安在”,不悦曰:“宰相何得失如此人!”[④]

【注解】

①骆宾王:唐初文学家。随徐敬业起兵反对武则天,失败后下落不明。徐敬业:即李敬业,曾任太仆少卿,后在扬州起兵反对武则天临朝,兵败被部下所杀。檄(xí):用于声讨的文书。②大周:武则天改国号为周。③抔(póu):捧。土:指高宗坟墓。④末句:宰相怎么能失去这样有才能的人,以至让他反叛于我!

这则笔记选自《酉阳杂俎》。唐代段成式撰。这是一本包罗万象的书,涉及仙佛怪异等多方面的琐事。

谭生刺重色

真娘者,吴国[①]之佳人也,时人比于苏小小[②],死葬吴宫之侧。行客感其华丽,竞为诗题于墓树,栉比鳞臻[③]。有举子[④]谭铢者,吴门[⑤]秀逸之士也,因书绝句以贻后之来者。睹其题处,经游之者稍息笔矣。诗曰:“武丘山下冢[⑥]累累,松柏萧条尽可悲。何事世人偏重色,真娘墓上独题诗。”

【注解】

① 吴国:今江苏南部一带。②苏小小:南朝齐钱塘(今杭州)名妓。③栉(zhì)比鳞臻:形容墓树上题诗之多。栉比,像梳子齿那样密密排列。④举子:参加进士考试的士人。⑤吴门:苏州的别称。⑥冢(zhǒng):坟墓。

这则笔记选自唐代范摅(shū)写的《云溪友议》。主要记载中晚唐诗人间的唱和与逸事。

虐吏崔弘度

崔弘度[①],隋文时为太仆卿[②],尝戒左右曰:“无得诳我[③]!”后因食鳖[④],问侍者曰:“美乎?”曰:“美。”弘度曰:“汝不食[⑤],安知其美!”皆杖[⑥]焉。长安为之语曰:“宁饮三斗醋,不见崔弘度;宁茹三年艾[⑦],不逢屈突盖[⑧]。”盖,同时虐吏也。

【注解】

①崔弘度:北周时官至上柱国,入隋继续为官。为人酷虐。②隋文:隋文帝杨坚。太仆卿:管理皇帝车马的官员。③无得诳(kuáng)我:不许欺骗我。④鳖:甲鱼。⑤食:指偷食。⑥杖:用棍棒责打。⑦茹:吃。艾:艾草。⑧屈突盖:姓屈突,名盖。初唐时为长安令,也是个酷吏。

这则笔记选自唐代冯翊(yì)子编撰的《桂苑丛谈》。主要记载在野者的趣闻逸事,涉及鬼神方面的居多。

王勃展才

王勃著《滕王阁序》[①],时年十四。都督阎公不之信[②],勃虽在座,而阎公意属子婿孟学士者为之,已宿构[③]矣。及以纸笔巡让[④]宾客,勃不辞让。公大怒,拂衣而起;专令人伺[⑤]其下笔。第一报云:"南昌故郡,洪都新府。"公曰:"亦是老先生常谈!"又报云:"星分翼轸,地接衡庐。"[⑥]公闻之,沉吟不言。又云:"落霞与孤鹜[⑦]齐飞,秋水共长天一色。"公矍然[⑧]而起曰:"此真天才,当垂不朽矣。"遂亟[⑨]请宴所,极欢而罢。

【注解】

①王勃:初唐诗人,少年得志。他在探望被贬的父亲路经洪州(治所在今南昌)时,正赶上都督阎某在滕王阁举行盛会,王勃赴宴,提笔立就,写成著名的《滕王阁序》。②不之信:不信之。③宿构:阎某让女婿事先写好文章想在宴会上出风头,露一手。④巡让:阎公故作姿态,轮番请宾客当场写诗文。⑤伺:等待。阎公派人等王勃下笔,写一句,报一句。⑥星分翼轸,地接衡庐:洪州的地理位置像是把天上的翼、轸(zhěn)两个星宿(xiù)分开,它的地域连接着衡山和庐山。⑦鹜:野鸭。⑧矍(júe)然:惊异。⑨亟:急。

这则笔记选自五代时王定保写的《唐摭言》。这是一本记叙唐代科举制度和文人墨客们闲情逸致的书。作者为唐末进士。

摩顶松

唐初有僧玄奘[①]往西域取经,一去十七年。始去之日[②],于齐州[③]灵严寺院,有松一本[④]立于庭,奘以手摩其枝曰:"吾西去求佛教,汝可西长;若归,即此枝东向:使吾门人弟子知之。"及去,其枝年年西指,约长数丈。一年忽东向指,门人弟子曰:"教主归矣。"乃西迎之。奘果还归,得佛经六百部。至今众谓之"摩顶[⑤]松"。

【注解】

①玄奘:唐代高僧,通称"三藏法师",人称"唐僧",俗名陈祎(huī),洛州

缑(gōu)氏(今河南省偃师县)人。旅行家,佛经翻译家。著有《大唐西域记》。他去印度学佛取经的故事被编成神话小说《西游记》。②始去之日:临行那天。③齐州:今济南。④一本:一棵。⑤摩顶:僧人授法或收徒时用手抚摩头顶的礼仪。

这则笔记选自唐人李冗编撰的《独异志》。这是一本兼收志怪、志人的笔记小说集,对唐代流传的奇闻逸事也多有记载。这个故事也见于《太平广记》,还说唐僧到了西域一个国家,碰到虎狼当道 ,无法前行,忽遇一个满头疮痍的老僧,口授唐僧《多心经》一卷,令唐僧诵念,果然“山川平易,道路开辟,虎豹藏形,魔鬼潜迹。遂至佛国,取经六百余部而归。其中《多心经》至今诵之”。

画 工

唐进士赵颜,于画工处得一软障[①],图一妇人甚丽。颜谓画工曰:“世无其人也,如何令生,某愿纳为妻。”画工曰:“余神画也,此亦有名,曰:真真。呼其名百日,昼夜不歇,即必应之。应,则以百家彩灰酒灌之,必活。”

颜如其言,遂呼之百日,昼夜不止。乃应曰:“诺。”急以百家彩灰酒[②]灌,遂活。下步[③]言笑,饮食如常。曰:“谢君召妾,妾愿事箕帚[④]。”终岁[⑤],生一儿。儿年两岁,友人曰:“此妖也,必与君为患!余有神剑,可斩之。”其夕,乃遗颜剑。剑才及颜室,真真乃泣曰:“妾,南岳地仙也[⑥],无何[⑦]为人画妾之形,君又呼妾名,既不夺[⑧]君愿。君今疑妾,妾不可住。”言讫,携其子却上软障,呕出先所饮百家彩灰酒。睹其障,唯添一孩子,皆是画焉。

【注解】

① 软障:布做的屏障。②彩灰酒:疑为用各家收集起来的丝织品烧成灰后配成的酒。③下步:从软障上走下来。④箕帚:本文指妻子应该做的家务琐事。⑤终岁:一年过完。⑥南岳:衡山。地仙:传说住在地上洞府里的神仙。⑦无何:无缘无故。⑧不夺:没有违背。

这则笔记选自唐人辑的《闻奇录》,收入《太平广记》“幻术”里。作者不详。

石 桥

赵州石桥[1]甚工,磨垅密致,如削焉。望之如初月出云,长虹饮涧。上有勾栏[2],皆石也。勾栏并为石狮子。龙朔[3]年中,高丽谍者[4]盗二狮子去,后复募匠修之,莫能相类者。至天后大足[5]年,默啜[6]破赵、定州,贼欲南过,至石桥,马跪地不进,但见一青龙卧桥上,奋迅而怒,贼乃遁去。

【注解】

①石桥:即赵州桥,位于今河北省赵县洨(xiáo)水之上,是我国最早的石拱桥。比欧洲同类桥早了1200多年。由隋代著名工匠李春设计。②勾栏:栏杆。③龙朔:唐高宗帝号。④高丽谍者:朝鲜侦探。当时唐与高丽正在作战。⑤大足:周武则天年号。⑥默啜(chuò):唐时突厥主。曾入侵攻破赵州、定州。

这则笔记选自唐人张鷟(zhuó)的笔记小说集《朝野佥载》。也载于《太平广记》"石类"。

卖油翁

陈康肃公尧咨[1]善射,当世无双,公亦以此自矜。尝射于家圃[2],有卖油翁释担而立睨之[3],久而不去。见其发矢,十中八九,但微颔之[4]。康肃问曰:"汝亦知射乎?吾射不亦精乎?"翁曰:"无他,但手熟耳。"康肃忿然曰:"尔安敢轻吾射?"翁曰:"以我酌油知之。"乃取一葫芦,置于地,以钱复其口,徐以杓酌油沥之[5],自钱孔入,而钱不湿。因曰:"我亦无他,惟手熟耳。"康肃笑而遣之。

此与庄生所谓解牛斫轮[6]者何异!

【注解】

① 陈康肃公尧咨:陈尧咨,谥号康肃。北宋初期人。②家圃:圃本意菜园,这里指射箭的场地。③释担:放下担子。睨(nì):斜着眼看。④但:仅仅。颔(hàn):点头。⑤徐:慢慢地。杓(sháo):勺子。沥:注入。⑥解牛斫(zhuó)轮:这两个短语都出自《庄子》。解牛是说在屠夫眼里,牛不过是由几部分组成

的，顺着一定纹理去宰，便游刃有余。斫轮是说一个善于制作车轮的木匠，他削砍的辐条与轮子的比例是分毫不差的。这都是技术熟练的结果。

这则笔记选自宋代欧阳修写的《归田录》。内容多为作者所见所闻的士大夫轶事。

三 上

钱思公①虽生长富贵，而少所嗜好。在西洛②时，尝与僚属言：平生惟好读书，坐则读经史，卧则读小说，上厕则阅小辞③，盖未尝顷刻释卷也。谢希深④亦言，宋公垂⑤同在史院，每走厕，必挟⑥书以往，讽诵之声，琅然闻于远近，其笃学⑦如此。余因谓希深曰："余平生所作文章，多在三上，乃马上、枕上、厕上也。盖惟此犹可以属思尔⑧。"

【注解】

①钱思公：字希圣，吴越王钱俶之子。②西洛：洛阳。③小辞：民间曲子词。"辞"通"词"。④⑤谢希深和宋公垂：都是欧阳修友人。⑥挟(xi é)：用胳膊夹着。⑦笃学：好学。⑻属思：构思。尔：罢了。

这则笔记也选自欧阳修《归田录》。

承天寺夜游

元丰六年①十月十二日，夜，解衣欲睡。月色入户，欣然起行。念无与乐者，遂至承天寺寻张怀民②。怀民亦未寝，相与步于中庭。庭下如积水空明，水中藻荇③交横，盖竹柏影也。何夜无月？何处无竹柏？但少闲人④如吾两人耳。

【注解】

①元丰：宋神宗年号。六年：公元 1083 年。②张怀民：苏轼友人。③藻荇(xing)：两种水草，叶浮水面。④闲人：当时苏轼被贬，无事可做，自称闲人。

这则笔记选自北宋大文学家苏轼的《东坡志林》。

鹦鹉还巢

一巨商姓段者，蓄一鹦鹉，甚慧，能诵《陇客诗》及李白《宫词》、《心经》[①]。每客至，则呼茶，问客人安否，寒暄。主人惜之，加意笼豢[②]。一旦，段生以事系狱[③]，半年方得释。到家，就笼与语曰："鹦哥，我自狱中半年不能出，日夕惟只忆汝，汝还安否？家人喂饮，无失时否？"鹦鹉语曰："汝在禁数月，不堪，不异鹦哥笼闭岁久？"其商大感泣，遂许之曰："吾当亲送汝归。"乃特具车马，携至秦陇[④]，揭笼泣放，祝之曰："汝却还旧巢，好自随意。"其鹦哥整羽徘徊，似不忍去。后闻常止巢于官道陇树之末[⑤]，凡吴[⑥]商驱车入秦者，鸣于巢外，问曰："客还，见我段二郎安否？"悲鸣祝曰："若见时，为道鹦哥甚忆二郎。"

余得其事于高虞晋叔[⑦]，事在熙宁[⑧]六七年间。

【注解】

①《心经》：佛典名，即《般若波罗蜜多心经》。②豢(huàn)：喂养。③以事系狱：因犯罪而入狱。④秦陇：指秦岭以北平原地带。⑤陇树：田中高处的树。末：枝头。⑥吴：指今苏南一带。⑦高虞晋叔：当时名人。⑧熙宁：宋神宗年号。

这则笔记选自宋代文莹的《玉壶清话》。作者为僧人，留心世务，著有《湘山野录》。

活 板

板印[①]书籍，唐人尚未盛为之。自冯瀛王始印五经[②]，已后[③]典籍皆为板本。庆历[④]中有布衣[⑤]毕昇，又为活板[⑥]。其法：用胶泥刻字，薄如钱唇[⑦]，每字为一印，火烧令坚。先设一铁板，其上以松脂、蜡和纸灰之类冒之。欲印，则以一铁范[⑧]置铁板上，乃密布字印。满铁范为一板，持就火炀[⑨]之；药稍熔，则以一平板按其面，则字平如砥[10]。若止印三二本，未为简易；若印数十百千本，则极为神速。

常作二铁板，一板印刷，一板已自布字，此印者才毕，则第二板已具，更互用之，瞬息可就。每一字皆有数印，如"之"、"也"等字，每字有二十余印，以备一板内有重复者。不用则以纸贴之，每韵为一贴，木格贮之。有奇字[11]素无备者，旋[12]刻之，以草火烧，瞬息可成。

不以木为之者，文理有疏密，沾水则高下不平，兼与药[13]相粘不可取；不若燔土[14]，用讫，再火令药熔，以手拂之，其印自落，殊不沾污。

昇死，其印为予群从[15]所得，至今宝藏。

【注解】

①板印：雕版印刷。即每印一页书，要雕制一块木版。这种技术始创于隋。到了北宋庆历年间由毕昇发明的活字印刷字模，是我国古代关于印刷术的重大科技成果。②冯瀛王：冯道。五经：指《诗》、《书》、《易》、《礼》、《春秋》五部儒家经典。③已后：以后。④庆历：宋仁宗年号。⑤布衣：平民。⑥活板：活字板。⑦钱唇：铜钱的边缘。⑧铁范：铁制框子。⑨炀(yáng)：烘烤。⑩砥(dǐ)：磨刀石。⑪奇字：冷生字。⑫旋：立即。⑬药：指松脂、蜡之类。⑭燔(fán)土：指用火烧成的胶泥字模。⑮群从：同族兄弟子侄们。

这则笔记选自《梦溪笔谈》。作者沈括，北宋钱塘(今杭州)人。著名科学家和政治家。一生从事多种社会活动，致力于自然科学，在天象、地质、数学、物理等方面都有一定的研究和发现。晚年定居润州(今江苏省镇江)梦溪园。书中记载了他的生平所见和科研成果。

物破自有时

韩魏公知北都[1]，有中外亲[2]献玉盏一只，云耕者入坏冢[3]而得，表里无纤瑕[4]可指，真绝宝也。公以百金答之，尤为宝玩。乃开醇[5]召漕使[6]显官，特设一卓[7]，覆以绣衣，致玉盏其上，且将用之将酒[8]，遍劝坐客。俄为吏将[9]误触台倒，玉盏俱碎，坐客皆愕然，吏将伏地待罪。公神色不动，笑谓坐客曰："物破亦自有时。"谓吏将曰："汝误也，非故也，何罪之有？"公之量宽大重厚如此。

【注解】

①韩魏公:韩琦,北宋大臣,封魏国公。知北都:任并州(今太原一带)知州。②中外亲:中表兄弟。③冢(zhǒng):坟墓。④纤瑕:小斑点。⑤醇:美酒。⑥漕(cáo)使:负责水运的官员。⑦卓:同"桌"。⑧将酒:进酒。⑨俄:过了一会儿。吏将:差役人员中的统领。

这则笔记选自北宋彭乘写的《墨客挥犀》。主要辑录北宋的遗闻轶事和诗话评论。

王祚问寿

祚[①]居富贵久,奉养奢侈,所不足者未知年寿耳。一日,居洛阳里第,闻有卜者,令人呼之,乃瞽者[②]也。密问老兵云:"何人呼我?"曰:"王相公父也。贵极富溢,所不知者寿也。今以告汝,俟出当厚以卦钱相酬。"[③]既见祚,令布卦成[④],又推命[⑤],大惊曰:"此命惟有寿也!"祚喜问曰:"能至七十否?"瞽曰:"更向上!"问:"能至八十否?"又大笑曰:"更向上!"曰:"能至百岁否?"又叹息曰:"此命至少亦须一百三四十岁!"祚大喜曰:"其间莫有疾病否?"其人细数之曰:"俱无。只是近一百二十岁之年,春夏间微苦脏腑[⑥],寻[⑦]便安愈矣。"祚回顾子孙在后侍立者曰:"儿孙辈切记之,是年且莫教我吃冷汤水。"

【注解】

①王祚(zuò):五代时人,入宋后任司空,晚年退居洛阳。②瞽者:盲人。③意思是:此公极富,等你算完卦出来要多拿赏钱报答我。④布卦成:摆卦毕。⑤推命:根据生辰八字推断命运。⑥微苦脏腑:肠胃稍有不适。⑦寻:不久。

这则笔记选自《默记》。作者为北宋南宋之际人王铚(zhì),自号汝阴老民。高宗绍兴初年权理翰林院编修。熟悉史事,著有《雪溪集》等。

文选

国初尚《文选》[①]，当时文人专意此书，故草[②]必称“王孙”，梅必称“驿使”，月必称“望舒”，山水必称“清晖”。至庆历[③]后，恶其陈腐，诸作者始一洗之。方其盛时，士子至为之语曰：“文选烂，秀才半。”建炎[④]以来，尚苏氏[⑤]文章，学者翕然[⑥]从之，而蜀士尤盛。亦有语曰：“苏文熟，吃羊肉；苏文生，吃菜羹。”

【注解】

① 国初：指宋代初年。尚：崇尚。《文选》：指南朝梁代萧统编的《昭明文选》，是当时士子追求功名必读的写作范文。②“故草”以下四句是当时文人写作中普遍的现象。③庆历：宋仁宗年号。④建炎：宋高宗年号。⑤苏氏文章：指苏洵、苏轼、苏辙的文章。蜀：泛指四川。“三苏”是四川眉山人。⑥翕(xī)然：一致。

这则笔记选自南宋著名爱国诗人陆游写的《老学庵笔记》。“老学庵”是其书斋的名字。此书是作者晚年退居家乡时所作，内容多为南宋逸事。

东坡教人作文写字

葛延之在儋耳[①]，从东坡游，甚熟。坡尝教之作文字云：“譬如市上店肆，诸物无种不有，却有一物可以摄得[②]，曰钱而已。莫易得者是物，莫难得者是钱。今文章，词藻、事实，乃市诸物也；意者，钱也。为文若能立意，则古今所有，翕然并起[③]，皆赴吾用。汝若晓得此，便会做文字也。

又尝教之学书云：“世人写字，能大不能小，能小不能大。我则不然。胸中有个天来大字，世间纵有极大字，焉能过此！从吾胸中天大字流出，则或大或小，唯吾所用。若能了[④]此，便会作字也。

【注解】

①儋(dān)耳：即儋州。②摄得：取得。③翕(xī)然：盛多。并起：从心头涌起。④了：明白。

这则笔记选自南宋费衮(gǔn)写的《梁溪漫志》。主要记叙南宋朝廷典章及文坛逸事。梁溪在作者家乡无锡西南故以名书。

末世风俗

王荆公论末世风俗云[①]:"贤者不得行道[②],不肖[③]者得行无道;贱者不得行礼[④],贵者得行无礼。"其论精矣。嗟夫!荆公生于本朝极盛之时,犹有此叹,况愈降愈下乎!

【注解】

①王荆公:王安石,封荆国公。末世:指封建王朝衰落时期。②道:王安石的政治主张。③不肖:不贤。④贱者:不在位的无权者。礼:礼法。

这则笔记选自南宋罗大经撰的《鹤林玉露》。该书内容比较丰富,抒情议事,借题发挥。作者自序说,闲居无事,与门客清谈于鹤林(寺观);又,杜甫有"清谈玉露蕃"之句,故将所谈记录成书,命名为《鹤林玉露》。玉露,形容秋露莹洁如玉。

画 意

徽庙试画工以"万绿枝头红一点,动人春色不须多"为意[①]。众皆妆点花卉,唯一工于屋楼缥缈[②]、绿杨隐映中,画一妇人凭栏立,众工遂服。

【注解】

① 徽庙:指宋徽宗赵佶。庙,已死皇帝的代称。试画工:北宋初年,设翰林图画院,用考画方法取士,考题多是一两句诗,令画工画出诗的意境。②缥缈:隐隐约约、若有若无状。

这则笔记选自南宋俞文豹写的《吹剑录》。书中多为史事、诗文评论,对南宋的黑暗政治也有所揭露。

斗牛图

马正惠公尝珍其所藏戴嵩《斗牛图》①,暇日展曝②于厅前。有输租氓③见而窃笑,公疑之,问其故。对曰:"农④非知画,乃识真牛。方其斗时,夹尾于髀⑤间,虽壮夫膂力不能出之⑥,此图皆举其尾,似不类⑦矣。"公为之叹服。

【注解】

①马正惠公:马知节,北宋人,谥号正惠。戴嵩:唐代名画家。②曝(pù):晒。③输租氓(méng):交租的农民。④农:我的意思。⑤髀(bì):大腿。⑥膂(lǚ)力:体力。出之:揪出尾巴。⑦不类:不像。

这则笔记选自南宋曾敏行撰写的《独醒杂志》。本书内容多为宋代历史旧闻,间及杂事。

黄道婆

闽、广多种木棉①,纺绩为布,名曰"吉贝"。②松江府③东去五十里许,曰乌泥泾④,其地土田硗瘠⑤,民食不给,因谋树艺⑥,以资生业⑦,遂觅种于彼。初无踏车、椎弓之制⑧,率用手剖去子⑨,线弦竹弧置案间,振掉成剂⑩,厥⑪功甚艰。

国初时⑫,有一妪⑬名黄道婆者,自崖州⑭来,乃教以做造捍⑮、弹、纺织之具,至于错纱配色⑯,综线挈花⑰,各有其法。以故织成被、褥、带、帨⑱,其上折枝、团凤、棋局、字样,粲然若写⑲。人既受教,竞相作为,转货⑳他郡,家既就殷㉑。

未几㉒,妪卒,莫不感恩洒泣而共葬之,又为立祠,岁时享之㉓。越三十年,祠毁,乡人赵愚轩重立。今祠重毁,无人为之创建。道婆之名,日见泯灭无闻矣。

【注解】

⑴闽、广:今福建、两广一带。木棉:木本植物,其棉絮可作填充物。②吉贝:从唐代起,印度的草棉传入中国,南宋时开始生产棉布,广东最先发展。这种棉布叫"吉贝"。③松江府:今上海吴淞江以南地区。④乌泥泾(jīng):今上海

西南曹行乡。⑤硗(qiāo)瘠:土地瘠薄,不宜种粮。⑥树艺:种植(棉花)。⑦生业:谋生。⑧踏车:轧棉机。椎弓:椎子和弓,弹花工具。⑨率:大都。剖(pōu):破开,去掉棉子。⑩剂:指去子后可供纺纱的棉花。⑪厥(jué):其。⑫国初:指元初。⑬妪(yù):老妇。⑭崖州:今海南岛崖县一带。⑮造捍:用铁棍轧去棉子。⑯错纱配色:用彩色纱线交织成纹理。⑰挈(qiè)花:用纱线编织成提花。⑱帨(shuì):手帕。⑲折枝:一枝枝花朵。团凤:圆形凤凰图案。棋局:方格形图案。粲然:鲜明。写:画。⑳货:贩运。㉑就殷:走向富裕。㉒未几:不久。㉓岁时享之:每逢年节都要受到祭祀。

这则笔记选自《南村辍耕录》。作者陶宗仪,字九成,号南村。浙江黄岩人。元末明初文学家、史学家。书中记载了许多元代的典章、文物和掌故,对文学、艺术也多有论及。相传他常在树荫下用树叶作笔记,十年间积满十几盆,整理成《辍耕录》。

刚峰宦囊

都御史刚峰海公①,卒于官舍,同乡宦南京者惟户部苏民怀一人。苏检点其宦囊②,竹笼中俸金八两,葛布一端③,旧衣数件而已。如此都御史那可多得!王司寇④凤洲评之云:"不怕死,不爱钱,不立党。"此九字断尽海公生平,即千万言谀之,能加于此评乎!

【注解】

①都御使刚峰海公:海瑞,字汝贤,号刚峰,明嘉靖举人,先后任南京吏部右侍郎和南京右佥都御史(都察院长官),任内直言敢谏,力主革除积弊,严惩贪污,是中国历史上有名的清官。②宦囊:做官积蓄。③葛布一端:葛麻布一块,端,两丈。④司寇:古代刑狱之官。王司寇,王凤洲,官至南京刑部尚书。

这则笔记选自明代周晖撰的《金陵琐事》。此书是作者在金陵的所见所闻,有一定的史料价值。

李自成入京前夕

崇祯末年[①],北京人有只图今日、不过明朝之意。贫富贵贱,各自为心。每云:“流贼[②]到门,我即开门请进。”不独私有其意,而且公有其言,已成崩解之势矣。午未之间[③],大兵[④]入京,都城戒严。上发内帑[⑤]钱数万,命诸营千总[⑥]每人领钱几千,分授守城兵,每兵二十钱。兵领出以指弹钱曰:“皇帝要性命,令我辈守城。此钱止可买五六烧饼而已。”既而内不发钱,使京中富家出钱养兵。如百金之家,出银五钱,即妓家亦出五钱……以故人心益离,而事自坏,谓皇帝欲守天下,而征及妓银。时事可知矣。

【注解】

①崇祯:明思宗朱由检年号。末年:公元 1644 年。 ②流贼:对李自成起义军的诬称。 ③午未之间:即崇祯十五年和十六年(1642—1643)。 ④大兵:指明王朝为防御清兵调集的各路军队。此时主要对付起义军。 ⑤内帑(tǎng):皇帝的私人银库。 ⑥千总:军官名。

这则笔记选自明代计六奇写的《明季北略》。书中保存了明末农民战争和明室灭亡的许多史料。

地 震

康熙七年六月十七日戌刻[①],地大震。余适客稷下[②],方与表兄李笃之对烛饮。忽闻有声如雷,自东南来,向西北去。众骇异,不解其故。俄而[③]几案摆簸,酒杯倾覆;屋梁椽柱,错折[④]有声。相顾失色。久之,方知地震,各疾趋出。见楼阁房舍,仆而复起;墙倾屋塌之声,与儿啼女号,喧如鼎沸。人眩晕不能立,坐地上,随地转侧。河水倾波丈余,鸡鸣犬吠满城中。逾一时许,始稍定。视街上,则男女裸聚[⑤],竞相告语,并忘其未衣也。后闻某处井倾仄[⑥],不可汲[⑦];某家楼台南北易向[⑧];栖霞[⑨]山裂;沂水[⑩]陷穴,广数亩。此真非常之奇变也。

【注解】

①康熙七年:公元1668年。戌刻:下午七至九时。②适:正好。稷(jì)下:古地名,在今山东临淄北。③俄而:一会儿。④错折:折断。⑤裸聚:赤着身子聚在一起。⑥仄:同侧。⑦汲:从井里取水。⑧易向:变了方向。⑨栖霞:县名,在山东省东部。⑩沂水:即沂河,山东省南部。

这则笔记选自《聊斋志异》。作者蒲松龄,字留仙,别号柳泉居士,山东淄川(今淄博市)人。少有文名,屡试不第,71岁时才授为贡生。一生穷愁潦倒。著作甚多。

曹竹虚族兄

曹司农[1]竹虚言。其族兄自歙[2]往扬州,途经友人家。时盛夏,延坐书屋,甚轩爽[3],暮欲下榻其中。友人曰:"是有魅,夜不可居!"曹强居之。

夜半,有物自门隙蠕蠕[4]入,薄如夹纸,入室后,渐开展作人形,乃女子也。曹殊不畏。忽披发吐舌,作缢鬼[5]状。曹笑曰:"犹是发,但稍乱;犹是舌,但稍长。亦何足畏!"

忽自摘其首置案上。曹又笑曰:"有首尚不足畏,况无首耶?"鬼技穷,倏然[6]灭。

及归途再宿,夜半,门隙又蠕动。甫[7]露其首,辄唾曰:"又此败兴物耶!"竟不入。

【注解】

①司农:掌管税收等事的官。②歙(shè):歙县,在今安徽省。③轩爽:高敞清爽。④蠕蠕(rú):慢慢爬动。⑤缢鬼:上吊死状。⑥倏(shū)然:迅速。⑦甫:刚刚。

这则笔记选自《阅微草堂笔记》。作者纪昀,字晓岚。乾隆进士,清代学者、文学家。直隶献县(今河北省)人。官至礼部尚书。曾任四库全书馆总纂官。

明日歌

后生家每临事，辄曰："吾不会做。"此大谬也。不做则安能会耶？

又，做一事辄曰："且待明日。"此亦大谬矣。凡事要做则做，若一味因循，大误终身。家鹤滩先生[1]有《明日歌》最妙，附记于此："明日复明日，明日何其多？我生待明日，万事成蹉跎[2]。世人若被明日累，春去秋来老将至。朝看水东流，暮看日西坠。百年[3]明日能几何？请君听我《明日歌》。"

【注解】

①家鹤滩先生：家，我家。古时同姓称吾家。即钱鹤滩。据考证，《明日歌》系明代人文嘉所作，钱鹤滩当是抄录者。②蹉跎(cuō tuó)：虚度。③百年：指人的一生。

这则笔记选自清代钱泳写的《履园丛话》。全书分二十三类，对清初史事逸闻、古代书画文物、古迹园林、科第技艺都有所记载。

读书法

读书要有记性，记性难强[1]。要练记性，须用"精熟一部书"之法。不拘大书小书，能将这部烂熟，字字解得道理透明，诸家记[2]俱能辨其是非高下。此一部便是根，可以触悟他书。如领兵十万，一样看待，便不得一兵之力；如交朋友，全无亲疏厚薄，便不得一友之助。领兵必有几百亲丁死士[3]；交友必有一二意气肝胆，便此外皆可得用。何也？我所亲者又有所亲，因类相感，无不通彻。

只是这部书，却要实是纯粹无疵、有体有用[4]之书，方可。倘熟一部没要紧的书，便没用。如领兵，亲待一伙没用的兵，交友，却亲待一伙没用的友，如何联属[5]得他人。若亲待一班作奸犯科[6]及无赖之徒，则更不可问矣。

【注解】

①强：勉强。②诸家记：即各家笺注。③亲丁：关系密切的士兵。死士：敢于死难的壮士。④有体有用：这里指文章的内容和形式都好的书。⑤联属(zhǔ)：连接。⑥作奸犯科：干坏事违法。

作者梁章钜，字闳(hóng)中，号退庵。嘉庆进士，官至江苏巡抚。著述颇丰，本文选自他的笔记丛书《退庵随笔》。

杨公临刑语

杨维斗[①]，为复社巨擘[②]。国变[③]时，匿迹深山，为逻兵[④]缚去，备极惨掠，而仍骂不绝口。裂其襟衫，得血书《绝命词》十二首。志气浩然，拟迹文文山[⑤]。后跋云："后人念我，当思忠孝。"临刑时，仰天长啸，连呼"大明"。头已落地，而"大"字尚有声可听。亦烈矣哉！

【注解】

①杨维斗：杨廷枢，字维斗，明崇祯时乡试第一。清兵入南京后，躲入邓尉山，被捕不屈而死。②复社：明末政治团体。巨擘(bò)：中坚力量。③国变：指1645年清兵攻入南京。④逻兵：巡逻兵。⑤拟迹：效法。文文山：文天祥。

这则笔记选自《三借庐笔谈》。清代邹弢(tāo)著，大约成书于光绪初年。内容多以表彰忠孝节烈为主。

捐　官[①]

松江[②]赵某者，以贩布起家，其后捐一通判[③]。引见[④]时，上问其出身所自，对以向来贩布。

上曰："然则何以捐官？"

对曰："窃[⑤]以做官较贩布生涯好也。"

上怒，即着革职。某愤然，退至礼部[⑥]堂上，大噪索金，曰："现既夺我官，应须还我捐赀[⑦]也。"堂官[⑧]闻之，发所司[⑨]掌嘴五十，笞[⑩]一百逐去。

【注解】

①捐官：清代吏制，除科举选士外，还可以花钱买官。②松江：今上海市松

江县一带。③通判：明清时各府分管粮运、农田水利等事务的官。④引见：新任五品以下的京官、四品以下的外官，委任时要朝见皇帝一次。文官由吏部、武官由兵部引见。⑤窃：谦词，私下以为。⑥礼部：清代中央政府六部之一，掌管礼仪、祭祀等事务。⑦赀（zī）：同“资”。捐官所用的钱。⑧堂官：指礼部尚书。⑨所司：主管刑事的部门。⑩笞（chī）：鞭打。

这则笔记选自《埋忧集》。清末朱梅叔撰。作者终生不仕，满怀幽怨，书中多写自己对现实的不满。

马氏

吾乡居海滨，有时秋潮汛发，漫过石塘，居民顿遭陷溺。马氏者，家有八旬[①]老病父母，一妻二子，务农为活。是年，秋汛甚大，人皆凛凛[②]。一夜，澎湃之声将近，邻里悲号。马氏夫妇议弃二子，各负父母奔高阜[③]，及归，屋与子俱无存，悲不自胜。此年孪生二子，面目与前无异，触动悲思。二子曰：“儿等又来，且为司命易富骨[④]，何伤也？”闻初生儿发言，莫不骇然，后问之不能答矣。及长，果善经营，致巨富。

【注解】

①旬：十岁为一旬。②凛凛：畏惧。③高阜：高处。阜，小山。④司命：主持命运者。易：改换。

这则笔记选自晚清吴炽昌著的《客窗闲话》。作者科场失意，潦倒清贫，愤世嫉俗。本书的序中说：“吴生欲移风易俗而不得其用，托是书以劝善，以惩恶，以示人趋避，既有功于世道人心，当不胫而走天下，是亦名教之一助与！”

大蛇

吾乡城闉[①]有溪水曰藕菱渡，修竹满陂[②]，野花环岸，一寸二寸之鱼，时出没于碧蒲翠藻之间，景甚幽寂。里甲[③]时以尖叉戳鱼捣蛙，供口食。一日午后，正飞叉浅水边，忽一巨蛇由水中跃出，白质黑章[④]，头大如五石瓮[⑤]，朱冠[⑥]翘翘，电眸[⑦]炯炯，口吞舌如朝霞之艳艳，长几三四尺，其身之长不可以丈尺计也，飞行飒然。甲狂奔而蛇首已在其背，甲知不能逃，急跪地叩首，自云知悔，誓不戕[⑧]生命。蛇似解其语，就地盘绕，大可盈二亩地，目光犹注甲，甲欲奔，蛇即起。无如何，惟闭目俯首听之。久之寂然，眸略启，则蛇固乌有也。甲奔回告人，犹战栗不已。

【注解】

①闉(yīn)：古代瓮城的门。②陂(bēi)：池塘。③里甲：明代州县统治的基层单位。一百户为一里，十户为一甲。这里“里甲”指甲的一个负责人。④章：花纹。⑤五石(dàn)瓮：石是古代容量单位。每石120市斤。此处形容蛇头之大。⑥朱冠：蛇头顶上的红斑。⑦电眸：闪亮的眼睛。⑧戕(qiāng)：杀害。

这则笔记选自清末宣鼎所著《夜雨秋灯录》。这是一部折射当时社会现实，极具浪漫主义的“聊斋型”笔记小说集。曾盛极一时。

王羲之遇妪书扇

羲之罢会稽[①]，住蕺(jí)山[②]下，一老妪捉[③]十许六角竹扇出市[④]，王聊[⑤]问一枚几钱？云值二十许。右军取笔书扇，扇为五字，妪大怅惋云：“举家朝餐，惟仰于此，何乃书坏？”王曰：“但言王右军书字，索[⑥]一百。”入市，市人竞市去。妪复以十数扇来请书，王笑不答。

【注解】

①罢：辞去。会稽：会稽内史。内史，官名，掌民权。会稽：郡名，在今浙江绍兴。②蕺山：山名，在会稽。③捉：握。④出市：出卖。⑤聊：姑且。⑥索：求取。

这则笔记选自南朝(宋)虞和的《论书表》。

诗文贵曲

凡作人贵直,而作诗文贵曲。

或问:“诗如何而后可谓之曲?”

余曰:“古诗之曲者,不胜数矣。即如近人王仔园《访友》云:‘乱乌栖定夜三更,楼上银灯一点明,记得到门还不扣,花阴悄听读书声。’此曲也。若到门便扣,则直矣。方蒙章《访友》云:‘轻舟一路绕烟霞,更爱山前满涧花。不为寻君也留住,那知花里即君家。’此曲也。若知是君家,便直矣。宋人《咏梅》云:‘绿杨解语应相笑,洩[①]漏春光恰是谁。’《咏红梅》云:‘牧童睡起朦胧眼,错认桃林欲放牛。’咏梅而想到杨柳之心,牧童之眼,此曲也。若专咏梅花,便直矣。”

【注解】

①洩:同“泄”。

这则笔记选自清代袁枚《随园诗话》。题目是编者加的。《随园诗话》是袁枚最负盛名的著作。袁枚论诗,虽主张他的“性灵说”,但不乏继承与创新。他认为,作文写诗,核心是要有作者的真性情。

第五卷 古代著名寓言

这里选的几十则中国古代著名寓言，是我当中学语文教师及班主任的时候，为提高学生对古典文学的鉴赏能力，并使他们从中受到一定的思想启迪，断断续续在课堂上、班会上讲的。这在教书育人中发挥了一定的作用。

我国的寓言源远流长，几乎在每部经、史、子、集中都有寓言故事的运用。有资料显示，我国古籍中的寓言有数千则之多。大家耳熟能详的《自相矛盾》、《揠苗助长》、《杞人忧天》、《画蛇添足》、《南辕北辙》、《愚公移山》等，至今仍然活跃在人们的说事论理中。有些寓言已演变成了成语，如亡羊补牢、对牛弹琴、曲突徙薪、闻鸡起舞、病入膏肓、空中楼阁等。

寓言属于讽刺文学，是散文的一种。“寓”是寄托的意思，就是把一个深刻的哲理寄托在一个故事中。因此，故事性就成了寓言的第一个特点。虽然故事情节都比较简单，但却结构完整、风趣幽默、引人入胜。如《愚公移山》(《列子·汤问》)这则寓言，在移山的问题上，有人支持，有人反对，有人怀疑。既有家庭矛盾，也有社会矛盾，可谓一波三折。但愚公那种一代接着一代挖山不止的精神，不但反驳了智叟，也感动了天帝。最后，操蛇之神帮助他搬走了太行、王屋两座大山，可谓有志者事竟成。可见愚公并不愚，智叟也不智。又如《螳螂捕蝉》(《说苑·正谏》)，是一连串利害相关的故事。所谓“螳螂捕蝉秋风里，黄雀在后窃自喜”，黄雀也没有想到树下正有人用弹弓瞄准它呢。《鹬蚌相争，渔翁得利》(《战国策·燕策》，也有类似的情节。鹬蚌因为互不相让，争论不休，到头来却便宜了那个渔人，不费吹灰之力就一举两得。故事起伏跌宕，扣人心弦。《屠龙术》(《庄子·杂篇》)可以说是最短的一篇寓言了，全文只有25个字，但故事却非常完整，简直可以改写成一本传记。故事生动地告诉人们，学习是为了应用，如果学了没有实用价值的东西，不但浪费了时间，而且还付出了高昂的代价，岂非得不偿失。

寓言的第二个特点是有一定的时代感。寓言反映的往往是当时社会的主要矛盾或者是人们关注的社会热点，只是没有直接从正面说出来罢了。比如《五十步笑百步》(《孟子·梁惠王上》)。梁惠王问孟子：“我对于人民是非常关心的。哪里有了灾荒，我就把哪里的百姓迁移出来，再把粮食运到哪里。我观察邻国的领导者，没有哪一位能比得上我。可是我的人民并没有因此而增加，邻国的人民也没有因此而减少，这是为什么？”孟子知道，根本原因是各国统治者都没有从根本上减轻老百姓的赋税和徭役，仅凭一点小恩小惠是吸引不来百姓的。但孟子没有这么直说，而是打了一个比喻，他说：“大王喜欢打仗，就以打仗为例吧。战鼓隆隆地响起，双方短兵相接，一方丢盔抛甲后退了。后退了五十步的士兵嘲笑后退了一百步的士兵，怎么样呢？”梁惠王说：“后退五十步与后退一百步都是后退啊。”孟子说：“大王明白了这个道理，就别指望你的百姓会增加了。”以寓言的形式直接鞭挞现实、针砭时弊的，还要数明代的刘基(刘伯温)。他的寓言集《郁离子》几乎每篇都有所指，全面深刻地揭露了元朝末年的暴政。如寓言长诗《二鬼》，矛头直指最高统治者——天帝，指出天帝的昏聩、无能和腐朽。这种敢于犯上作乱的造反精神，无疑对当时的农民起义运动是个很大的鼓舞。又如《卖柑者言》，借卖柑者弄虚作假、欺世盗名的一番话，揭露了那些高高在上的统治者，不管文官还是武将，他们戴着高冠，拖着宽带，气势轩昂，好像国家栋梁，其实都是些昏庸无能之辈，就像他的柑子那样，“金玉其外，败絮其内”罢了。寓言的现实意义就是这样，来自于生活，又直接为一定的生活理念服务。

寓言的第三个特点是采用比喻、拟人等修辞手法，或借物喻人，或借事说理，或借古讽今，以达到对社会上假、恶、丑的批判与嘲讽。如《杨布打狗》(《列子·说符》)，杨布出门时穿着白色衣服，回来时因雨换上了黑色衣服。他家的狗只认衣裳不认人，便对着他咬了起来，杨布很生气，准备要打它。寓言讽刺了那些用一成不变的眼光看人看事的人，他们就像杨布的狗很容易咬错了人一样。《东施效颦》(《庄子·天运》)，写一个丑女，看见美女西施因病捂着胸口，皱着眉头，越发变得好看了。丑女便也捂着胸口，皱着眉头，招摇过市，人们见了都赶紧避开，因为她越发丑得吓人了。寓言尖锐地讽刺了那些既无自知之明，又盲目照搬别人经验的愚蠢之举。再如《井底之蛙》(《庄子·秋水》)，讽喻了那些目光短浅，夜郎自大，满足于井下一点污泥浊水并且津津乐道者。他们没有见过世面，哪里知道世界上还有比井水大得多的江河湖海。寓言《辽东白豕》(《后汉书·朱浮传》)，写一家人家生了一只白头猪，自以为是稀世之宝，决定把它献给皇帝。谁知到了河东这个地方，发现那里的猪全是白头，便沮丧地返了回去。故事讥讽了那些见识短浅、少见多怪的人。

我国的古代寓言中还应提到佛教的《百喻经》，有“东方伊索寓言”之称。由古印度僧伽斯那撰，南齐时由中天竺和尚求那毗地译。每个寓言都是一个比喻，共收寓言故事 98 则，有名的《三重楼喻》、《欲食半饼喻》都出自《百喻经》。《三重楼喻》写一个愚昧的富人，看见别人的三层楼很好，便请来工匠给他盖楼房。工匠开始挖根基，从一楼盖起。富人赶忙阻拦说："我不要一层、二层，只要三层。"工匠无奈，只好走了。成语"空中楼阁"就来源于此。《欲食半饼喻》写一个人饿极了，一连吃了七个煎饼。当他吃到六个半的时候，觉得肚子已经饱了。他后悔地说，早知道这半个饼子就能吃饱，前面那六个半饼就不该买了。我曾用这两个寓言教育学生，学习一定要打好基础。高楼万丈平地起，知识要一点一滴积累。没有一层楼、二层楼，就没有三层楼；没有前面那六个半饼子，仅凭最后的半个饼子，就一定吃不饱肚子。企图一蹴而就，一口吃成一个胖子，都是实现不了的空想。

总之，寓言短小精悍，像一则笑话，又像一幅漫画，使人在一笑之后从中悟出不少做人做事的道理。反面的东西，往往比正面的东西更能使人受益。

揠苗助长

宋人有闵其苗之不长而揠之者①，芒芒然②归，谓其人③曰："今日病④矣！余助苗长矣！"其子趋⑤而往视之，苗则槁⑥矣。

《孟子·公孙丑上》

【注解】

①闵(mǐn)：担心。揠(yà)：拔。②芒芒然：疲劳状。③其人：家人。④病：疲劳。⑤趋：赶紧。⑥槁(gǎo)：枯萎。

【简评】

苗要一天一天长，饭要一口一口吃，知识要一点一点积累。如果急于求成，违背了事物发展从量变到质变的规律，就会受到规律的惩罚，结果只能是欲速不达，适得其反。

学 弈

弈秋①，通国之善弈者也。使弈秋诲二人弈。其一人专心致志，惟弈秋之为听；一人虽听之，一心以为有鸿鹄②将至，思援弓缴③而射之。虽与之俱学，弗若之矣。为[④]是其智弗若与？曰：非然也。

《孟子·告子上》

【注解】

①弈(yì)：下棋。秋：人名。因秋善下棋，所以称弈秋。这是古人称名的习惯。②鸿鹄(hú)：天鹅。③援：引。缴(zhuó)：带有丝绳的箭。④为：同"谓"。

【简评】

寓言用对比的方法说明一个道理：学习任何知识与技艺，并不全是智力问题，而是专心不专心的问题。学习中如果三心二意，分散了注意力，即便是跟着弈秋这样有名的下棋高手也是学不好的。

多言何益

子禽[①]问曰："多言有益乎？"

墨子曰："虾蟆蛙蝇，日夜而鸣，口干舌擗[②]，然而不听。今观晨鸡，时夜[③]而鸣，天下振动。多言何益？唯其言之时[④]也。"

《墨子闲诂·附录》

【注解】

①子禽：墨子的学生。②擗：疲劳。③时夜：司夜。按时鸣叫。④时：切合时机。

【简评】

这则寓言是论述说话多少的。如青蛙日夜鼓噪，使人听得心烦；晨鸡一鸣，就起到了报时的作用。可见话不在多而在精。有人唠叨半天，言不及义；有人言语不多，却都说在了点子上。鲜明的对比，更增强了文章的说服力。

丑妇效颦

西施病心而颦其里[①]。其里之丑人见而美之[②]，归亦捧心而颦其里。其里之富人见之，坚[③]闭门而不出；贫人见之，挈妻子而去之走[④]。

彼知颦美而不知颦之所以美。

《庄子·天运》

【注解】

①西施：春秋时美女。病心：心脏有病。颦(pín)：皱眉。里：乡里。②丑人：后人叫她做东施。美之：认为这样美。③坚：紧。④挈(qiè)：带领。去之：离开她。

【简评】

这则寓言在流传中变成了成语东施效颦。把丑女名之"东施"，可能是为了对比、衬托西施之美吧。东施因为缺乏自知之明，不知道西施之所以美不是因为病心，更不是装腔作势，盲目地去模仿西施的病态美，只能是画虎不成反类犬了。

相呴相濡

泉涸，鱼相与处于陆。相呴[①]以湿，相濡[②]以沫。不若相忘于江湖。

《庄子·大宗师》

【注解】

① 呴(xū)：嘘气。②濡(rú)：润泽。

【简评】

这则寓言原是讽喻贪生怕死者的。现在多用来形容老夫老妻之间互相帮助、互相照顾的情义，所谓"相濡以沫"。

两小儿辩日

孔子东游，见两小儿辩斗。问其故。

一儿曰："我以[①]日始出时去人近，而日中时远也。"一儿以日初出远，而日中时近也。

一儿曰："日初出大如车盖，及[2]日中则如盘盂。此不为远者小而近者大乎？"一儿曰："日初出沧沧凉凉，及其日中如探汤。此不为近者热而远者凉乎？"

孔子不能决也。两小儿笑曰："孰[3]为汝多知乎？"

《列子·汤问》

【注解】

① 以：认为。②及：到。③孰：谁。

【简评】

两小儿辩日之远近，都说得有理有据，究竟谁是谁非，连满腹经纶的孔夫子都决断不了。除了因为古代科技不甚发达之外，也说明学无止境，任何人都不敢以学识渊博自居，骄傲自满。

高山流水

伯牙[1]善鼓琴，钟子期善听。伯牙鼓琴，志在高山，钟子期曰："善哉，峨峨[2]兮若泰山！"志在流水，钟子期曰："善哉，洋洋[3]兮若江河！"伯牙所念，钟子期必得之。

《列子·汤问》

【注解】

①伯牙：古代音乐家。②峨峨：高大。③洋洋：宽广。

【简评】

相传春秋时期俞伯牙善弹琴，钟子期会听琴。伯牙在乐曲中表达的感情和意境，钟子期都能从琴声中听得出来。"知音"一词就来自这里。寓言也说明，一个人能被别人理解不容易，能找到一个志同道合的朋友更不容易。

老马识途

管仲、隰朋从于桓公而伐孤竹[1]，春往冬反，迷惑失道。管仲曰："老马之智可用也。"乃放老马而随之，遂得道。

行山中无水，隰朋曰："蚁冬居山之阳[2]，夏居山之阴[3]，蚁壤一寸而仞有水。"[4]乃掘地，遂得水。

《韩非子·说林上》

【注解】

①管仲、隰(xí)朋：齐桓公时的大臣。孤竹：国名，在今河北省东。②阳：指山南。③阴：指山北。④蚁壤：蚁穴周围高出地面的浮土。若浮土高一寸，下面七八尺处就有水。

【简评】

"老马识途"这个成语通常用来赞扬那些经验丰富的老人。从蚁穴下找到水源，也是一种生活经验。因此，阅历多的老人可以充当我们的生活顾问和向导，也可以为我们运筹帷幄出谋划策。

一鸣惊人

荆庄王[1]立三年，不听而好讔[2]。成公贾入谏。王曰："不谷[3]禁谏者，今子谏何故？"对曰："臣非敢谏也，愿与君主讔也。"王曰："胡不设不谷矣？"对曰："有鸟止于南方之阜[4]，三年不动、不飞、不鸣。是何鸟也？"王射[5]之曰："有鸟止于南方之阜，其三年不动，将以定志意也；其不飞，将以长羽翼也；其不鸣，将以览[6]民则也。是鸟虽无飞，飞将冲天；虽无鸣，鸣将骇人。贾出矣！不谷知之矣。"明日朝，所进者[7]五人，所退者[8]十人。群臣大悦，荆国之众相贺也。

《吕氏春秋·重言》

【注解】

①荆庄王：即楚庄王，春秋五霸之一。这则寓言也见于《韩非子·喻老》和《史记·滑稽列传》。②讔(yǐn)：类似谜语的说法。③不谷：不善于。诸侯自己谦称。④阜：土山。⑤射：猜测。⑥览：观察。⑦进者：提拔。⑧退者：罢免。

【简评】

这个成语现在用来形容那些平时默默无闻，一下子石破天惊，做出了突出的成绩的人。寓言先抑后扬，曲折生动。

指鹿为马

赵高[1]欲为乱，恐群臣不听，乃先设验。持鹿献于二世[2]，曰："马也。"二世笑曰："丞相误耶？谓鹿为马。"问左右。左右或默；或言马，以阿顺赵高；或言鹿者，高因阴中诸言鹿者以法[3]。

《史记·秦始皇本纪》

【注解】

①赵高：秦始皇宠信的宦官。②二世：秦始皇的小儿子胡亥。③阴中：暗地里中伤。法：惩处。

【简评】

鹿与马本是两种不同的动物，也不难区别，但在一定条件下，权势可以使人混淆是非，颠倒黑白。

众盲摸象

有王告大臣："汝牵一象来示盲者。"……时彼众盲各以手触，大王即唤众盲各各问言……"象类何物？"触其牙者即言"象形如萝菔根"；触其耳者言象"如箕"；触其头者言象"如石"；触其鼻者言象"如杵"；触其脚者言象"如臼"；触其脊者言象"如床"；触其腹者言象"如瓮"；触其尾者言象"如绳"。

《涅槃经》[1]

【注解】

①《涅槃经》也叫《泥洹经》，是佛教讲"灭度"、"圆寂"的一本经书。以东晋法显的译本最为著名。

【简评】

盲人因为看不到象的全貌，就只能按照自己的触觉片面地说明象的形状。在现实生活中像这样偏执一端、以偏概全的人并不少见。尽管他们不是盲人。

曲突徙薪

臣闻客有过[①]主人者，见其灶直突[②]，傍有积薪[③]。客谓主人："更为曲突，远徙[④]其薪，不者且有火患。"主人默然不应。俄而家果失火，邻里共救之，幸而得息[⑤]。于是杀牛置酒，谢其邻人。灼烂[⑥]者在于上行，余各以功次坐，而不录言曲突者。人谓主人曰："向使听客之言，不费牛酒，终亡火患。今论功而请宾，曲突徙薪忘恩泽，焦头烂额为上客耶？"主人乃寤[⑦]而请之。

《汉书·霍光传》

【注解】

①过：探望。②突（tū）：烟囱。③薪：柴。④徙：搬走。⑤息：通"熄"。⑥灼烂：烧伤。⑦寤（wù）：通"悟"。

【简评】

这个寓言的主题词是："曲突徙薪无恩泽，焦头烂额为上客。"人们由于缺乏防患意识，一旦发生灾难，只感谢那些帮助救灾的人，而对那些曾经提出过建议和警告的人却不屑一顾了。所以，从根本上说，更应该感谢建议"曲突徙薪"者。

骥服盐车

夫骥之齿至矣[①]，服盐车而上大行[②]。蹄申膝折[③]，尾湛胕溃[④]，漉汁洒地[⑤]，白汗交流。中阪迁延[⑥]，负辕不能上。

伯乐遭之[⑦]，下车攀[⑧]而哭之，解纻衣以幂之[⑨]。

骥于是俛[⑩]而喷，仰而鸣，声达于天，若出金石声者，何也？彼见伯乐之知己也。

《战国策·楚策》

【注解】

①骥：千里马。齿至：马齿表示年龄。齿至这里指马齿出全时，正当壮年。②服：驾驭。大行（háng）：大路。③蹄申：蹄子伸得很长。"申"同"伸"。膝折：膝头弯曲了，形容四肢无力。④尾湛：尾巴粘满粪尿。湛：浸。胕溃：皮肤溃烂。

“胕”同“肤”。⑤漉汁：这里指口鼻流出的白沫。⑥中阪：半坡上。迁延：退却。⑦伯乐：古代相马专家。遭：遇。⑧攀：牵挽，抚摸。⑨该句指脱下用纻麻做的衣盖在马身上。纻（zhù）：麻布。幂（mì）：盖。⑩ 俛（miǎn）：同“俯”。

【简评】

千里马用来拉盐车，不但用非所长，而且是对千里马的一种折磨。表达了作者对埋没人才现象的惋惜。但千里马最终遇到伯乐，总算找到了施展才能的机会，实在也是一种幸运。足见发现人才是多么的重要，具有发现人才慧眼的伯乐又是多么的难得！

画蛇添足

楚有祠者①，赐其舍人卮酒②。舍人相谓曰：“数人饮之不足，一人饮之有余。请画地为蛇，先成者饮酒。”

一人蛇先成，引酒且饮之③，乃左手持卮，右手画蛇曰：“吾能为之足。”未成，一人之蛇成，夺其卮曰：“蛇固④无足，子安能为之足⑤？”遂饮其酒。为蛇足者，终亡⑥其酒。

《战国策·齐策》

【注解】

①祠者：祭祀的人家。②舍人：门客。卮（zhī）：古代盛酒的器皿。③引：取。且：准备。④固：本来。⑤子：您。安能：怎么能。⑥亡：失掉。

【简评】

蛇本来没有足，画蛇者却自作聪明，给蛇添上足，结果不但没有喝成酒，反而惹人嘲笑。这就叫弄巧成拙，劳而无功，多此一举。

狐假虎威

虎求百兽而食之，得狐。

狐曰：“子无敢食我也！天帝使我长百兽①，今子食我，是逆②天帝命也。子以我为不信[3]，吾为子先行，子随我后，观百兽之见我而敢不走[4]乎？”

虎以为然，故遂与之行。兽见之皆走。虎不知兽畏己而走也，以为畏狐也。

《战国策·楚策》

【注解】

①天帝：上帝。长百兽：为百兽领袖。②逆：违背。③信：老实。④走：逃跑。

【简评】

这则寓言原是讽喻战国时期诸侯之间尔虞我诈的。现在多用来讽刺那些凭借别人的权威吓唬弱小者的狡诈者，同时也嘲笑了一些强暴者被人利用却毫无觉察的愚昧。

南辕北辙

今者臣[1]来，见人于大行[2]，方北面而持其驾[3]，告臣曰：“我欲之[4]楚。”臣曰：“君之楚，将奚为北面[5]？”曰：“吾马良！”臣曰：“马虽良，此非楚之路也。”曰：“吾用多[6]！”臣曰：“用虽多，此非楚之路也。”曰：“吾御者善[7]！”此数者愈善，而离楚愈远耳。

《战国策·魏策》

【注解】

①臣：我。②大行：大路。③方：正。持：赶着。驾：马车。④之：往。⑤将：打算。奚：为什么。⑥用：路费。⑦御者：车夫。善：驾车技术高。

【简评】

这则寓言原是记述魏臣季梁劝阻魏王不要去攻打赵国都城邯郸的。魏王极欲称霸，凭着国力强盛，军队精良，便对邻国发动侵略战争。季梁认为，打这样的不义战争越多，就越不得人心，如同南辕北辙，离称霸的愿望就越远。寓言告诉人们，无论做什么事情，首先要明确努力的方向正确不正确？奋斗的目标在哪里？否则，条件再好也很难达到目的。

杞人忧天

杞国有人[①],忧天地崩坠,身亡所寄[②],废寝食者。

又有忧彼之所忧者[③],因往晓[④]之,曰:“天,积气耳,亡处亡气[⑤]。若[⑥]屈伸呼吸,终日在天中行止,奈何忧崩坠乎?”

其人曰:“天果积气,日月星宿[⑦]不当坠邪?”

晓之者曰:“日月星宿,亦积气中之有光耀者。只使[⑧]坠,亦不能有所中伤[⑨]。”

其人曰:“奈地坏何?”

晓者曰:“地,积块耳。充塞四虚[⑩],亡处亡块。若躇步跐蹈[⑪],终日在地上行止,奈何忧其坏?”

其人舍然[⑫]大喜,晓之者亦舍然大喜。

《列子·天瑞》

【注解】

①杞:周代国名,在今河南杞县。②身亡所寄:身体没有寄托的地方。“亡”同“无”。③忧彼之所忧者:为他的忧愁所忧愁的人。④晓:开导。⑤亡处亡气:没有地方没有空气。⑥若:你。⑦星宿(xiù):星辰。⑧只使:即使。⑨中伤:伤害。⑩四虚:四方。⑪躇步跐(cǐ)蹈:踩踏。⑫舍然:释然,放心的样子。

【简评】

故事讽刺了那些怀着不必要的担心而遑遑不可终日的人。所谓“作茧自缚”、“庸人自扰”也是这个意思。李白诗“杞国无事忧天倾”也引用了这个寓言。古人的解释虽然未必科学,却也反映了对大自然的探索精神。天文学家告诉我们,天虽然不会塌下来,但行星之间的撞击还是有可能的。至于“地坏”,表现为地震、火山喷发等现象更是屡见不鲜。

朝三暮四

宋有狙公者,爱狙[①],养之成群,能解狙之意,狙亦得公之心。损其家口[②],充狙之欲。俄而匮[③]焉,将限其食,恐众狙之不驯于已也,先诳[④]之曰:“与若芧[⑤],朝三而暮四,足乎?”众狙皆起而怒。俄而曰:“与若芧,朝四而暮三,足乎?”众狙皆伏而喜。

《列子·黄帝》

【注释】

①狙(jū):猕猴。②损其家口:减少家里人的口粮。③匮(kuì):缺乏。④诳(kuáng):欺骗。⑤与若芧(xù):给你们橡实。芧:橡实。

【简评】

"朝三暮四"是给猴子吃的食物数量由少到多,"朝四暮三"是由多到少。排列顺序不同,数量其实一样,但愚蠢的猴子因为不会算账,被狙公哄得颠三倒四,喜怒无常。生活中那些偷梁换柱、巧立名目、换汤不换药的行骗者,又何尝不像狙公?那些无端上当受骗者,不是也很像无知的猴子吗?

歧路亡羊

杨子之邻人亡羊[①],既率其党[②],又请杨子之竖[③]追之。

杨子曰:"嘻,亡一羊,何追者之众?"邻人曰:"多歧路[④]。"

既反,问:"获羊乎?"曰:"亡之矣。"曰:"奚[⑤]亡之?"曰:"歧路之中又有歧焉,吾不知所之[⑥],所以反也。"

《列子·说符》

【注释】

①杨子:杨朱,战国思想家。亡:丢失。②党:家人。③竖:仆人。④歧路:岔道。⑤奚:怎么。⑥所之:去的地方。

【简评】

杨子的邻人丢掉了羊,是因为路上的岔道多,甚至岔道比追羊的人还要多。这说明,世上的事情,有时候比想像的要复杂得多。由此可知,一个人要实现一个梦想,选中方向,不被歧路所惑,做好充分应对的准备是多么的重要。

人有亡铁者

人有亡铁者[①],意[②]其邻人之子。视其行步,窃铁也;颜色[③],窃铁也;言语,窃铁也;动作、态度,无为而不窃铁也。

俄而扣其谷而得其铁[4]。他日,复见其邻人之子,动作、态度,无似[5]窃铁者。

《列子·说符》

【注解】

①亡:丢失。铁:同斧。②意:怀疑。③颜色:脸色。④俄而:一会儿。扣(hú):挖。谷:通"窖",地窖。⑤似:像。

【简评】

故事通过丢斧者前后两种心理活动的对比描写告诉我们,无根据地对人怀疑,产生成见,或者戴着有色眼镜看人,既误导自己,也伤害他人。我们还是多一点实事求是的精神,少一点主观臆断为好。

齐人攫金

昔齐人有欲金者,清旦[1]衣冠而之市,适鬻金者之所[2],因攫[3]其金而去。吏捕得之,问曰:"人皆在焉,子攫人之金何[4]?"对曰:"取金之时,不见人,徒见金。"

《列子·说符》

【注解】

①清旦:清早。②适:到。鬻(yù):卖。之所:之处。③攫(jué):抓取。④何:为什么。

【简评】

这个想要金子的人,居然在光天化日、众目睽睽之下,抓了人家的金子就走。原因是,只见金,不见人。看似好笑,其实那些财迷心窍的人又都何尝不是如此?寓言紧紧抓住人物典型的语言和行为进行描写,"不见人,徒见金"六个字,既是自供,也活画出了一个利令智昏者卑劣丑恶的灵魂。

三人成虎

庞恭与太子质于邯郸[1],谓魏王曰:"今一人言市有虎,王信之乎?"曰:"不信。”“二人言市有虎,王信之乎?”曰:“不信。”“三人言市有虎,王信之乎?”王曰:“寡人信之。”庞恭曰:“夫市之无虎也明矣,然而三人言而成虎;今邯郸之去魏也远于市,议臣者过于三人,愿王察之。”庞恭从邯郸反,竟不得见[②]。

《韩非子·内储说上》

【注解】

① 庞恭:魏臣。质:人质,抵押。 ②竟不得见:庞恭回来时魏王不召见他,说明魏王已听信了谗言。

【简评】

庞恭同魏太子到赵国邯郸去做人质。庞恭在临行时用这个寓言故事警告魏王,在他走后不要听信别人对他的非议。后来,魏王却听信了谗言,疏远了庞恭,由这个寓言演变出“三人成虎”这个成语来。这说明,谣言多了是会以假乱真的,人言可畏啊!

滥竽充数

齐宣王使人吹竽[①],必[②]三百人。南郭处士[③]请为王吹竽,宣王说[④]之,廪[⑤]食以数百人。

宣王死,湣[⑥]王立,好一一听之,处士逃。

《韩非子·内储说上》

【注解】

①齐宣王:战国中期齐国国君。竽(yú):古乐器,状如笙。 ②必:一定。③南郭:复姓。也有人解释为住在城外南边者。处士:没有当官的士人。 ④说:同“悦”。 ⑤廪(lǐn):薪俸。 ⑥湣(mǐn):同“闵”。

【简评】

南郭处士是个不学无术的人,再加上齐宣王的昏庸,使他能靠混饭吃度日。但要一一考察,南郭处士就吃不开了。寓言从“请”到“逃”,几句话就把人物刻画得非常生动。这个寓言也很有现实意义,过去吃大锅饭,便于滥竽充数;现在竞争上岗,就得靠本事吃饭了。

买椟还珠

楚人有卖其珠于郑者，为木兰之柜①，薰以桂椒②，缀以珠玉，饰以玫瑰③，辑④以翡翠。郑人买其椟⑤而还其珠。

此可谓善卖椟矣，未可谓善鬻⑥珠也。

《韩非子·外储说左上》

【注解】

①木兰：又叫紫玉兰，上等木材。柜(guì)：匣子。②桂椒：桂与椒都是香料。③玫瑰：一种红色美石。④辑：垫着。翡翠：翠绿色的羽毛。⑤椟：匣子。⑥鬻(yù)：卖。

【简评】

这个寓言原来是写楚人为了提高珠子的价值，费尽心思装潢放珠子的匣子。后来变成讽刺郑人买去匣子退还珠子，这岂不是本末倒置、取舍不当了。因为匣子再好，也没有珠子贵重啊！故事讽刺了当时那些只重形式不重内容的审美倾向。正确的方向应该是形式与内容的完美统一。现在用这个成语形容那些选择不当、得不偿失的人。

郑人买履

郑人有且置履者①，先自度其足而置之其坐②。至之③市，而忘操④之。已得履，乃曰："吾忘持度。"反归取之。及反，市罢，遂不得履。人曰："何不试之以足？"曰："宁⑤信度，无自信也。"

《韩非子·外储说左上》

【注解】

①且：准备。置：购买。履：鞋。②度：量。置：放置。之：量好的尺码。坐：座。③至之：来到。④操：拿。⑤宁：宁可。

【简评】

郑人宁相信量足的尺码，也不相信自己的足，结果鞋没有买到，反而受人讥笑。这样的故事显然有些夸张，但在现实生活中不从实际出发，只知道死搬教条的人却是屡见不鲜的。

自相矛盾

楚人有鬻盾与矛者[①],誉[②]之曰:“吾盾之坚,物莫能陷也。”又誉其矛曰:“吾矛之利,于物无不陷[③]也。”或曰:“以子之矛陷子之盾,何如?”其人弗能应也。夫不可陷之盾与无不陷之矛,不可同世而立[④]。

《韩非子·难一》

【注解】

① 鬻(yù):卖。盾:盾牌,遮挡刀箭的武器。矛:刺杀的武器。②誉:夸耀。③陷:穿刺。④不可同世而立:不能同时存在。世:时。立:存在。

【简评】

作者的原意是批判厚古薄今的。但“矛盾”一词却成了哲学上表示对立规律的重要概念。此外,这则寓言还用来嘲笑那些说话办事不合逻辑,甚至不能自圆其说的人。

守株待兔

宋人有耕者[①],田中有株[②],兔走触株,折颈而死。因释其耒而守株[③],冀[④]复得兔。兔不可复得,而身为宋国笑。

《韩非子·五蠹》

【注解】

①耕者:农民。②株:树桩。③释:放下。耒(lěi):耕地的农具。④冀:希望。

【简评】

作者的原意是讽喻那些只知用古人的办法治理当世的人。现在则用这个故事讽喻两种人:一种是只凭老经验办事,不知变通的人,这种人总是把偶然的现象看成了必然的规律;另一种是企图坐享其成、不劳而获的人,这种人往往有一种侥幸取胜的心理,但结果总是以失望告终。

刻舟求剑

楚人有涉江者，其剑自舟中坠[①]于水，遽契其舟[②]，曰："是[③]吾剑之所从坠。"舟止，从其所契者入水求[④]之。

舟已行矣，而剑不行，求剑若此，不亦惑乎？[⑤]

《吕氏春秋·察今》

【注解】

①坠：掉落。②遽：立即。契：同"锲"，刻。③是：这里（坠剑地方）。④求：寻找。⑤惑：糊涂。不亦……乎：古汉语中常用句式，相当于"岂不是……吗"？

【简评】

这则寓言是讽刺那些思想僵化、不能应变的人。今天常用来比喻墨守成规、故步自封者。

掩耳盗钟

范氏之亡[①]也，百姓有得钟[②]者，欲负而走，则钟大不可负，以椎[③]毁之，钟况然[④]有音。恐人闻之而夺己也，遽[⑤]掩其耳。

恶[⑥]人闻之，可也；恶己自闻之，悖[⑦]矣。

《吕氏春秋·自知》

【注解】

①范氏：晋国姓范的贵族，在内乱中战败逃亡国外。亡：逃亡。②钟：古代乐器。③椎（chuí）：捶击工具。④况然：钟声响亮的样子。⑤遽（jù）：急忙。⑥恶（wù）：厌恶。⑦悖（bèi）：错误。

【简评】

"掩耳盗钟"后来演变成成语"掩耳盗铃"。"钟"和"铃"都是古代的响器。故事的原意是自己有了错误，不敢正视，文过饰非。现在多用来嘲笑那些明明掩盖不了的事实，却偏要自欺欺人，欲盖弥彰。

鹬蚌相争

蚌方出曝[①],而鹬[②]啄其肉。蚌合而拑其喙[③]。

鹬曰:“今日不雨,明日不雨,即有死蚌。”

蚌亦谓鹬曰:“今日不出,明日不出,即有死鹬。”

两者不肯相舍[④],渔者得而并禽[⑤]之。

《战国策·燕策》

【注解】

①蚌(bàng):软体动物,有可以开合的介壳。曝(pù):晒太阳。②鹬(yù):一种水鸟。③拑(qián):同“钳”,夹住。喙(huì):鸟嘴。④舍:舍弃。⑤禽:同“擒”。

【简评】

“鹬蚌相争,渔人得利”的成语就出自这里。它告诉人们,互不相让的结果只能是两败俱伤,第三者因而得利。人们常说“退一步海阔天空”、“得饶人处且饶人”意义就在这里。

塞翁失马

近塞[①]上之人,有善术[②]者,马无故亡而入胡[③],人皆吊[④]之。其父曰:“此何遽[⑤]不为福乎?”居数月,其马将[⑥]胡骏马而归,人皆贺之。其父曰:“此何遽不能为祸乎?”家富良马,其子好骑,堕而折其髀[⑦],人皆吊之。其父曰:“此何遽不为福乎?”居一年,胡人大入塞,丁壮者引弦[⑧]而战,近塞之人,死者十九,此独以跛之故,父子相保。故福之为祸,祸之为福,化不可极[⑨],深不可测也。

《淮南子·人间训》

【注解】

①塞:边塞。古指长城地区。②术:道术。③胡:古代泛指少数民族地区。④吊:安慰。⑤遽(jù):很快。⑥将:带领。⑦髀(bì):大腿。⑧引弦:拉弓射箭,打仗。⑨化不可极:变化无穷。

【简评】

这则寓言是对老子说的“祸兮,福之所倚;福兮,祸之所伏”的最好注释。人们的失误常常是:交了好运的时候,便忘乎所以;倒了霉的时候,便认为一切都完蛋了。由于不懂得矛盾可以转化,也就真的没有出路了。

螳螂搏轮

齐庄公出猎,有一虫举足将搏[①]其轮。问其御[②]曰:“此何虫也?”对曰:“此谓螳螂者也。其为虫也,知进而不知却,不量力而轻敌。”庄公曰:“此为人,必为天下勇武矣。”回车而避之。勇武闻之,知所尽死矣。

《淮南子·人间训》

【注解】

①将搏:准备与车轮搏斗。②御:赶车的马夫。

【简评】

成语“螳臂挡车”就来自这里。螳螂不畏强暴,敢于搏轮,是一种勇敢精神,但不自量力的勇敢又是不可取的。

叶公好龙

叶公子高[①]好龙,钩以写龙[②],凿[③]以写龙,屋室雕文[④]以写龙。于是天龙闻而下之,窥头于牖[⑤],施尾于堂[⑥]。叶公见之,弃而还走[⑦],失去魂魄,五色无主[⑧],是叶公非好龙也,好夫似龙而非龙者也。

《新序·杂事五》

【注解】

①叶公:叶县县令。姓沈名诸梁,字子高,封于叶(今河南叶县)故称叶公。②钩:挂钩。写:模仿,把钩制成龙状。③凿:盛酒的器皿。④雕文:装饰图

案。⑤牖(yǒu):窗户。⑥施:张开。堂:正房。⑦还走:掉头就跑。⑧五色无主:指面色极度恐慌。

【简评】

《新序》和《说苑》是西汉著名学者刘向写的两本历史故事书。这则寓言写叶公喜欢龙,家里的衣钩、器皿、装饰品,到处刻画着龙的形象。但当真龙来了的时候,他却吓得逃跑了。叶公从“好龙”到“怕龙”,说明他所喜欢的不过是个似龙非龙的东西。故事讽刺了那些心口不一、名实相悖、徒有虚名的人。

螳螂捕蝉

吴王欲伐荆[①],告其左右曰:“敢有谏者死!”舍人有少孺子者[②]欲谏不敢,则怀丸操弹[③]游于后园,露沾其衣,如是者三旦[④]。吴王曰:“子来,何苦沾衣如此?”对曰:“园中有树,其上有蝉。蝉高居悲鸣、饮露,不知螳螂在其后也;螳螂委身曲附欲[⑤]取蝉,而不知黄雀在其傍也;黄雀延颈欲啄螳螂,而不知弹丸在其下也。此三者皆务欲[⑥]得其前利,而不顾其后之有患也。”吴王曰:“善哉。”乃罢其兵。

《说苑·正谏》

【注解】

①荆:指楚国。②舍人:指吴王侍从。少孺子:儿童。③弹:弹弓。④旦:早晨。⑤委身:把身贴在隐蔽的地方。曲附:弯起脚。⑥务欲:力求想要。

【简评】

事物的存在都不是孤立的。寓言中的蝉、螳螂、黄雀、弹弓,就构成一条利害相关的动态锁链。成语“螳螂捕蝉,黄雀在后”,既讽刺了那些目光短浅,只顾眼前利益,看不到潜在危险的人,同时也提示人们必须居安思危,见微知著,才能长治久安。

一叶障目

楚人居贫,读《淮南方》[①]:“得螳螂伺蝉自障叶[②],可以隐形。”遂于树下仰取叶，螳螂执叶伺蝉，以摘之。叶落树下。树下先有落叶，不能复分别，扫取数斗[③]归。一一以叶自障，问其妻曰："汝见我否？"妻始时恒[④]答言见，经日乃厌倦不堪，绐[⑤]云："不见。"嘿然[⑥]大喜，赍[⑦]叶入市，对面[⑧]取人物。吏遂缚诣县[⑨]。县官受辞[⑩]，自说本末。官大笑，放而不治。

《笑林》

【注解】

①《淮南方》：西汉淮南王刘安写的一本谈神仙方术的书。②伺：守候。障：遮盖。③斗：量器。④恒：一直。⑤绐（dài）：欺哄。⑥嘿然：高兴的样子。⑦赍（jī）：带着。⑧对面：当面。⑨缚：捆绑。诣：到。⑩受辞：接受控告。

【简评】

这个寓言是成语"一叶障目，不见泰山"的进一步发挥。指出有些人被一点细小的东西所蒙蔽，看不到全局和整体，结果因小失大，吃了大亏。故事写得细致而生动，"一叶障目"者的愚蠢可笑，把审他的县官都逗乐了。

对牛弹琴

公明仪为牛弹《清角》之操[①]，伏食如故。非牛不闻，不合其耳矣。

转为蚊虻之声、孤犊[②]之鸣，即掉尾、奋耳[③]，蹀躞而听[④]。

《弘明集·理惑论》

【注解】

①操：琴曲。②犊：小牛。③掉尾：摇尾。奋耳：竖起耳朵。④蹀躞（dié xiè）而听：往来徘徊听着。

【简评】

阳春白雪，和者甚寡；下里巴人，就通俗流行。说话办事，也如欣赏乐曲，不看对象，或者把高深的道理讲给听不懂的人，就如对牛弹琴，常常徒劳无功。《弘明集》是一本宣扬佛教的书，南朝梁代和尚僧祐所辑。

杯弓蛇影

尝有亲客，久阔①不复来，广②问其故，答曰：“前在坐③，蒙赐酒，方④欲饮，见杯中有蛇，意甚恶之，既饮而疾。”于时⑤，河南厅事⑥壁上有角弓，漆画作蛇。广意杯中蛇即角影也。复置酒于前处，谓客曰：“酒中复有所见不？”答曰：“所见如初。”广乃告其所以。客豁然意解，沉疴⑦顿愈。

《晋书·乐广传》

【注解】

① 久阔：久别。②广：乐广。③坐：通“座”。④方：正。⑤于时：当时。⑥河南：乐广担任河南尹。厅事：会客室。⑦沉疴（kē）：久治不愈的病。

【简评】

俗话说：“心病还须心药医。”只有在事实面前才能释去疑虑，治愈沉疴。这则故事也告诉人，凡事当重调查，不要主观臆断，疑神疑鬼。

黔驴技穷

黔①无驴，有好事者②船载以入。至则③无可用，放之山下。虎见之，庞然大物也，以为神。蔽④林间窥之，稍⑤出近之，慭慭然⑥莫相知。

他日，驴一鸣，虎大骇⑦，远遁⑧，以为且噬⑨己也，甚恐。然往来视之，觉无异能者。益习⑩其声，又近出前后，终不敢搏。稍近，益狎，荡⑪、倚、冲、冒。驴不胜怒，蹄⑫之。虎因喜，计之曰：“技止此耳！”因跳踉大㘎⑬，断其喉，尽其肉，乃去。

《柳河东集·三戒》

【注解】

①黔：贵州一带。②好事者：喜欢多事的人。③则：却。④蔽：隐藏。⑤稍：渐渐。⑥慭（yìn）慭然：小心谨慎样。⑦骇：惊恐。⑧遁：逃避。⑨且：将要。噬：咬。⑩益习：更加熟悉。⑪荡：碰闯。⑫蹄：踢。⑬跳踉（liàng）：跳跃。大㘎（hǎn）：大吼。

【简评】

这则寓言选自柳宗元写的《三戒》。从外表看，驴是个庞然大物，叫声也很吓人，但结果还是被老虎吃掉了。通常用这个寓言比喻那些外强中干、徒有其表的人。

解铃系铃

金陵清凉泰钦法登禅师在众日①，性豪逸，不事事②。众易③之，法眼独器重。眼一日问众："虎项金铃，是谁解得？"众无对。师适至，眼举前语问，师曰："系者得解。"眼曰："汝辈轻渠④不得。"

《指月录》

【注解】

①金陵：今南京。在众日：当一般和尚的时候。②不事事：不拘守佛家戒律。③易：轻视。④渠：他。

【简评】

《指月录》是明人瞿汝稷记述佛教禅宗故事的一本书。这则寓言很像一个智力测验：谁能把系在虎颈上的铃解下来？正确答案是：谁能把铃系在虎颈上，还应由谁来解。"解铃还需系铃人"一语就出自这里。

囫囵吞枣

客有①曰："梨益齿而损脾，枣益脾而损齿。"一呆弟子②思久之，曰："我食梨则嚼而不咽，不能伤我之脾；我食枣则吞而不嚼，不能伤我之齿。"狎者③曰："你真是囫囵吞却一个枣也。"遂绝倒④。

《湛渊静语》

【注解】

①有：有人。②弟子：年轻人。③狎者：熟人。④绝倒：大笑。

【简评】

寓言作者为元代白珽。原意是说任何事物都是有利有弊的，不可能完全避开。现在这个成语一般用来批评人们学习不求甚解。

口鼻眼眉争辩

口与鼻争高下,口曰:"我谈今古是非,尔何能居我上?"

鼻曰:"饮食非我不能辨。"

眼谓鼻曰:"我近鉴毫端,远察天际,惟我当先。"又谓眉曰:"尔有何功,居我上?"

眉曰:"我虽无用……若无眉,成何面目!"

《唐语林》

【简评】

这则寓言选自宋人王谠《唐语林》卷六。五官在人的面部,各有各的功能,缺了哪一个都不完美,甚至成了残疾。就像社会上的职业分工,谁也不应当小视谁。

寒号虫

五台山[1]有鸟,名寒号虫。四足,肉翅,不能飞,其粪即五灵脂[2]。当盛暑时,文采绚烂,乃自鸣曰:"凤凰不如我。"比至深冬严寒之际,毛羽脱落,索然如鷇雏[3]。遂自鸣曰:"得过且过。"

《南村辍耕录》

【注解】

①五台山:山西名山,佛教圣地。②五灵脂:中药名。③鷇(kòu)雏:待哺幼禽。

【简评】

这则寓言选自元末明初文学家陶宗仪的《辍耕录》,又名《南村辍耕录》,故事也见于明人徐树丕的《识小录》。故事辛辣地讽刺了那些有点成绩就沾沾自喜,一遇挫折就垂头丧气的人,成语"得过且过"就出自这里。

中山猫

赵[1]人患鼠,乞猫于中山[2],中山人予之。猫善捕鼠及鸡,月余鼠尽,而其鸡亦尽。

其子患之,告其父曰:“盍去诸[3]?”

其父曰:“是非若所知也。吾之患在鼠,不在乎无鸡。夫有鼠则窃吾食,毁吾衣,穿吾垣墉[4],毁伤吾器用,吾将饥寒焉,不病于无鸡乎?无鸡者,弗食鸡则已耳,去饥寒犹远,若之何[5]而去夫猫也。

《郁离子》

【注解】

①赵:战国时国名。②中山:战国时国名。③盍:何不。诸:猫的代词。④垣墉(yuán yōng):墙壁。⑤若之何:怎么能。

【简评】

《郁离子》是明代政治家刘基写的一本寓言集。世界上的事物都是有利有弊、有主有次的。猫消灭了鼠,也吃掉了鸡,但鼠患比起不吃鸡肉、鸡蛋来小得多了。如果把猫撵走,那就因小失大了。

狮子和豺

昔有狮子王,于深山攫[1]一豺,将食之。豺曰:“请为王送二鹿以自赎。”狮子王喜。周年之后,无可送者。王曰:“汝杀众生亦多矣!今次[2]到汝,汝其图之?”豺默无对。遂齰[3]杀之。

《天中记》

【注解】

①攫(jué):捕获。②次:轮到。③齰(zé):咬。

【简评】

寓言作者为明代陈耀文。原意是讽刺武则天手下的酷吏来俊臣的。来俊臣专办谋反事件,枉杀了几千人。为平民愤,武则天只得杀了来俊臣。寓言说明,残害别人的人,最后一定没有好下场。

第六卷 中外笑话集锦

在我的书架子上，古今中外的笑话和故事书总有十几种。为什么要购买这么多说笑话、讲故事的书？这大概有两个原因。一是我从小就喜欢听人说笑话。在旧社会，生活在农村的孩子们，到了晚上，黑灯瞎火的，连玩都不方便。要是在夏天，人们坐在月光下，一边乘凉，一边“听妈妈讲那过去的事情”。到了冬天，大家就坐在热炕上，围着麻油灯，一边剥玉米，一边互相说笑话、猜谜语，在笑声中消磨时间，排遣寂寞。二是跟自己后来从事的教育工作有关，因为青少年都喜欢听故事，如神话故事、民间故事、历史故事、英雄人物故事、成语故事、寓言故事等。这些故事虽然不全是笑话，但却趣味横生，引人入胜，富有教育意义，比起抽象地讲道理来教育效果要好得多。再往后，更知道哈哈大笑还能放松肌肉，消除疲劳，提高人的肺活量，甚至还能提高人的免疫力，对身心健康大有裨益。所谓“笑一笑，少一少；恼一恼，老一老”说的就是这个意思。此外，笑话和故事在说话和写文章中就好像各种调料一样，能增加语言的趣味性与感染力，是一举几得的事。

笑话属于民间文学，主要是口头传播的。所以，在文字和书籍产生之前，各种笑话、故事就已经在人民群众中广泛地流传起来了。许多大部头的文学作品，如《西游记》、《水浒传》、《三国演义》、《聊斋志异》，以及各种公案、武侠、爱情小说等，在作者创作之前，其主要的故事情节就已经在民间流传开来了，而且越传越热闹，越传越精彩，再经过文人的整理和加工，就成了不朽之作。所以，笑话与故事都扎根于生活的土壤，都源于人民群众的口头创作。从性质上看，笑话就像漫画、相声一样，基本上属于讽刺文学。除少量格调不高的淫秽卑俗之作外，绝大部分的笑话还是歌颂真、善、美，鞭挞假、恶、丑的。诸如昏君的无道，佞臣的阴险，文官的贪腐，武将的怯懦，财主的悭吝，子女的不孝，以及人们的懒惰、迷信、无知、虚荣、陈规陋习、市侩意识等等，笑话都给以无情的揭露和批判。笑话的这种教育和警示功能，对社会的各种沉疴痼疾，无疑是一剂很好的“猛药”。大家都熟悉的《天方夜谭》(《一千零一夜》)就是一本系列故事集，其中的一个故事讲到了故事的社会作用。传说古代阿拉伯有个萨桑国,国王山鲁雅尔是个非常冷酷、残忍的人,他每天要娶一名美丽的姑娘为妻,但第二天早上就把她杀死了,全国不知有多少女孩子命丧于此。为了拯救天下的姐妹,宰相的女儿山鲁佐德情愿嫁给国王。山鲁佐德从第一夜起就给国王讲故事,这些故事引起了国王极大的兴趣。山鲁佐德每讲一个故事,都要把结尾推到下一夜再讲。国王为了听完故事,只好推迟杀死她的时间。山鲁佐德一共讲了一千零一个故事,最终她的这些故事潜移默化地改变了国王的恶习。从此,他再也不杀戮妇女了。

我国的笑话源远流长。一般认为三国时期魏邯郸淳编写的《笑林》是我国最早的笑话集子。也有些笑话散见于历代的笔记小说中,如宋人邢居实的《拊掌录》、天和子的《善谑集》、李昉的《太平广记》等。明代小说家冯梦龙更是古代笑话的集大成者。他的《笑府》、《广笑府》、《古今谭概》就收集了大量的笑话,并对笑话有一定的见地。他在《笑府》原序中说:"古今世界一大笑府,我与若皆在其中供笑柄。不话不成人,不笑不成话,不笑不话不成世界。"就是说,我们生活在一个笑话的世界里,每个人在欣赏别人的笑话的同时也在表演着自己的笑话。清代的笑话专集也不少,如陈皋谟的《笑倒》、小石道人的《嘻谈录》、石成金的《笑得好》、游戏主人的《笑林广记》等。

那么,笑话是怎样编出来的呢?常见的有三种方法。

一是用揭露的方法说笑话。如有个自称"为官十年,两袖清风"的胡青天,一天,传谕给县府的官员说:"明天是本官的生日,诸亲好友,内外人等,一律谢绝送礼。"但第二天,大小官员还是都把礼物送来了。县官笑着说:"诸位好意,本人盛情难却,只好权且收下。但后天是我夫人的生日,本官绝不敢再收任何礼物了。"欲擒故纵,十足地暴露了这个胡青天贪得无厌的嘴脸。

二是用误会的方法说笑话。《稗史》载,有父子俩,父亲 50 岁,儿子 30 岁。儿子不学无术,全靠父亲养活。一天,来了一个算命先生,说父亲能活 80 岁,儿子能活 62 岁。儿子听说父亲还能再活 30 年,就伤心地哭了。父亲见了很感动,忙安慰儿子说:"不要为我难过,我能活 80 岁,也算是高寿了。"儿子说:"我不是难过这个,我是担心父亲死后,剩下的那两年谁来养活我呢?"父亲的误会,儿子的无能,真是让人哭笑不得。

三是用讽刺的方法说笑话。如一家父子俩赶着一头毛驴进城,先是儿子骑着毛驴,父亲地下走着。路人见了就议论说:"应该让老人骑上,儿子地下走着才对。"听了这话,父子俩就交换了一下,父亲骑上毛驴,儿子跟在后边。路人见了又议论说:"孩子年岁小,哪里走得动,应该让孩子骑上才对。"听了这话,父子俩便都骑在毛驴身上。路人见了更议论起来:"怎么能大人小孩都骑,不顾毛驴的死活。”听了这话,父子俩便都下来,跟在毛驴后边走。路人见了笑道:“真傻,怎就不知道骑着毛驴走?”听了这话,父子俩为难了:儿子骑驴不对,父亲骑驴也不对;两个人都骑不对,两个人都不骑也不对。最后,父子俩只好把毛驴捆起来,抬着毛驴走。你说这个笑话是怨父子俩没主意,还是怨路人多管闲事?

古今中外的笑话浩如烟海,即便是天天说也说不完,我们只能从中选一部分供大家欣赏。但希望朋友们不要一笑了之,因为世界上没有只笑话别人而不被别人笑话的人,就像“谁人背后不说人,谁人背后无人说”一样。只要能从别人的笑话中总结出点经验教训来,从而减少自己的笑话,那就很不错了。

古代笑话

治伛

平原人有善治伛(yǔ)者,自云:“不善,人百一人耳。”有人曲度八尺,直度六尺,乃厚货求治。曰:“君且伏。”欲上背踏之。伛者曰:“将杀我。”曰:“趣令君直,焉知死事。”

(《笑林》)

门上书午字

李安义者谒富人郑生,辞以出,安义于门上大书“午”字而去。或问其故,答曰:“牛不出头耳。”

(《遁斋闲览》)

酸酒

有上酒店而嫌其酒酸者,店人怒,吊之于梁。客过,问其故,诉曰:“小店酒极佳,此人说酸,可是该吊?”客曰:“借一杯我尝之。”既尝毕,攒眉谓店主曰:“可放此人,吊了我罢。”

(《笑府》)

打半死

一人性最贪，富者语之曰："我白送你一千银子，你与我打死了罢？"其人沉思良久："只打我半死，与我五百两，何如？"

（《笑府》）

葡萄架倒

有一吏惧内，一日被妻抓破面皮。明日上堂，太守见而问之，吏权词以对曰："晚上乘凉，葡萄架倒下，故此刮破了。"太守不信曰："这一定是你妻子抓破的，快差皂隶拿来！"不意奶奶在后堂潜听，大怒，抢出堂外。太守慌忙谓吏曰："你且暂退，我内衙葡萄架也要倒了。"

（《笑府》）

梦周公

一师昼寐，及醒，谬言曰："我乃梦周公也。"明昼，其徒效之，师以界方击醒曰："汝何得如此？"徒曰："亦往见周公耳。"师曰："周公何语？"答曰："周公说，昨日并不曾会尊师。"

（《笑府》）

蝙蝠

凤凰寿，百鸟朝贺，惟蝙蝠不至。凤责之曰："汝居吾下，何倨傲乎？"蝠曰："吾有足，属于兽，贺汝何用？"一日，麒麟生诞，蝠亦不至。麟亦责之。蝠曰："吾有翼，属于禽，何以贺与？"麟凤相会，语及蝙蝠之事，互相慨叹曰："如今世上恶薄，偏生此等不禽不兽之徒，真个无奈他何。"

（《笑府》）

学 字

一富翁，世不识字。人劝以延师训子。师至，始训之执笔临朱，书一画则训曰“一”字，二画则训曰“二”字，三画则训曰“三”字。其子便欣然投笔，告父曰：“儿已都晓字义，何烦师为？”乃谢去之。逾时，父拟招所亲万姓者饮，令子晨起治状。久之不成。父趣之，其子恚曰：“姓亦多矣，奈何偏姓万，自朝至今，才完得五百余画。”

(《笑府》)

说 大 话

甲曰：“家下有鼓一面，每击之，声闻百里。”乙曰：“家下有牛一只，江南吃水，头直靠江北。”甲摇头曰：“哪有此牛？”乙曰：“不是这一只牛，怎漫得这一面鼓？”

(《笑府》)

吏 人 立 誓

一吏人犯赃致罪，遇赦获免，因自誓以后再接人钱财，手当生恶疮。未久有一讼者，馈钞求胜。吏思立誓之故，难以手接，顷之则思曰：“你既如此殷勤，且权放在我靴筒里。”

(《广笑府》)

须 寻 生 计

人有好誉者，术士知其癖，造门相面，极言称许，且曰：“足下只消这双大眼睛，一生受用不尽。”主人喜胜，留款数日，而厚赠之。术士临别，执手相告曰：“复有一语，君当记之。”主人问何语，术士曰：“足下也须寻些活计，不可全靠这双眼睛。”

(《广笑府》)

性 刚

有父子俱性刚不肯让人者。一日，父留客饮，遣子入城市肉。子取肉回，将出城门，值一人对面而来，各不相让，遂挺立良久。父寻至见之，谓子曰："汝故持肉回陪客饭，待我与他对立在此。"

(《广笑府》)

新官赴任问例

新官赴任，问吏胥曰："做官事体当如何？"吏曰："一年要清，二年半清，三年便混。"官叹曰："教我如何熬得到三年！"

(《广笑府》)

半 日 闲

有贵人游僧舍，酒酣，诵唐人诗云："因过竹园逢僧话，又得平生半日闲。"僧闻而笑之，贵人问僧何笑，僧曰："尊官得半日闲，老僧却忙了三日。"

(《古今谭概》)

修 屋 漏

久雨屋漏，一夜数徙床，卒无干处。妻儿交诟(gòu)。迂公急呼匠葺(qì)治，劳费良苦。工毕，天忽开霁，竟月晴朗。公日夕仰屋叹曰："命劣之人，才葺屋，便无雨，岂不白折了工费也。"

(《雅谑》)

两 条 梁

支元献磬(qìng)产而构高堂，堂成而养赡乏。适窦谏议过，曰："堂甚好，只欠两条梁。”或问其故,答曰:“一条是不思量,一条是不酌量。”

(《雅谑》)

不死酒

汉武帝时,有贡不死之酒者。东方朔窃饮焉。帝怒,欲杀之。朔曰:“臣所饮,不死酒也,杀臣,臣必不死;臣若死,亦不验。”帝笑而赦之。

(《雅谑》)

借牛

有走柬借牛于富翁者,富翁方对客,讳不识字,伪启柬视之,对曰:“知道了,少停我自来也。”

(《笑林》)

产喻

一士屡科不利,其妻素患难产,谓夫曰:“中这一节,与生产一般艰难。”士曰:“你却是有在肚里,我却无在肚里。”

(《笑林》)

豆腐

一人留客饭,止豆腐一味,自言:“豆腐是我性命,觉它味不及也。”异日至客家,客记其食性所好,乃以鱼肉中各和豆腐。其人择鱼肉大啖(dàn),客问曰:“兄尝云:‘豆腐是性命。’今日如何不吃?”答曰:“见了鱼肉,性命都不要了。”

(《笑府》)

好 静

一人极好静，而所居介于铜铁匠之间，朝夕聒(guō)耳，苦之。常曰："此两家若有迁居之日，我愿作东款谢。"一日，二匠忽并至曰："我等且迁矣，足下素许作东，特来叩领。"问其期日，曰："只在明日。"其人大喜，遂盛款之，酒后问曰："汝二家迁于何处？"二匠曰："我迁在他屋里，他迁在我屋里。"

(《笑府》)

米

一少年私邻家之妇，闻叩门声，知夫归，迫甚。妇议以布囊盛之悬于床侧，夫问及则给以米。议定，启门纳夫，夫见囊，觉其有异，问是何物，妻惶惧不即对。夫厉声再问，少年不觉于囊中应曰："米！"

(《笑府》)

藏 锄

有兄弟耦(ǒu)耕者，其兄先归做饭。饭熟，声唤弟归，弟遥答云："待我藏锄田畔，即来也。"饭时，兄谓之曰："凡藏物须密，如汝高声，人皆听见，岂不被偷？"弟唯唯。及饭毕下田，锄已失矣。因急归，低声附兄耳曰："锄已被偷去了。"

(《笑府》)

殷 安

唐朝山人殷安谓人曰："自古圣人数不过五：伏羲、神农、周公、孔子。"乃屈四指，"自此之后，无屈得指者。"其人曰："老先生是一个。"乃屈五指，曰："不敢。"

(《笑赞》)

瞽者笑

一瞽者与众人坐，众有所见而笑，瞽者亦笑，众问之曰："何所见而笑？"瞽者曰："你们所笑，定然不差。"

（《笑赞》）

买靴

兄弟二人攒钱买了一双靴，其兄常穿之，其弟不肯空出钱，待其兄夜间睡了，却穿上到处行走，遂将靴穿烂。其兄曰："我们再将出钱来买靴。"其弟曰："买靴误了睡。"

（《笑赞》）

畏妻

一人被其妻殴打，无奈钻在床下，其妻曰："快出来！"其人曰："大丈夫说不出去，定不出去。"

（《笑赞》）

善骗

少年在楼下，会楼上一贵人，呼曰："人道尔善骗，骗我下来。"少年曰："相公在楼上，断不敢骗，若在楼下，小人便有计骗将上去。"贵人果下，曰："何得骗上？"少年曰："本为骗下来，不须再计。"

（《雪涛谐史》）

田登讳名

田登作郡，自讳其名，触者必怒，吏卒多被榜笞，于是举州皆谓灯为火。上元放灯，许人入州治游观，吏人遂书榜揭于市曰："本州依例放火三日。"

（《五杂组》）

望孙出气

一不肖子常殴其父，父抱孙不离手，甚爱惜之。邻人问曰："令郎不孝，你却甚爱令孙，何也？"答曰："不为别的，要抱他大来好替我出气。"

（《笑倒》）

笑话一担

秀才年将七十，忽生一子，即名曰年纪。未几，又生一子，似可读书者，因名曰学问。次年又生一子，笑曰："如此老年，还生此儿，真笑话也。"又名曰笑话。及三人年长无事，俱命入山打柴，及归，夫问曰："三子之柴孰多？"妻曰："年纪有了一把，学问一些也无，笑话倒有一担。"

（《笑得好》）

民间笑话

他比你更有理

从前，有兄弟二人，为了田产事到县衙打官司。哥哥拿了三十两银子向县官行贿，请求县官判个胜诉，县官答应了。这件事叫弟弟知道了，他连忙也到县衙门去行贿，暗暗送了五十两银子，求县官帮他把官司打赢，县官也答应了他。

开庭审问的时候，县官只问过三言两语，就命差役把哥哥拉下去打屁股。哥哥连忙伸出三个指头，说："老爷，我是有理的呀！"

"什么，你有理？"县官立刻伸出了五个手指，对他喝道："你弟弟比你更有理！"

三个糊涂虫

从前有个糊涂县官,听老百姓常骂糊涂虫,便对差役说:“百姓都在骂糊涂虫,那糊涂虫一定不是好人。限你们三天内,捉三个糊涂虫来,少一个也不行!”

差役领了这个差使,一路走出城来,看见一个人头上顶着包袱骑在马上,差役问:“为什么不把包袱放在马背上?”那人说:“顶在头上,也好让马省些气力呀。”差役说:“这人可算是个糊涂虫。”便把他带走了。

他们走到城门口,又看见一个人愁眉苦脸地拿着一根长竹竿,直着拿,横着拿都进不得城门洞去。差役说:“这也是一个糊涂虫。”也把他带走了。

可是第三个糊涂虫呢?怎么也找不到,差役只得先把那两个人带到衙门里。县官对骑马的人说:“你算得一个糊涂虫。”又对拿竹竿的人说:“你把竹竿锯成两段,岂不是早就进城啦?也算一个糊涂虫。”

差役听到这里,连忙对县官说:“有了,有了,第三个糊涂虫不用找也有了。”

画虎

有个县官爱装斯文,不懂作画,却充当起画师来。一次,他画了一只老虎,挂在墙上,自我欣赏一番,非常得意。这时,一个差役走过来,县官问道:“你看这画画的是什么?”善于逢迎的差役虽然看见像猫,还是连声赞道:“好画!好画!跟活的老虎一模一样。”县官一听,眉开眼笑,当即叫手下人拿十两白银奖给这个差役。

第二天,另一个差役经过这里,县官又问:“这画画的是什么?”老实的差役说:“老爷,这画画的是猫。”县官一听,气得火冒三丈,喝道:“岂有此理,竟敢把老爷我画的老虎说成是猫,该当何罪?来人,打他四十大板!”

第三天,县官又问第三个差役,这个差役想了想说:“老爷,我不敢说。”县官说:“你怕什么?”差役说:“我怕老爷。”县官说:“那老爷我怕什么?”“老爷怕皇上。”“皇上怕什么?”“皇上怕老天。”“天怕什么?”“天怕云。”“云怕什么?”“云怕风。”“风怕什么?”“风怕墙。”“墙怕什么?”“墙怕老鼠。”“老鼠怕什么?”“老鼠什么都不怕,就怕老爷这幅画。”县官听了直气得说不出话来。

见鸡而作

从前有一个地主，很爱吃鸡，佃户租种他家的地，光交租不行，还得先送一只鸡给他。

有一个叫张三的佃户，年终去给地主交租，并佃第二年的田。去时，他把一只鸡装在袋子里，等交完租便向地主说起第二年佃田的事。地主见他两手空空，便两眼朝天地说："此田不与张三种。"

张三立刻从袋子里把鸡拿出来。地主见了鸡，马上改口说："不与张三却与谁？"

张三说："你说的话怎么变得这么快？"

地主说："方才那句话是'无稽（鸡）之谈'，此刻这句话是'见机（鸡）而作'。"

草地牧牛图

从前有个县官，外号叫"刮地皮"。他听说有个画家画得一手好画，便拿了一张白纸让画家给他画画。

画家本来不愿意给他画，后来被他催急了，就在那张白纸的一角上题了"草地牧牛图"五个字，把纸一卷，送给了县官。

县官很高兴，立即把纸打开。可是左看右看，除了"草地牧牛图"五个字外，什么都没有。

县官问："草地到底在哪里？"

画家说："牛把草早就吃光了。"

县官问："可是牛呢？"

画家说："牛走啦，草都吃光了，牛还留在这里干什么呀？"

三个女婿对诗

从前有个员外，他有三个女婿，大女婿是个文官，二女婿是个武官，三女婿是个庄稼汉。一天，员外过生日，三个女婿都来了。大女婿自以为有学问，自高自大，压根儿不把三女婿放在眼里。二女婿也觉得与三女婿同席共饮有失身份。他们便出了个说诗对句的主意，想要三女婿丢丑，看庄稼人的笑话。三女婿呢，看到大女婿和二女婿趾高气扬的样子，心里也暗暗盘算着对付的主意。

说诗对句开始了。他们议定的条件是:每人说出四句话,第一、二、四句的末尾,要分别用上“本是一事”、“多两个翅”、“是也不是”,第三句随便。

大女婿先说:

“龙和鱼本是一事,
鱼比龙多两个翅,
人都说龙是鱼变的,
不知是也不是?”

二女婿听罢,忙迎合说:“自古道鱼龙变化嘛,妙哉,妙哉!”给大女婿敬了酒。

接着二女婿对诗:

“老鼠和蝙蝠本是一事,
蝙蝠比老鼠多两个翅,
人都说蝙蝠是老鼠变的,
不知是也不是?”

大女婿听罢,连连称赞:“绝妙,绝妙!”给二女婿敬了酒。

轮到三女婿,他忽然想起自己头上戴的破毡帽有两个帽扇,倒像两个翅膀,便道出了下面四句话来:

“咱三人拜寿本是一事,
我比二位姐夫多两个翅,
人都说你俩是我养的,
你们说是也不是?”

大女婿拍桌大怒:“胡说,胡说!”二女婿气急败坏地问:“你敢骂人!谁是你养的?”三女婿不慌不忙地站起身来说:“二位姐夫息怒,请问哪个作官为宦的,不吃像我这样的庄稼人种下的粮食?”

大女婿和二女婿被问得面红耳赤,张口结舌。

喜 话

从前有个地主,雇了两个长工。因为他非常爱听吉利话,便特意给他俩重新取了两个好听的名字:一个叫“高升”,一个叫“发财”。

正月初一早上,地主要迎财神,说吉庆话,天还没大亮,他就怪声怪气地喊:“高升!高升!”

高升住在楼上,一听地主喊,便赶忙答道:“下来了!下来了!”

地主一听,怒气填心,又不能说什么,只好再叫:“发财!发财!”发财住在马圈里，马圈没有窗子，睁眼一看，到处都是黑糊糊的，以为天还早，便高声答道："还早，还早！"

地主气得连话都说不出来了。

金钱和正义

一天，国王问阿凡提："阿凡提，要是你面前一边是金钱，一边是正义，你选择哪一个呢？"

"我愿意选择金钱。"阿凡提答。

"你怎么了，阿凡提？"国王说，"要是我呀，一定要正义，绝不要金钱。金钱有什么稀奇？正义可是不容易找到的啊！"

"谁缺什么就想要什么，我的陛下。"阿凡提说，"您想要的东西正是您最缺少的呀！"

厚脸皮

两个人闲谈，甲问："天下什么东西最硬？"

乙说："铁硬。"

甲说："不对，铁一见火就化了，算不得硬。"

乙说："那么，什么东西最硬呢？"

甲说："都不如胡子。"

乙说："胡子怎么算得最硬呢？"

甲说："多少厚脸皮都被它钻透了。"

四个急性人

从前，有个急性人叫张三，有一天，他到面馆里去吃面，刚坐下就拍着桌子大叫："来一碗面，快、快、快！"跑堂的把面端来，就朝桌上一倒，高声说："收碗啦！"拿着空碗就走了。

张三气呼呼地跑回家里，没头没脑地发脾气："快要把我气死啦！"老婆一听，匆匆忙忙打了个包袱，背上就往外跑。张三一把拉住她问："干什么去？"老婆回答："你要死了，我还不赶紧去改嫁？"话刚落音，一个壮年大汉就从外面冲进来,拍着胸脯连声叫:“嫁给我,嫁给我!”

外国笑话

警察与小偷

警察抓住了一个小偷,在押送小偷去监狱的路上,小偷对警察说:

“先生,请您在这里等我一小会儿,我到那边去买包烟就来。”

警察说:“你把我当成傻瓜啦,要是我让你自己去买烟,你会趁机逃走的。这样吧,你站在这里等我,我去给你买烟。”

未卜先知

某人自称是先知。

人们问他:

“你是先知的标志是什么呢?”

他答:

“我能知道你们心里想些什么。”

“我们想什么呢?”大伙儿问。

他答道:

“我知道你们心里在想:‘他根本不是个先知,而是个十足的骗子。’”

节约与小气

小学生问:“爸爸,节约与小气有什么区别?”

爸爸说:“我给你举例说明二者的区别:当我自己节省花钱时,你妈妈说我是节约的模范,当我让你妈妈节省花钱时,她却说我小气。”

三 个 画 家

从前,有一个国王,长得身高体壮,只是一只眼是瞎的,一条腿是瘸的。一天他招来三位有名的画师给他画像。

第一个画师,把国王画得双目炯炯有神,两腿粗壮有力,而且膀大腰圆,英俊威武。国王看过之后,气愤地说道:“这是个善于逢迎的家伙。”他叫卫兵把这位画师推出去斩首了。

第二位画师,按照国王原来的样子画得逼真如实。国王看过画像之后,又是一脸怒气,说:“这叫什么艺术!”叫卫兵把他的头也砍了。

轮到第三位画师了。他把国王画成正在打猎,手举猎枪托在瘸腿上,一只眼紧闭着瞄准前方。国王看了十分高兴,奖给他一袋金子,誉他为“国内第一画师”。

考 试

考试的时候,老师考问一个学历史的大学生,这是一个很差的学生。为了给他一个及格的机会,老师问他:

“美洲大陆是谁发现的?”

“……”

老师气急败坏地喊道:

“克利斯朵夫·哥伦布!”

这时,这位学生拔腿就走。老师惊奇地把他叫住:

“喂,你为什么走呀?”

“对不起,我还以为您叫下一个考生呢!”

烟 鬼

某喜烟者,多次决心戒烟,都不见成效。他一边无可奈何地嘀咕着,一边又掏出一支烟来美美地抽了起来。同伴忠告说:“抽烟害处大,又费钱,不如在想抽烟时买一根奶油冰棍试试。”喜烟者说:“早就试过了,怎么也点不着。”

礼尚往来

美国一家服饰商店，由于生意萧条，挖空心思招徕顾客。一次，该店主动给一位著名的作家寄去一条领带和一封信。信的内容是："敝号领带四海闻名，深盼阁下付来两元认购该领带。敬礼！"

几天以后，这家商店收到一本书和一封这样的信："鄙人所著小说颇受读者欢迎。兹寄上一本，望贵号购买。该书价为两元八角，故请你们补回八角。鞠躬！"

我不干了

有个懒汉什么事都不肯干，只落得失业在家。时间一长，生活过不下去了，只好去职业介绍所，请求介绍一个最轻快的工作。介绍所的同志考虑了一下，说："那你就去看坟地吧！说实在的，没有比这更轻快的事了。"

懒汉愉快地去了，但一会儿就回来了，并愤愤不平地对介绍所的同志说："我不干了！"

"为什么不干？"

"这活太不公平了！他们都躺着，却让我一个人站着！"

相对论妙解

有一次，群众包围了爱因斯坦的住宅，要他用"最简单的话"解释清楚他的"相对论"。当时，据说全世界只有几个高明的科学家看得懂他关于"相对论"的著作。

爱因斯坦走出住宅，对大家说：

"比方这么说，你同你最亲的人坐在火炉边，一个钟头过去了，你觉得好像只过了五分钟；反过来，你一个人孤孤单单地坐在热气逼人的火炉边，只过了五分钟，但你却像坐了一个小时。——唔，这就是相对论。"

你说得对

有一个人,买了一只鹦鹉,教它学波斯语。他费了很大的心思,鹦鹉只学会一句:"你说得对。"这人又做了很多的努力,鹦鹉给他的回答还是"你说得对。"这一天,他把鹦鹉拿到市场上,打算索价二百第纳尔,把它卖掉。一位蒙古人走了过来,问鹦鹉:

"难道你真的值二百第纳尔吗?"

鹦鹉回答说:"你说得对。"

蒙古人很满意,便把鹦鹉买了下来。此后,不管他问鹦鹉什么问题,他听到的回答都是"你说得对。"蒙古人气恼了,他为自己花掉的巨款而惋惜。他自言自语说:"我多愚蠢呀,为了一只笨拙的鹦鹉,我花掉了二百第纳尔!"

这时,鹦鹉回答他说:"你说得对。"蒙古人大笑起来,便把它放掉了。

道歉

法官问阿卡斯德:"您是不是在电话里骂了约翰先生?""是的,先生。""您是愿意去道歉呢,还是去蹲一个月监狱?"

"我打算去道歉。""那好,去打电话道歉。"

阿卡斯德打电话给约翰说道:"您是约翰吗?""是的。""我是阿卡斯德。今天早晨我们激烈争论时,我叫您见鬼去。""是的。""那您现在别去了。"

无以为家

有人问:"诗人为什么不像小说家、散文家一样称'家'呢?"

旁边一人解释说:"诗人很浪漫,要到处去寻找灵感,不能被'家'拖累。"

"不对!"诗人感叹说,"因为一首诗卖不到几个钱,我们才没能力成'家'!"

一条心

约翰先生下班回到家里,发现他的妻子正在收拾行李。

“你在干什么？”他问。

“我再也呆不下去了。”她喊道，“一年到头老是争吵不休，我要离开这个家！”

约翰困惑地站在那里，望着他的妻子提着皮箱走出门去。忽然，他跑进寝室，从架子上抓起一个箱子。“等一等。”他喊道，“我也呆不下去了，我和你一起走！”

一言误事

“你昨天去找新的工作，找到了吗？”

“没有。当招工人员跟我洽谈时，我说了一句该死的废话！”

“你说错了什么？”

“当他问我会不会做这种工作时，我说‘这种工作我简直可以闭着眼睛做’！”

“这话没错啊！”

“可他要找的是个守夜人。”

爱

老师为小朋友讲解“爱”，指出有父母之爱、师生之爱、兄弟之爱、朋友之爱……最后让小朋友用“爱”字造句。

小芩在黑板上写道：“爸爸爱吃牛肉。”

小琴写道：“妈妈爱花。”

小明说：“老师，我想要造的句子，他们都已经造了。”

老师答道：“想一想，一定还有可以用‘爱’字造句子的。”

小明想了一会儿，写道：“小心艾滋病。”

形影相随

一位学者在新婚燕尔之际，仍然手不释卷地读书。妻子忿忿地埋怨道：“但愿我也能变成一本书。”

学者疑惑不解地问：“为什么？”

“只有这样，你才会整日整夜地把我捧在手里。”妻子说。

看到新婚妻子满腹怒气，学者说："那可不行——要知道，我每看完一本书就要换新的……"

牙 痛

克劳斯："爸爸，我牙痛。"

"你吃糖果太多了，所以才牙痛。"父亲回答。

"这不可能，"克劳斯说，"吃糖果时，我用所有的牙齿咀嚼，而现在，我只有一个牙齿痛。"

羊 毛

老师："我们从绵羊身上可以得到什么？"

学生："羊毛。"

老师："羊毛可以做什么？"

学生："不知道。"

老师："那么，你的毛衣是什么东西做的？"

学生："是我爸爸的旧毛衣拆了织的。"

破 产 以 后

两个西德人在路上相遇。

甲："您好！好久不见了。我最近很倒霉，破产了。自从我破产以来，我的朋友有一半不同我来往了。"

乙："那不是很好嘛，您至少还有另一半真正的朋友。"

甲："好是好，只是剩下的那些朋友还不知道我已经破产了。"

屠户和律师

有一条大狼狗经过一个屠户的店铺，跳上肉台衔走了一块挂在肉钩上的肉。屠夫认得这是住在附近一位律师的爱犬。于是径直走到律师家里。

“律师先生,我想问你一件事,有一条狗偷走我店内一大块肉,我可以控告狗主,索回肉钱吗？”

“当然可以。”律师毫不迟疑地回答。

“那好。先生,是您的爱犬偷了我的肉。这是很大一块上等精肉,足足有三斤重,你该付给我六法郎。”

律师瞧了屠户一眼,一语不发,便如数付了钱。屠户得意忘形地拿了钱,三步并作两步回到家里。一刻钟后,他接到了这样一封信：

“屠户先生,你欠律师约翰先生一件普通案的咨询费十五法郎。限三日内偿清,否则法庭见面。”

登 记

有一次,雨果出国旅行。当他来到某国边境时,需要检查登记。

哨兵问他:“你的姓名？”

“雨果。”

“你干什么的？”

“写东西的。”

“以什么谋生？”

“笔杆子。”

于是,哨兵在登记本上写道:

姓名:雨果。职业:贩卖笔杆。

好 办 法

朋友:那些浪费光阴的客人老是打搅你,是吗？你怎么不试试我的方法呢？

作家:是什么好方法？

朋友:电铃响时,开门之前我先戴上帽子和手套,如果确是我并不想见的人，我便说：很对不起，我正要出门。

作家：假如正是你想要见的人呢？

朋友：那么我说，真太巧，我刚到家。

碑石上刻什么

丈夫对妻子说："亲爱的，我在考虑，在你的坟前碑石上刻什么最合适。"

妻子说："请你刻上下面这段话：'可怜的寡妇×××在度过了多年的痛苦守寡生活之后，终于在此墓中与她的亡夫会合了。'"

我的钱

一位好心的男子常把钱给他家附近的一个乞丐。

有一天，这乞丐对他说："先生，我想请教你一个问题，两年前，你每次给我十元钱，去年减为五元，到了今年，每次只有一元了。这是什么缘故？"

那人答道："两年前我还是个单身汉，去年我结了婚，今年家里又添了个孩子。为了家用。我只好节省自己的开支。"

乞丐听了生气地说："你怎么可以拿我的钱去养活你的家人！"

好学生的秘密

老师对梯梯埃说："我真不明白，你一向是我最得意的学生，样样第一，数学优秀，语文优秀，可是半个月以来，你忽然一塌糊涂，什么功课都一无所知，到底是怎么回事呢？"

"很简单，老师，现在是爸爸跟不上了。"

特殊病状

一个中年妇女到医院去看病，她为了显示自己年轻，当医生问她多大年纪的时候，她撒谎说："二十五。"于是，医生在病历卡上写道："失去记忆力。"

第七卷　诗词哲理名句

“诗词哲理名句”这个卷名，最初是我的学生们给我提出来的。他们中爱好写作的同学中学毕业或大学毕业后，有的当了报社、电视台的记者、编辑，有的成了单位的“秀才”、“笔杆子”，有的成了领导的“秘书”。他们给我来信说：“李老师，我们经常要写新闻报道、调查报告，或者代领导起草发言稿、讲话稿。为了使文章更生动、更典雅、更具说服力，总想旁征博引，特别是想引用那些富有哲理的古代诗词，因为如果引用得当往往能起到振聋发聩、画龙点睛的作用。可是到了用的时候，一下子又想不起来，更找不出来，有时还会出现张冠李戴的错误。真是‘书到用时方恨少，事非经过不知难’。李老师，您是我们的语文老师，如果有时间，希望您能编点这方面的资料以方便大家引用。”

“文章千古事，得失寸心知”，同学们的困惑是可以理解的。引经据典是写文章的常事，尤其在论说文中，引证既是一种论证的方法，又是一种修辞的手法。为了满足同学们的要求，我尝试着从古诗词中摘编了一些哲理性较强的句子，并就如何引证略加解释。搞了一段时间之后，我又担心起来。因为中国的古诗词实在是太多了，其中的哲理性名句也数不胜数，凭我掌握的资料，加之个人水平有限，必然是挂一漏万，贻笑于众，于是就作罢了。可是几年之后，又有人向我提出这个要求。为了不使他们失望，便又重新整理起来，希望能为写文章的朋友助一臂之力。

我国是诗的国度、歌的故乡。早在两千多年前，由孔子删定的《诗经》就收集了当时的诗歌三百多篇，并被列为儒家经典之一。孔子对《诗经》的评价是：“《诗》三百，一言以蔽之，曰思无邪。”（《论语·为政》）就是说，《诗经》里的每一首诗，主题思想都是很纯正的。即便是第一篇描写爱情的《关雎》，孔子也说它“乐而不淫，哀而不伤”（《论语·八佾》）。可以说是孔子为中国的诗歌创作定了一个正统的调子。《诗经》所谓的“六义”，即风、雅、颂、赋、比、兴，对后来的汉乐府、唐诗、宋词以及整个中国文学的发展都有深远的影响。

诗歌在内容的性质上大致可分为抒情诗和叙事诗两大类，纯粹的哲理诗并不多。“云想衣裳花想容”，无论哪一类诗都离不开形象思维。诗歌不能抽象化，更不允许概念化，但这并不排除在诗歌中宣泄诗人的喜怒哀乐。“新松恨不高千尺，恶竹应须斩万竿”，诗人的爱憎是多么的分明。这一点有些像寓言，诗人不过是把自己的某种是非观念变成形象化的说法罢了。“小荷才露尖尖角，便有蜻蜓立上头”表现了诗人对新生事物的热爱与追求。“硕鼠硕鼠，无食我黍。三岁贯女，莫我肯顾”表现了诗人对那些不劳而获的剥削者的憎恶，把他们比作贪得无厌的土耗子。“朱门酒肉臭，路有冻死骨”强烈地对比了贫富之间的社会悬殊。“遍身罗绮者，不是养蚕人”同样表现了诗人内心的不平和对蚕妇的同情。当然，诗人在感情激越的时候，也会直面人生，站出来呼喊。这时候，诗歌的感性就会升华为理性，哲理性句子就是这样产生的。“子系中山狼，得志便猖狂”揭露了那些伪君子的狰狞面目。“我劝天公重抖擞，不拘一格降人材”表现了诗人急欲打破万马齐喑、壮志难酬的现状。“盛年不重来，一日难再晨。及时当勉励，岁月不待人”是多么语重心长的嘱咐，但一点儿也不显得抽象。

由此可见，古诗词中的哲理性名句，正是诗人词家关心社会、关心人民疾苦，并积极寻求出路的一种思考。换句话说，越是提炼了生活、越是识破了世相、越是接近真理的诗句，就越容易传诵，被文人引证的几率也就越高。

此外，中国古典小说名著中的诗词也为我们提供了不少哲理性的名句。大家知道，唐诗、宋词是我国诗词发展的顶峰。受其影响，当时出现的话本（小说的前身）在故事情节需要渲染、铺张的时候，也加进了诗词以增强小说的艺术效果，这叫“文备众体”，这种手法后来就成了中国小说创作的一大特色。罗贯中、吴承恩、曹雪芹、施耐庵既是伟大的小说家，同时也是天才诗人和词家。如《三国演义》开头的一首词就很有感染力，向来为人们所咏叹：

滚滚长江东逝水，浪花淘尽英雄。是非成败转头空，青山依旧在，几度夕阳红。白发渔樵江渚上，惯看秋月春风。一壶浊酒喜相逢，古今多少事，都付笑谈中。

这首词放在小说第一回的开头，不仅再现了从汉末黄巾起义到晋武帝元年吴亡长达一个世纪的魏、蜀、吴之间的混战局面，同时也使人对这段历史的变迁、人事的代谢产生诸多悲壮而苍凉的感慨。

在古典小说中，诗、词、曲、赋出现最多的要数《红楼梦》了。无论是谈情说爱，还是伤时骂世，除小说的主体文字之外，差不多都有诗词歌赋的出现，而且不乏精彩的名句。比如第一回里那个跛足道人唱的《好了歌》以及甄士隐对《好了歌》的解注，可以说是拉开了这部小说在人生这个大舞台上演出的序幕：

世人都说神仙好，惟有功名忘不了，
古今将相知多少，荒冢一堆草没了。
世人都说神仙好，只有金银忘不了，
终期只恨聚无多，及到多时眼闭了。
世人都说神仙好，只有娇妻忘不了，
君生日日说恩爱，君死又随人去了。
世人都说神仙好，只有儿孙忘不了，
痴心父母知多少，孝顺儿孙谁见了。

《好了歌》里说的也许未必都是真理，但世上万般，好便是了，了便是好，若不了，便不好；若要好，须是了，个中的哲理倒是确实值得我们深思的。再听听甄士隐的解注：

……金满箱，银满箱，展眼乞丐人皆谤。正叹他人命不长，那知自己归来丧。训有方，保不定日后作强梁。择膏粱，谁承望流落烟花巷。因嫌纱帽小，致使锁枷扛；昨怜破袄寒，今嫌紫蟒长：乱哄哄，你方唱罢我登场，反认他乡是故乡。甚荒唐，到头来都是为他人做嫁衣裳！

相信每个饱经沧桑的人看了《好了歌》及其解注，无论处于何等地位，都会有所感悟的。

最后，还应该提到的是我国特有的禅诗。禅诗来自禅宗，禅宗是佛教的一大宗派，盛行于唐、宋。什么是禅，解释颇多，如“平常心是禅”、“安详是禅”、“静虑是禅”、“生活是禅”等。禅宗的修持以不污染“本心”为基础，以自悟自证为方法，不立文字，直指人心。因此，一山一水都能开悟，一花一木皆可入道，即“一花一世界”、“一叶一菩提”。禅诗蕴涵的哲理不同于一般世俗的真理说教，禅理着重于启迪人的智慧、净化人的心灵、提高人的思想境界。禅诗的魅力就在于它既基于生活又高于生活，既使人感到神秘又使人感到方便，这大概也是人们喜欢禅诗的原因吧。最早的禅诗是神秀和尚和六祖慧能写的两首开悟诗，这两首诗可谓是禅宗寓禅于诗的代表作，历来为人们广泛传诵。我们先看神秀的开悟诗：

身是菩提树，
心如明镜台。
时时勤拂拭，

莫使有尘埃。

再看六祖慧能的开悟诗：

菩提本无树，
明镜亦非台。
本来无一物，
何处惹尘埃。

这两首诗的思想境界都很高。神秀的诗近于“有”、“实”，是禅宗渐修的方法；慧能的诗近于“空”、“虚”，是禅宗顿悟的方法。禅宗因此也就分成南、北二宗，神秀是北宗的教主，慧能是南宗的领袖。所以，这两首诗也可以说是禅宗的两种示法诗。在禅诗作者中，除了有名的诗僧如齐已、贯休、寒山等之外，还有更多是受到禅宗思想影响的诗人，他们有的就是佛教居士，如陶渊明、李白、王维、白居易、王安石、黄庭坚、苏轼等，也都写了很多寓禅于诗、寓禅于词的作品。如陶渊明的《饮酒诗》：

结庐在人境，
而无车马喧；
问君何能尔？
心远地自偏……

再看苏轼的《琴诗》：

若言琴上有琴声，
放在匣中何不鸣？
若言声在指头上，
何不于君指上听？

这些禅诗充满弦外之音，细细读来，实在耐人玩味。

鉴于上述缘由，我们也从古典小说的诗词中和禅诗中选了些名句供大家欣赏、引用。

既然是哲理名句，那就不需要再把原诗词全文托出，只要注明出处就行了。事实上，每个人读书也都是各取所需的。这就好像一群人上了一座山，木匠的注意力是寻找成材的树木，画家的着眼点是选择写生的角度，采药人的目的是发现药材。一首好诗或一首好词，也并非字字玑珠、句句玉律，读者选用的也就是其中那么一二句而已。如王勃的《送杜少府之任蜀州》：

城阙辅三秦，
风烟望五津。
与君离别意，
同是宦游人。
海内存知己，
天涯若比邻。
无为在歧路，
儿女共沾巾。

诗中被人广泛传诵并引用的也就是“海内存知己，天涯若比邻”两句。有时候，一首诗中甚至只有一句是著名的。如贾岛的《剑客》：

十年磨一剑，
霜刃未曾试；
今日把示君，
谁有不平事。

大家耳熟能详的也就是首句“十年磨一剑”。苏轼的《水调歌头·明月几时有》称得上是一首脍炙人口的好词了，但最精彩的只有最后几句：“人有悲欢离合，月有阴晴圆缺，此事古难全。但愿人长久，千里共婵娟。”就像白居易的《琵琶行》那样长的叙事诗，常被人引用的也不外乎“别有幽愁暗恨生，此时无声胜有声”、“门前冷落鞍马稀，老大嫁作商人妇”、“同是天涯沦落人，相逢何必曾相识”几句。

至于引证的目的，也会因人、因文而异。有的为了论证，有的为了起兴，有的为了过渡，有的为了修饰。有的与作者的原意相同，有的则反其道而用之。本卷的“引证”只是给大家作点一般提示，未必切合每个作者实际。为了便于大家使用，有些意思相同或相似的名句尽量在“引证”中放在一起，以减少大家翻阅的麻烦。下面把古代诗词中的哲理名句粗略地分为人间事理、人际关系、修身养性、针砭时弊四类。

人间事理

路漫漫其修远兮,
吾将上下而求索。

战国·屈原《离骚》

【引证】

原意是屈原抒发忧国忧民情怀的,现在用来表示一个人为探求真理不怕艰苦的研究精神。

身虽死兮神以灵,
子魂魄兮为鬼雄。

战国·屈原《九歌·国殇》

【引证】

这是一首哀悼为国捐躯者的祭歌,现在仍用来歌颂革命烈士精神的不朽。可与宋代李清照的《绝句》“生当作人杰,死亦为鬼雄”参照引证。

人生自古谁无死?
留取丹心照汗青。

宋·文天祥《过零丁洋》

【引证】

这首诗是文天祥写给叛将张弘范的绝笔诗,表达了他宁死不屈、愿意名垂青史的民族气节。这两句诗也用来评价人生的意义与价值。可参照宋代谢枋得的“人生芳秽有千载,世上荣枯无百年”。

人事有代谢，
往来成古今。

唐·孟浩然《与诸子登岘山》

【引证】

世上的一切事物都随着时空的转移而改变,旧的事物不断为新的事物所取代,这是一条不可逆转的新陈代谢的客观规律。一般引此句来说明或强调这种唯物主义历史观。

三十功名尘与土，
八千里路云和月。

宋·岳飞《满江红》

【引证】

原词是抒发岳飞为抗金戎马倥偬、所向披靡的雄心壮志的。现在也用来感叹自己为了一种事业历尽沧桑,辛勤奔波,最终却事与愿违或者成就不大。

山重水复疑无路，
柳暗花明又一村。

宋·陆游《游山西村》

【引证】

这两句诗既可用来形容那些在绝望中忽然出现转机、时来运转的幸运者，也可用来劝导那些一时找不到出路的人不要灰心丧气，要相信道路是曲折的，前途是光明的。

山雨欲来风满楼。

唐·许浑《咸阳城东楼》

【引证】

“山雨”象征即将出现的大事,“风满楼”是大事发生前的一种预兆。有“黑云压城城欲摧”之感,是一种非正面的前奏。

夕阳无限好，
只是近黄昏。

唐·李商隐《乐游原》

【引证】

夕阳红虽是即将消失的余晖，但又是一段很壮观的晚景。这两句诗一般用来形容老年人或迟暮人的怅惘心理，眼前景色虽好，奈何光阴易逝，青春不再，对往昔的美好事物产生无限眷恋。

路已近时翻觉远，
人因垂老渐知秋。

清·李合章《常州道中》

【引证】

这两句诗既可形容人老岁暮的心态，由于年事渐高，许多事情已经力不从心了；也可赞扬老年人由于阅历丰富，对许多事情颇有些先知先觉、先见之明。

看似寻常最奇崛，
成如容易却艰辛。

宋·王安石《题张司业诗》

【引证】

伟大总是出自平凡，所谓“看着容易做着难”说的也是同样的意思。这两句诗常引来说明一个人取得某种成果之不易，背后有许多不为人知的艰辛。

文章千古事，
得失寸心知。

唐·杜甫《偶记》

【引证】

写文章是千古不朽的大事。文章的好坏，自然有读者评说，但作者在文章中倾注的心血可是“寒天饮冷水，点滴在心头”。当然，作者也应该有自知之明，既不必自卑，更不敢自傲。

为人性僻耽佳句，
语不惊人死不休。

唐·杜甫《江上值水如海势聊短述》

【引证】

这是写诗人苦心构思佳句的名言。现在仍引来鼓励人对自己的文章要反复推敲，精益求精。为了向别人学习，杜甫又说“不薄今人爱古人，清词丽句必为邻”。

文章本天成，
妙手偶得之。

宋·陆游《文章》

【引证】

这两句诗，只有经常写文章的人才能有所领悟。“天成”强调了写文章要自然、流畅，反对矫揉造作；“偶得之”是作者在观察事物、体验生活中的一种特殊感悟。足见写文章不但靠技巧，也要靠灵感。

不畏浮云遮望眼，
自缘身在最高层。

宋·王安石《登飞来峰》

【引证】

这两句诗是作者登飞来峰的感悟。既可引来说明站得高才能看得远，又可以说明只有站在一定的高度（包括理论高度、经验高度），才能透过现象看到事物的本质，而不会被眼前“浮云”所造成的假象迷惑。

不识庐山真面目，
只缘身在此山中。

宋·苏轼《题西林壁》

【引证】

这两句出自一首禅诗，细细体味，是很发人深省的。一般引用它来说明由于人们看问题的立场、角度不同，对问题的看法也会大不相同。然而，“横看成岭”与“竖看成峰”都不是庐山的真正面目，根本原因在于受了自己视野的局限。这一点，有点像盲人摸象。

欲穷千里目，
更上一层楼。

唐·王之涣《登鹳雀楼》

【引证】

诗意本是登高才能望远，但一般引来祝贺或希望别人“百尺竿头，更进一步”，取得更大的成绩。

生时招不来，
死时带不去。

清·袁枚《钱》

【引证】

人，两手空空来到世上，什么也没有带来；最后两手一撒离开世界，什么也带不走。所以，作者劝人不要把物质财富看得太重了，应看得开、放得下，适可而止，知足才好。谚语“生不带来，死不带去”也是这个意思。

此曲只应天上有，
人间那得几回闻？

唐·杜甫《赠花卿》

【引证】

这两句诗的原意是赞美一个歌妓歌声优美的。现在则广泛引来赞美别人的歌声或象征某种不同凡响的声音。

有意栽花花不活，
无心插柳柳成荫。

明·罗贯中《平妖传》

【引证】

可参阅“蒙学读物撮要”卷中的《增广贤文》。也可参阅清方贞观诗“无意怀人偏入梦,有心看月未当圆”。

沉舟侧畔千帆过，
病树前头万木春。

唐·刘禹锡《酬乐天扬州初逢席上见赠》

【引证】

这两句诗的原意是写作者参与王叔文、柳宗元政治革新失败后遭到贬谪的心情。沉舟旁边依然千帆竞发,病树前头依然春意盎然。作者虽以“沉舟”、“病树”自喻,但对改革依然充满信心。他在另一首诗里写道:“芳林新叶催陈叶,流水前波让后波。”现在引用这两句诗仍然在说明新生事物不会因为腐朽事物的阻挠就停止前进。

日月无情也有情，
朝升夕没照均平。

唐·徐夤《日月无情》

【引证】

任何事物都是矛盾统一的。虽然日月穿梭催人衰老,但它给人的光明又是平等的、无偿的,因而也是有情的。

会当凌绝顶，
一览众山小。

唐·杜甫《望岳》

【引证】

居高临下才能比较出高低。这两句诗通过赞美泰山超群绝伦的气势，表达了作者不畏险阻、敢于攀登的壮志雄心。现在引来赞扬那些高瞻远瞩的人。

莫等闲，白了少年头，空悲切。

宋·岳飞《满江红》

【引证】

这是岳飞词中的名句。常被人引来勉励青少年要珍惜青春，不要虚掷年华，免得“老大徒悲伤”。

年年岁岁花相似，
岁岁年年人不同。

唐·刘希夷《代悲白头翁》

【引证】

诗句虽是感时伤怀，却也道出人生苦短、青春易逝的悲怆。一般用来规诫人们要珍惜光阴，不要蹉跎岁月。

少年不识愁滋味。

宋·辛弃疾《丑奴儿·书博山道中壁》

【引证】

原句是“少年不识愁滋味，爱上层楼。爱上层楼，为赋新词强说愁。”现在多用来说明涉世不深的年轻人对人间的冷暖、世态的炎凉还缺乏认识，不懂得愁苦是什么滋味。

凭君莫话封侯事，
一将成名万骨枯。

唐·曹松《己亥岁二首》

【引证】

原诗指乾符六年，镇海节度使高骈残酷镇压黄巾起义军有功受到朝廷封赏。现在也用来形容那些不堪回首的往事。

假金只用真金镀，
若是真金不镀金。

唐·李绅《答张孝标》

【引证】

俗话说:“真的假不了,瓷的瓦不了。”世界上只有假的东西才需要伪装。现在仍用“镀金”一词说明有些东西只是“金玉其外,败絮其内”。

一朝人事变，
千载水空流。

唐·戎昱《云梦孤城秋望》

【引证】

“一朝天子一朝臣”,一旦改朝换代,许多人的苦心经营就会付之东流。表达了诗人对当时社会埋没人才的不满。

莫道桑榆晚，
微霞尚满天。

唐·刘禹锡《酬乐天吟老见示》

【引证】

不要说夕阳到了桑榆之间就日薄西山了,那满天的红霞还是一道亮丽的风景线。这两句诗常引来勉励和赞扬老年人大器晚成、老有所为。

烽火连三月，
家书抵万金。

唐·杜甫《春望》

【引证】

战争使许多人妻离子散、背井离乡，此时最渴望的是想知道家人的下落和消息。这两句诗也用来形容离人在牵肠挂肚的时刻接到家信的不胜喜悦。

身无彩凤双飞翼，
心有灵犀一点通。

唐·李商隐《无题》

【引证】

“心有灵犀一点通”这句诗，现在用来形容彼此之间在相互理解的基础上有一种配合默契的心灵感应，也可以用来称赞那些在学习中一点就透和有特殊悟性的人。

青山遮不住，
毕竟东流去。

宋·辛弃疾《书江西造口壁》

【引证】

辛弃疾是南宋爱国诗人，诗的原意是表达作者收复失地、统一国土的决心。现在则引申为任何邪恶势力都阻挡不了正义事业的前进。

姑妄言之姑听之。

清·王士祯《题聊斋志异》

【引证】

这句诗是作者对《聊斋志异》的看法，意思是说的人随便说说，听的人也随便听听，不要过于认真了。现在仍引用这句诗表示对那些奇谈怪论听一听也就算了的意思。

抽刀断水水更流，
举杯消愁愁更愁。

唐·李白《宣州谢朓楼饯别校书叔云》

【引证】

这两句诗写尽了人间那种无法排解的愁苦，几乎可以引起每一个人的感情共鸣。想借酒浇愁，不但解不了愁，反而又添了一层新愁，就像抽刀断水，不但截不了水，反而使水流得更快了。

袈裟未着愁多事，
着了袈裟事更多。

宋·杨万里《送德轮行者》

【引证】

这两句诗说明要真正做到看破红尘、心如止水、走向超脱是很不容易的。原来以为出了家心就清净了，谁知当了和尚以后事情反而更多了。这说明有许多愁事是始料不及的。

春蚕到老丝方尽，
蜡炬成灰泪始干。

唐·李商隐《无题》

【引证】

原诗是写相思之苦的。现在引申为赞扬那种对事业或者对子女倾注了自己毕生精力的无私奉献精神。

野火烧不尽，
春风吹又生。

唐·白居易《赋得古原草送别》

【引证】

这两句诗是白居易诗作中的名句，既描写了春天生命的复苏，只要春风一吹生命就会萌发，更象征了新生事物具有强大的生命力，任何势力都阻挡不了。

剪不断，理还乱。

南唐·李煜《相见欢》

【引证】

这两句词现在仍被人普遍引来形容人心情烦乱，无可名状；或者形容事情千头万绪，不好处理。

莫言下岭便无难，
赚得行人错喜欢。

宋·杨万里《过松源晨炊漆公店》

【引证】

李白的“蜀道难，难于上青天”是讲上山难的，这两句诗却提醒人们下山也不容易。下山虽然不像上山攀登那么吃力，但人的体力消耗也很多，并不像人们想的那么容易，正如诗的后两句说的“正入万山圈子里，一山放过一山拦”。常被引来提醒人们不要低估眼前困难，要慎重如始。

问渠那得清如许，
为有源头活水来。

宋·朱熹《观书有感》

【引证】

此诗常被引来称赞那些做学问的人不但功底深厚，而且有清澈的知识源头。所以,我们治学也好,做人也好,都要从根本上学起、做起。正本清源,才能拨乱反正。

曾经沧海难为水,
除却巫山不是云。

唐·元稹《离思》

【引证】

原诗写作者对亡妻的悼念之情,即使再美的人也很难取而代之,就像沧海的水、巫山的云才是天下最好的水和最好的云一样。现在用来说明先入为主的东西是很难轻易放弃和改变的。

人生几回伤往事,
山形依旧枕寒流。

唐·刘禹锡《西塞山怀古》

【引证】

诗句表达了作者对江山依旧、人事无常的感慨,现在仍被引来抒发类似的情感。

试玉要烧三日满,
辨材须待七年期。

唐·白居易《放言五首之三》

【引证】

诗中的两个比喻,说明识别人才需要经过一定的时间考验,"疾风知劲草,路遥识马力"说的也是这个意思。这两句诗一般引来说明培养造就人才需要一定的时间,不能操之过急。

落红不是无情物，
化作春泥更护花。

清·龚自珍《离京》

【引证】

诗的原意是比喻生死不渝的爱情，即使离开了对方，依旧相互爱恋着。现在用这两句诗说明为了心爱的东西无怨无悔地奉献出自己的一切。

树欲静而风不止，
子欲孝而亲不在。

汉·韩婴《韩诗外传》

【引证】

客观事物的存在是不以人的愿望为转移的，但有些事情通过主观努力又是完全可以做到的，如果不去努力，就会给人带来遗憾与悔恨 。比如孝亲，对多数人来说，非不能也，是不为也。父母健在时，不知道孝敬，等到父母离开人世时才想起报答亲恩，岂不晚矣！

一失足成千古恨，
再回头已百年身。

清·魏子安《花月痕》

【引证】

现实生活中因失足而误入歧途，乃至抱恨终身的人并不少见。这两句诗常用来规诫和警告人们一定要遵纪守法、谨言慎行，防患于未然。

人似秋鸿来有信，
事如春梦了无痕。

宋·苏轼《正月二十日与潘郭二生出郊寻春，忽记去年是日同至女王城作诗，乃和前韵》

【引证】

这两句诗可以视为劝人达观的禅诗。对未来的期望也许还可以实现，但过去了的事情就再也回不来了，既然回不来，就不必再流连它了。也就是佛教说的“物来则应，事过不留”，看似平常，却含有深刻的哲理。

踏破铁鞋无觅处，
得来全不费工夫。

明·冯梦龙《警世通言》

【引证】

这两句诗经常被人引来形容很难找到或得到的东西，有时会在一个偶然的地方很容易地得到，令人喜出望外。有人把这视为机遇，也有人把这视为命运。可见，偶然性与必然性是相对的。

不如意事常八九，
可与人言无二三。

明·冯梦龙《醒世恒言》

【引证】

这两句诗是说人生在世，不如意的事很多，有共同语言的知心朋友却很少。人们常用这两句诗来安慰自己或安慰那些不如意的人。

不看人面看佛面。

明·冯梦龙《醒世恒言》

【引证】

这句话劝人，即使对某人不满意，也要看在某种关系上顾全大局，原谅别人。老百姓说的“打狗还得看主人面”也是这个意思。也有“不看僧面看佛面”之说。

眼看他起朱楼，
眼看他宴宾客，
眼看他楼塌了。

清·孔尚任《桃花扇》

【引证】

从“起朱楼”到“楼塌了”，是事物发展的必然过程，三个“眼看他”说明了世事的无常。贫富贵贱都是相对的，都是过眼云烟，不会长久。所以说“风物长宜放眼量”，人应当看破这个世相。

才自精明志自高，
生于末世运偏消。

清·曹雪芹《红楼梦》

【引证】

许多人事业不成、梦想破灭，不是因为没有志向，也不是因为没有才能，而是受到时代的局限、社会的遏制，没有展示才艺的机会。这两句诗常被引来表达一个人生不逢时、壮志难酬的遗憾与感慨。

尽日寻春不见春，
芒鞋踏破岭头云。
归来偶把梅花嗅，
春在枝头已十分。

某尼《悟道诗》

【引证】

春天本来早已降临了，因为自己感觉迟钝没有发觉，却要到处去寻春，乃至把鞋都磨破了还找不到春在哪里。这首诗提示人们，许多自己想要的东西本来就在身边，却还要费尽心力四处寻觅，到头来才知道是白白忙活了一场。

酒色财气四堵墙，
人人都在里边藏。
若有一人跳出来，
不是成仙便寿长。

某道人《醒世诗》

【引证】

这首诗常用来与人共勉，虽然明白如话，但真正能从“酒色财气”四堵墙里跳出来的有几人？这既是一首蕴义深刻的哲理诗，也是一首自我保健的养生诗。

人 际 关 系

投我以木桃，
报之以琼瑶。

《诗经·卫风·木瓜》

【引证】

原诗是表示情人之间互赠礼品作为信物，永结良缘的。现在引申为朋友之间的投桃报李，并说明这种礼尚往来的友谊是纯洁的，是不附加任何条件的，是中华民族的传统美德。

知我者谓我心忧，
不知我者谓我何求。

《诗经·王风·黍离》

【引证】

这两句诗的原意是一个流浪者向苍天诉说自己的忧思。现在常被人引来表达由于别人不理解自己而感到苦闷、彷徨的心情。

乐莫乐兮新相知，
悲莫悲兮生别离。

战国《琴歌》

【引证】

这两句诗可引来注解人生的悲欢与离合。最快乐的是新朋友的结识与聚会,最悲伤的是好朋友的分离与永别。

人有悲欢离合，
月有阴晴圆缺。

宋·苏轼《水调歌头》

【引证】

这两句词原是感叹人生的无奈与世事的无常的,所以作者在词的最后也只能寄予一个美好的愿望:“但愿人长久,千里共婵娟。”现在一般用来劝慰那些失意落魄者要想得开、放得下。因为人生不如意的事很多,不必太过执著。

天长地久有时尽，
此恨绵绵无绝期。

唐·白居易《长恨歌》

【引证】

《长恨歌》是写唐明皇李隆基与贵妃杨玉环生离死别的爱情故事的。但这两句诗现在也用来形容由于人生苦短和各种条件的限制,人们在理想、事业、爱情等方面总会留下许多的无奈与遗恨,而且这种无奈与遗恨有时甚至是超越时空的。

问人间情是何物，
直教生死相许？

元·元好问《摸鱼儿》

【引证】

“生”与“死”常常是“情”的主旋律，也是人生的主旋律。这两句诗一般引来歌颂那些同甘共苦、生死相许的爱情。

无可奈何花落去，
似曾相识雁归来。

宋·晏殊《浣溪沙·春恨》

【引证】

雁来雁去，花开花落，世态炎凉，人事无常，无可奈何的事谁都经历过。这两句诗常用来描写那种朦朦胧胧的伤时和怀旧感情。虽有些低沉，但也是人之常情。

安能摧眉折腰事权贵，
使我不得开心颜。

唐·李白《梦游天姥吟留别》

【引证】

诗句表现了李白不得志时的一副傲骨，与东晋陶渊明的“不为五斗米折腰”有异曲同工之妙。一般用来鼓励人们要不卑不亢地坚持独立人格，不走歪门邪道，做个堂堂正正的人。

因过竹院逢僧话，
又得浮生半日闲。

唐·李涉《登山》

【引证】

“忙”大概是古已有之的，现代人更是忙得不可开交，连吃饭、走路都在加速度。这两句诗可以引来作为自己调节紧张生活节奏的格言，也可以用来勉励朋友学会忙里偷闲，做到劳逸结合。

同是天涯沦落人，
相逢何必曾相识。

唐·白居易《琵琶行》

【引证】

原诗是写相同命运的人容易相互同情，不必曾有旧交。现在也用来说明命运遭遇相同、可以相互帮助共度时艰的朋友。

独在异乡为异客，
每逢佳节倍思亲。

唐·王维《九月九日忆山东兄弟》

【引证】

这两句诗已成了表达海外游子和在外地工作的人们逢年过节时思念家乡、思念亲人感情的名句。可与张九龄的“海上生明月，天涯共此时”和苏轼的“但愿人长久，千里共婵娟”参照使用。

天涯何处无芳草。

宋·苏轼《蝶恋花》

【引证】

“芳草”一般指美人，当然也可以象征一切美好的事物。这句词常用来安慰那些在情场上失意的人，意思是好姑娘哪里都有，何必局限于一个人？

海内存知己，
天涯若比邻。

唐·王勃《送杜少府之任蜀州》

【引证】

这两句诗是安慰挚友不要因离别过分伤心，纵然相隔千山万水，也同近邻一样感到亲近。此诗最宜用作临别赠言，表示彼此间心心相印，纵然隔山隔水也隔不了情。

无意苦争春，
一任群芳妒。

宋·陆游《咏梅》

【引证】

俗语说："人怕出名猪怕壮。"人有了名气，各种非议就随之而来了。自己本来不想与人争奇斗艳，却无端遭到别人的嫉恨。此句常引来诉说这种愤愤不平的苦衷，也可以用来规劝朋友。

莫愁前路无知己，
天下谁人不识君。

唐·高适《别董大》

【引证】

这两句诗常用来鼓励朋友不必为一时找不到知己担忧，相信凭朋友的名声与才干，不愁找不到挚友。希望朋友能够勇敢地面对现实，迎接挑战，毕竟前途是光明的。

当年不肯嫁东风，
无端却被秋风误。

宋·贺铸《踏莎行》

【引证】

世界上的许多事情都是始料不及的，懊悔的事在所难免，尤其是在择偶、择业上选错了人、入错了行的事更是屡见不鲜。文章中常引用这两句诗说明当年因误判错失良机，才落得如今这般凄凉的下场。

本是同根生，
相煎何太急？

魏·曹植《七步诗》

【引证】

这两句诗用来开导那些反目的兄弟，希望他们能珍惜手足之情，不要煮豆燃萁、自相残杀。

有缘千里来相会，
无缘对面不相识。

元·施耐庵《水浒传》

【引证】

中国人是讲缘分的，不但夫妻、朋友之间的情谊是一种缘，就是一切情仇恩怨也是一种缘。这两句诗已经成了俗语，不但可以解释人与人之间的各种关系，也常被人们引来作为初次见面时的客套话。

人生结交在终始，
莫以升沉中路分。

唐·贺兰进明《行路难五首》

【引证】

真正的友谊是始终如一的，不会因为一方的升沉而改变。否则，岂不成了酒肉朋友？

两情若是久长时，
又岂在朝朝暮暮。

宋·秦观《鹊桥仙》

【引证】

真正的爱情在于志同道合、同舟共济，而并非表现在朝夕相处、形影不离。

通常引这两句词来赞扬那些两地分居或者为了共同事业很少团聚的夫妻或恋人。晏几道也说:“有情不管别离久,情在相逢终有。”

长恨人心不如水,
等闲平地起波澜。

唐·刘禹锡《竹枝词九首》

【引证】

诗人面对瞿塘峡江水之险,想到人世间的险恶胜过江河。诗句常被引来说明人心叵测,令人防不胜防。同义的诗句还有李商隐《峡中行》:“楚客莫道山势险,世人心更险于山。”

修 身 养 性

千磨万击还坚劲,
任尔东西南北风。

清·郑燮《题竹石》

【引证】

以竹石在风中的坚挺,比喻人的立场坚定。因竹子有“节”,所以又象征人的气节与操守。诗句多用来歌颂那些坚韧不拔、战胜各种困难,最终取得胜利的人。

天生我材必有用,
千金散尽还复来。

唐·李白《将进酒》

【引证】

这两句诗的实用性都很强。第一句“天生我材必有用”,既可以表示自信、敢于自我期许，也可以鼓励别人打掉自卑感、立志成材。第二句“千金散尽还复来”，既可以显示“愿车马，衣轻裘，与朋友共，敝之而无憾”的豪放与旷达，也可以用来解释得与失的辩证关系。

不是一番寒彻骨，
怎得梅花扑鼻香。

唐·裴休《上堂开示颂》

【引证】

这是两句著名的励志诗。中国的传统教育观念认为，任何学习成绩的取得，都必须下一番苦工夫。蒙学读物《三字经》里就讲了许多发愤读书而后有所成的故事。谚语也说“宝剑锋从磨砺出，梅花香自苦寒来”。

君不见高堂明镜悲白发，
朝如青丝暮成雪。

唐·李白《将进酒》

【引证】

此诗句可引来劝说青少年，使他们知道人生易老，岁月流逝只在朝暮之间，要抓紧时间努力学习。这方面的诗句很多，如杜荀鹤的“百年能几日，忍不惜光阴”、李中的“花开花落堪悲，似水年光暗移”、寒山的“黄泉前后人，少壮须努力”等。

不要人夸颜色好，
只留正气满乾坤。

元·王冕《题墨梅》

【引证】

作者画梅，不是为了让人夸赞梅花的颜色怎么好，而是想把梅花的正气留在人间。此外，以梅花的色香比喻人的外貌与品德，意在教人评价事物时不要只看形式，而要着重看它的实质。

自古圣贤皆贫贱，
何况我辈孤且直。

南北朝·鲍照《拟行路难》

【引证】

这是作者对自己出身卑微、人生多难的一种感慨。自古以来，有道德、有学问的人，大都出身贫困，生活清苦。何况我们这些刚正不阿又不肯随波逐流的人？虽有些自我解嘲，但也确是正派文人的真实写照。这两句诗也用来鼓舞和安慰那些一时不得志的朋友，不要把暂时的困厄放在心上。

衣带渐宽终不悔，
为伊消得人憔悴。

宋·柳永《凤栖梧》

【引证】

词中的“伊”原来是指情人，现在普遍引申为对理想、事业的追求。为了实现这个目标，就是累得消瘦了也无怨无悔。近代学者王国维在《人间词话》中就引用了三句古诗词说明追求理想的三部曲：“古今成大事业大学问者经过三种境界：‘昨夜西风凋碧树，独上高楼，望尽天涯路。’此第一境也。‘衣带渐宽终不悔，为伊消得人憔悴。’此第二境也。‘众里寻他千百度，蓦然回首，那人却在灯火阑珊处。’此第三境也。”

浮生六十度春秋，
无辱无荣尽自由。

宋·杨公远《始生书怀》

【引证】

此两句诗反映了一种知足常乐的心态。作者认为无辱无荣就是自由，平平常常就是幸福。还可参考宋代诗人徐积的“且喜胸中无一事，一生常在平易中”。

老骥伏枥，
志在千里；
烈士暮年，
壮心不已。

魏·曹操《龟虽寿》

【引证】

曹操这几句铿锵有力的诗句，通常被引来赞扬那些年事虽高，但为国为民或忧国忧民的壮志依旧、雄心不减的人。既可勉励自己，也可鼓励老友，是字画中常见的赠言。

自能成羽翼，
何必仰云梯。

唐·王勃《观内怀仙》

【引证】

意思是自己有了翅膀，就不用借别人的梯子了。现在用来劝人发扬自力更生、奋发图强的精神，即儒家一贯强调的“反求诸己”的精神。

留得累人身外物，
半肩行李半肩书。

清·张问陶《庚戌九月三日移居松筠》

【引证】

这是赞扬读书人清高自守、安贫乐道的两句诗。意思是一生辛苦经营，所拥有的不过书与行李而已。此诗句可赠予那些淡泊名利、廉洁自奉的读书人。

闲来就写青山卖，
不使人间造业钱。

明·唐寅《言志》

【引证】

唐寅是个著名的书画家,清贫自守,以卖画为生。这两句诗正是他为人的写照。此诗常用来赞誉那些靠正当职业谋生,宁可艰苦度日,也不贪不义之财的人。

富贵不淫贫贱乐,
男儿到此是豪雄。

宋·程颢《偶成》

【引证】

处富贵不胡作非为,处贫贱能乐天知命,即孟子说的"富贵不能淫,贫贱不能移,威武不能屈",我们应以这个标准去评价大丈夫、男子汉。这是对那些正人君子的称赞语。

悟以往之不谏,
知来者之可追。

东晋·陶渊明《归去来兮辞》

【引证】

这是作者决心辞官归耕后的自我总结。现在人们也引来作自我检查或者规劝别人总结经验、接受教训、惩前毖后。过去做错了的已经不可挽回,但只要自己下定决心,以后的失误还是可以避免的。

春有百花秋有月,
夏有凉风冬有雪。
若无闲事挂心头,
便是人间好时节。

宋·无门和尚《颂》

【引证】

无门和尚是宋代的一位有道禅僧。他的这首禅诗告诉人们,人只要达观超脱,抛开内心的种种烦恼,不要患得患失,一年四季便都是良辰美景,都是黄道吉日。此诗多写成条幅或写在扇子上赠送朋友,规劝朋友摆脱名缰利索,顺应自然,活它个自在潇洒。

众人避暑奔走狂,
独有禅师不出房。
非是禅房无热到,
为人心静身自凉。

【引证】

此诗与前面的诗在意义上有相通之处。诗中的"热"实质上还是世上的名与利。人如果没有一个安定的心态,就会心随物转,跟着众人"奔走狂"了。

针砭时弊

生年不满百,
常怀千岁忧。

汉·佚名《古诗十九首》

【引证】

参阅"蒙学读物撮要"《名贤集》。

生来不读半行书,
只把黄金买身贵。

唐·李贺《嘲少年》

【引证】

这两句诗是讽刺那些不学无术,只知吃喝玩乐、摆阔显富的纨绔子弟的。他们肆意挥霍金钱,过着灯红酒绿、醉生梦死的生活。他们不但不以自己的无知无能为耻,反而夸耀自己的身价很高。其实,他们是最贫穷的。

商女不知亡国恨，
隔江犹唱后庭花。

唐·杜牧《泊秦淮》

【引证】

天下兴亡，匹夫有责。但“商女”之类的庸碌之辈，在国家危亡之际还在那里悠哉游哉地唱歌。现在也用来嘲讽那些不关心国家大事的人。

书册埋头无了日，
不如抛却去寻春。

宋·朱熹《出山道中口占》

【引证】

朱熹本来是主张发奋读书的，但这两句诗却有两种不同的解读：一种是说埋头读书的人应到大自然中散散心，调节一下脑子，以便更好地读书；另一种是给不爱读书的人提供了一个借口，为了寻春干脆不读书了。不过，一般都会作正面理解。

在晦不绝俗，
处乱不为亲。

唐·卢照邻《吟史四首》

【引证】

生活在污秽的环境中，不可能摆脱庸俗低级的情趣；置身于动荡不安的年代，不可能有和谐亲近的人际关系。这是作者对动乱年代的描写。

诚知此恨人人有，
贫贱夫妻百事哀。

唐·元稹《遣悲怀三首》

【引证】

这是作者的切身体会。原意是对于患难与共的贫贱夫妻来说，生死永别更是一种痛苦。现在常常反其道而用之：夫妻生活贫困了，什么事都感到难受。

纨绔不饿死，
儒冠多误身。

唐·杜甫《奉赠韦左丞丈二十二韵》

【引证】

不学无术的纨绔子弟，整日寻欢作乐；那些正直的读书人，却备受生活的煎熬。表达了诗人对怀才不遇的愤慨。

尔曹身与名俱灭，
不废江河万古流。

唐·杜甫《戏为六绝句》

【引证】

诗的原意是唐初那些讥笑"初唐四杰"（王勃、杨炯、卢照邻、骆宾王）的人，如今早已湮没无闻了，而四个诗人的诗却像江河一样万古长流。现在用来警告那些歪曲真理、破坏历史文化的人，他们是阻挡不了历史的长河滚滚向前的。

蚍蜉撼大树，
可笑不自量。

唐·韩愈《调张籍》

【引证】

这两句诗专用于嘲笑那些狂妄骄横、不自量力的人。

新松恨不高千尺，
恶竹应须斩万竿。

唐·杜甫《将赴成都草堂途中有作，先寄严郑公五首》

【引证】

这两句诗说明，在真善美与假恶丑的斗争中，人应当爱憎分明，支持真的、善的、美的，消灭假的、恶的、丑的。换句话说，要扶植新生事物，遏制邪恶势力。

鸳鸯绣取从君看，
不把金针度与人。

元·元好问《论诗三首之一》

【引证】

绣好的鸳鸯可以拿出来让人欣赏，但绣鸳鸯的技术、工具（金针）却对人保密，不肯外传。这两句诗常用来批评那种封闭保守的人。

才自精明志自高，
生于末世运偏消。

清·曹雪芹《红楼梦》

【引证】

这两句诗是作者为荣国府的大管家王熙凤作出的挽歌。王熙凤是个极尽权术机变、残忍阴狠的女人，但却没能逃脱没落、垂死的历史命运。现在用这两句话讽刺那些专会算计别人的人。

若要足时今足矣，
以为未足何时足。

唐·李峤《钱》

【引证】

人生知足，才能常乐。若不知足，则没有足的时候。此言用以规劝那些不知足的人。

相逢尽道休官好，
林下何曾见一人。

唐·灵澈《东林寺酬卫丹刺史》

【引证】

都说“无官一身轻”，但真正休官退隐的有几人？可见不恋功名利禄亦非易事。

多为势利朋，
少有岁寒操。

唐·李咸用《古意论交》

【引证】

诗句劝人选择朋友要慎重，不要与那些势利之徒结交，以免败坏自己的声誉。与此句意思相近的还有孟郊的“人中有兽心，几人能真识”和白居易的“天可度，地可量，唯有人心不可防”。

是非好恶随君口，
南北东西逐君眄。

唐·元稹《胡旋女》

【引证】

封建皇帝是“金口玉牙，说啥算啥”，所有的人都要随着皇帝的眼色转。现在仍用来讽喻那些不辨是非、趋炎附势的人。

第八卷 古今对联精选

“爆竹一声辞旧，桃符万象更新。”每当岁尾年首，家家户户都要在门上贴春联，也叫贴对子。既表示一元复始、万象更新，更图个红红火火、快乐吉祥。因为对联大都贴在门框、门柱上，所以也雅称“楹联”（“楹”是堂屋前的柱子）。一副对联由三部分组成：上联、下联和横批。上联也叫出句、出边，下联也叫对句、对边。横批是贴在门梁上的，所以也叫横额、横披、过梁。横批在对联中起着深化主题、画龙点睛的作用。

春联是对联的一种，春联的起源叫“桃符”。什么是桃符？西汉刘安的《淮南子》和东汉应劭的《风俗通》均有记载。桃符是用一寸宽、七八寸长的桃木做的。在桃木板上写上“神荼”、“郁垒”两个神仙的名字，或者画上他们的神像，悬挂在门的两边，能起到镇宅压邪的作用。这两个神像也就是民间所说的“门神”。据《风俗通》说，神荼和郁垒是兄弟俩，是黄帝派去把守鬼门的两个武将。他们住在度朔山上的桃树下，专门监察鬼的行动。遇上为祸作祟的恶鬼，就用芦苇绳索把他们捆起来扔到山后喂老虎。唐代以后，门神才变成据说是为唐太宗“捉鬼救驾”的尉迟恭和秦叔宝，一直流传到现在。

桃符变成春联是五代时候的事了。据《宋史·蜀世家》记载，五代时蜀主孟昶(chǎng)在归降宋太祖后，为取悦太祖，于宋太祖乾德二年除夕，在桃符上亲书一联：“新年纳余庆，嘉节号长春。”“余庆”指宋太祖的大将吕余庆，时任成都知府。“长春”是对太祖生日的颂词。想不到这副联语竟成为历史上最早和最工整的一副春联。于是学士们争相仿效，以能在桃符上写出优美的吉言嘉语为荣。从此，题桃符就逐渐地演变成了写春联。

然而，桃符真正被称为春联是在明代。据明人陈云瞻《簪云楼杂话》载：“春联之设，自明太祖始。帝都金陵，除夕前忽传旨：公卿士庶家，门口须加春联一副，帝微行出观。”朱元璋说到做到，除夕那天便微服出来巡查，结果发现有一家居然没有贴春联。朱元璋很不高兴，心想，哪个胆大刁民竟敢抗旨？经了解，才知道这是一家阉猪的，不会写字。朱元璋便根据其身份拿起笔来代他写下一副春联：

双手劈开生死路；
一刀割断是非根。

朱元璋走后，阉猪的人知道是圣上御笔，赶忙将春联挂在中堂烧香供奉起来。朱元璋听说后还赏了他三十两银子。据说，朱元璋平时爱写对联，经常赐联给他的功臣和谋士们。《列朝诗集》载，朱元璋给学士陶立敬的赐联是：

国朝谋略无双士；
翰苑文章第一家。

这副对联盛赞了陶的谋略和文章。由于皇帝的带头，写对联一时竟成了一种时尚，对联的功能也突破了春联的范围。在许多交际场合，不论喜怒哀乐，文人们动辄便用对联的形式来表达，甚至成为测试对方才智是否敏捷的手段。因此，明代也就先后出现了一批写对联的名家，如解缙、唐伯虎、祝枝山、徐渭等。

清代的乾隆皇帝也酷爱写对联，经常以对对联的形式和大臣们打趣斗智。如有一次，乾隆皇帝与大官员纪晓岚沿着运河南下巡查。一时兴起，便出了一联让纪晓岚对答。

南运河，北运河，南北运河通南北。

这个上联是不太好对的。因为“南、北”不但词义狭窄，而且重复很多。乾隆以为这下子可把大才子纪晓岚难倒了。不料纪晓岚急中生智，竟然很快对了出来：

东当铺，西当铺，东西当铺当东西。

乾隆皇帝听了拍手叫绝。

从上述看来，对联从古老的桃符脱胎出来，已经发展成为我国特有的一种传统文化，成为广大人民群众喜闻乐见的一种文学形式，被称为“诗中之诗”、“歌中之歌”。虽然它只有上、下两句，但已经成为一种独立的文体。全国各地不但有楹联学会，而且还创办了不少楹联刊物，爱好楹联创作的人越来越多。专门研究和整理对联的书籍就有一千多种。可喜的是，现在有些学校和语文老师给学生开设对联讲座，训练学生遣词造句的基本功，这是一种提高写作水平的很好尝试。有个教育家说得好，学写对联，不但是作文的开始，也是作诗的基础。

那么，对联有哪些特点呢？顾名思义，对联的特点就在“对”字上。对联如果不成对就不是对联了。我们试举一副古老的春联为例：

又是一年芳草绿；

依然十里杏花红。

这副对联至少有四个特点：一是字数相等。上联和下联都是七个字。二是句型相当，词性一致。上联的“又是”与下联的“依然”都是副词，上联的“一年”与下联的“十里”都是数量词，上联的“芳草”与下联的“杏花”都是名词，上联的“绿”与下联的“红”都是形容词。三是平仄相对，音韵和谐。严格地讲，上下联中的每个字都应该是平仄相对的，但并非人人都能做到，因此我们在对对联的时候，至少要保证上联的煞尾一定是仄声，下联的煞尾一定是平声。“绿”为仄声（现代汉语的上声、去声），“红”为平声。四是内容相关。上联的“又是”与下联的“依然”都表示重复。“一年”表示时间，“十里”表示空间。“芳草绿”与“杏花红”都形容春意很浓。这样的对联再配上“春回大地”或“春色宜人”的横批，就更是锦上添花了。掌握了对联的这些特点，我们就可以试着自己编写对联了，而且贴对子时就不会贴倒了。

对联作为一种文学形式，在艺术上自然要求很高。如同吟诗一样，对联需要在语言上用功推敲，使其音韵协调，富有音乐美和节奏感。从修辞的意义上说，对联本身就运用了对偶修辞法。其他的如比喻、夸张、拟人、问答、衬托、双关、藏谜、回文、运用典故等，也都被对联广泛地采用。

现在的春联，大都是从市场上买来的，千篇一律，千户一腔，除了红火热闹，实在没有什么特色。对于读书人来说，对联最好还是自己编写，自己书写。内容上可以按照自己的需要抒情言志，形式上还可以展示自己的书法艺术才能。这既是一种创造，也是一种美的享受，何乐而不为？

对联既然已经突破了春联的范围，那么它在实际生活中的运用都有哪些呢？清代梁章钜写的《楹联丛论》中把对联按功能分成十三大类，即故事、应制、庙祀、廨宇、胜迹、格言、佳话、赠答、寿联、挽联、集句、杂缀和谐语。笔者从常见的实用角度上将对联分成六类，并从几种有关联语、联话的书籍中选了些有代表性的对联分述于下。

吉祥如意的迎春联

如果说对联的渊源是春联,那么春联的渊源就是诗歌。如诗如歌的春联,用方块汉字写在红纸上,贴在大门上,再配上花纸吊挂、大红灯笼,最能彰显中华民族过春节的特色。春联既得诗歌之精髓,又得书法之灵气,相得益彰,雅俗共赏,可谓是国粹。

从内容上看,传统的春联包括四个方面。

一是表示除旧迎新。如“一夜连双岁,五更分二年”、“三阳从地起,五福自天来”、“莺歌赞丰年,燕舞庆升平”、“旭日临门早,春光及第先”等。因为中国的农历是按照天干、地支排列的,所以人们每年都会根据十二生肖的象征意义编出许多新春联来,如“午马报捷升平岁,未羊登程大有年”、“喜羊年初露春色,继猴岁大展宏图”、“四海同欢马献宝,百花竞妍羊驮春”等。这种拟人化的手法,既表达了节日的祝福,又展示了时序的更迭。

春联的第二个内容是描写春天的美好。春到人间,春光明媚,万象更新,一派生机。如“又是一年芳草绿,依然十里杏花红”、“桃红复含宿雨,柳绿更带朝烟”、“红梅点点舞春意,青山处处皆春光”、“瑞雪飘扬兆丰年,腊梅傲放报吉祥”、“五风十雨皆为瑞,万紫千红总是春”、“天增日月人增寿,春满乾坤福满门”等。

春联的第三个内容是提倡耕读传家、勤俭持家,讲究道德良心,追求返璞归真。这类春联多是修身、齐家的格言和古训,如“不寒不暖天气,半耕半读人家”、“吉星高照平安第,福曜常临积善家”、“喜看辛勤犁耧走,欣听着意马蹄轻”、“创业维艰宜节俭,守成不易戒奢华”、“心田种德心常泰,福地安居福自多”、“两三杆竹见精神,十万卷书思古人”、“勤为摇钱树,俭是聚宝盆”、“土中生白玉,地内出黄金”等。

春联的第四个内容是紧跟时代步伐,体现时代精神。这是新春联产生的社会原因。如文化大革命时期的春联多半是“深入开展大批判,认真改造世界观”、“接受工农再教育,誓做革命接班人”、“心想北京天安门,志在世界一片红”等。有个造反派头头在门上写了一副骇人听闻的对联:“抽出骨头擂战鼓,提着脑袋干革命”,谁看了都觉得毛骨悚然。1976 年粉碎了“四人帮”,人民群众出于对“四人帮”的义愤,春联多写“金猴奋起千钧棒,玉宇澄清万里埃”、“四海翻腾云水怒,五洲震荡风雷激”等。改革开放以后,春联也焕然一新,如“翻身不忘毛主席,致富全靠邓小平”、“改革送走贫困,开放迎来富饶”、“辞岁迈上新台阶,迎春奔向小康路”、“反腐倡廉顺人意，扫黄打假安民心”等。

由于时过境迁，有些春联就失去了使用价值，但有些春联人们却一直在使用着，而且常用常新，成了“万岁联”。如“福如东海长流水，寿比南山不老松”这副老对联，现在仍可用作春联，也可用作堂联，更可用作寿联。又如“松竹梅岁寒三友，桃李杏春风一家”，既充满诗情画意，又显得和气祥瑞，永远也不会过时。下面我们再从有关书籍中选几副传统的春联供大家鉴赏，有些格言式的对联，也可以作为座右铭用作堂联。

天心随律转；
人事逐年新。

太平真富贵；
春色大文章。

旭日临门早；
春风及第先。

富贵三春景；
平安两字全。

六合天地皆丽日；
大千世界遍春风。

春色满园关不住；
清风两袖归去来。

天涯芳草年年绿；
神州奇葩岁岁红。

花能解语迎人笑；
草不知名随意生。

案头书香彩蝶来；
床前明月乡情在。

辞旧岁凯歌高唱；
迎新春壮志凌云。

天好地好百姓好；
人和家和万事和。

福禄寿三星共照；
天地人一体同春。

世上千祥皆入户；
人间万福尽临门。

五风十雨皆为瑞；
万紫千红总是春。

一夜连双岁，岁岁平安；
五更分二年，年年丰收。

事如知足心常惬；
人到无求品自高。

书有未曾经我读；
事无不可对人言。

业精于勤荒于嬉；
行成于思毁于随。

身安觉得茅屋稳；
性定尝着菜羹香。

壁立千仞，无欲则刚；
海纳百川，有容乃大。

欲除烦恼须无我；
历尽艰难好做人。

世事洞明皆学问；
人情练达即文章。

天若有情天亦老；
月如无恨月常圆。

删繁就简三秋树；
领异标新二月花。

俯仰无愧天地；
褒贬自有春秋。

诗堪入画方称妙；
官到能贫乃是清。

铁肩担道义；
妙手著文章。

书画怡且乐；
金石寿而康。

好学近乎知，力行近乎仁，知耻近乎勇；
富贵不能淫，贫贱不能移，威武不能屈。

虚怀若谷，静可以悟出人间妙理；
坦然一笑，诚常能识破世上是非。

常见的春联横批有：

春满神州　一元复始　万象更新　三阳开泰　四季平安

五福临门　六合同春　普天同庆　国泰民安　江山多娇
振兴中华　万事如意　人杰地灵　人寿年丰　政通人和
物华天宝　开源节流　众志成城　人勤春早　小康人家

引人入胜的名胜联

我国是个旅游资源非常丰富的国家，无论是自然景观还是人文景观都闻名天下。在自然景观中，除了大江大河、名山大川之外，各地的县志、州志里都有当地的“八大景”、“十大景”。这些景点千姿百态，装点着祖国的锦绣河山。在人文景观中，除了古刹、道观、古祠、古墓外，还有难以计数的古城、古楼、古塔、古亭、古桥、古阁、古洞、古坊、古宅、古戏台、古书院以及近现代的革命文物等。在这些名胜古迹的楹柱、门柱上大都镌刻着历代名家撰写的对联。这些对联有的写景，有的抒情，有的怀古，有的咏史，有的警世。我们只能从中列举二三以飨大家。

人生百年，把几多风月琴樽，等闲抛却；
醉翁千古，问尔许英雄豪杰，那个醒来。

安徽琅琊山醉翁亭

放不开眼底乾坤，何必登斯楼把酒；
吞得尽胸中云梦，方可对仙人吟诗。

湖南岳阳市岳阳楼

世事如棋，一着争来千古业；
柔情似水，几时流尽六朝春。

南京莫愁湖胜棋楼

史诗数千言，秋天一鹄先生骨；
草堂三五里，春水群鸥野老心。

成都杜甫草堂

蝉噪林愈静；
鸟鸣山更幽。

苏州拙政园

足下起祥云,到此处应带几分仙气;
眼前无俗障,坐定后宜生一点禅心。

江西庐山绝顶

山径晚红舒,五百夭桃新种得;
峡云深翠滴,一双驯鹤待笼来。

湖南岳麓山爱晚亭

黄鹤飞去且飞去;
白云可留不可留。

湖北武昌黄鹤楼

两脚不离大路,吃紧关头须要认清岔道;
一亭俯看群山,占高地步自然赶上前人。

贵阳图云关

秦皇安在哉,万里长城筑怨;
姜女未亡也,千秋片石铭贞。

山海关孟姜女庙

出没波涛三万里;
笑谈古今几千年。

厦门鼓浪屿

自古宇宙垂名,布衣有几;
能使山川生色,陋室何妨。

诸葛亮茅庐

千秋冤案莫须有;
百战忠魂归去来。

汤阴岳庙

村舍俨然,笑渔人迷不得路;
水源宛在,偕太守常来问津。

桃源水源亭

仰之弥高,钻之弥坚,可以语上也;
出乎其类,拔乎其萃,宜若登天然。

泰山孔子崖

积累譬为山,得寸则寸,得尺则尺;
功修无幸获,种豆是豆,种瓜是瓜。

苏州积功堂

是洞非洞，适成仙洞；
无门有门，是谓佛门。

青田万门洞

乾坤大戏场，请君更看戏中戏；
俯仰皆身鉴，对影休非身外身。

戏台联

凡事莫当前，看戏何如听戏好；
为人须后顾，上台总有下台时。

戏台联

你看我非我，我看我我亦非我；
他装谁像谁，谁装谁谁就像谁。

戏台联

超凡脱俗的寺庙联

这里说的“寺庙”主要指佛教庙宇。参观过佛教四大名山（五台山、普陀山、峨眉山、九华山）的人，都会感受到那里不但是一块人间净土，而且是融建筑、雕塑、绘画、音乐、诗歌为一炉的艺术宝库。更不用说云冈石窟、龙门石窟、敦煌莫高窟那些世界闻名的古迹了。大凡一座寺庙建成后，都要请高僧大德或当地的文化名流根据寺庙的历史缘起、地理环境，撰写寺联或题写匾额。笔者的故乡——山西省平定县移穰村，有一座寿圣寺，正殿的对联和匾额就是请明末清初著名的思想家、书画家、医学家傅山先生亲手编撰并书写的。上联是“外道阐提多，像设三身回蔑戾”，下联是“众生饥饿苦，慈悲五谷护移穰”。匾额是“即非庄严”。不但联语超凡脱俗，而且字迹苍劲有力，是不可多得的珍品与墨宝。可见，寺联是寺庙中不可或缺的一处景观，是向教内外宣扬佛法的一个窗口。同样，在道家的宫、观中也有许多扶世助化的好楹联。

见了便做，做了便放下，了了有何不了；
慧生于觉，觉生于自在，生生还是无生。

成都文殊院山门

试问世间人,有几个知道饭是米煮;
请看座上佛,亦不过认得田自心来。

新都宝光寺

石墨一枝春,问山僧梅子熟未;
梵钟数杵晓,唤世人尘梦醒来。

杭州南屏山百云庵

细剪山云缝破衲;
闲捞溪月作蒲团。

南屏禅院

不作风波于世上;
别有天地非人间。

四川乐山乌龙寺

身比闲云,月影溪光堪证性;
心同流水,松声竹色共忘机。

杭州云栖寺

乾坤容我静;
名利任人忙。

舟山岛普陀禅寺

非名山不留仙住;
是真佛只说家常。

九江九华寺

松声、竹声、钟磬声,声声自应;
山色、水色、烟霞色,色色皆空。

崇安武夷山石湖洞

大肚能容,容天下难容之事;
开口便笑,笑世间可笑之人。

北京潭柘寺

苦海茫茫,到此诞生彼岸;
沉轮劫劫,踏实方可悟空。

山西卦山石佛堂

一生二,二生三,三生万物;
地法天,天法道,道法自然。

四川灌县青城山天师洞

善报恶报，迟报速报，终次有报；
天知地知，你知我知，何谓无知。

山西阳泉三都村寿圣寺

桥跨虎溪，三教三源流，三人三笑语；
莲开僧舍，一花一世界，一叶一如来。

庐山虎溪三笑亭

济世利人的行业联

每逢年节或开市，各行各业的人们都要在门上贴对联。如果对联的内容与自己的行业不相关，就起不到招揽生意的作用。如果都写上“生意兴隆通四海，财源茂盛达三江”，又显得千篇一律、俗不可耐，如果是花圈店、棺材铺贴上这样的对联，还有幸灾乐祸之嫌。所以，行业联既要赞许从业者业务娴熟、技艺超群、诚实守信，还要根据行业的特点，使人巧妙地跳出行业的圈子反观职业与人生的社会价值。如一副竹器店的对联是“虚心成大器，劲节见奇才”，既符合竹子的特点，也对店铺寄予美好的祝愿。又如一副理发店的对联是“虽然毫末技艺，却是顶上功夫”，“顶上”是双关，既指人的头顶，又指理发师的技术是顶级的。随着社会的发展，不但旧行业的性质、操作方式发生了变化，而且还出现了不少新行业，这就需要有楹联创作兴趣的朋友们写出更新、更美的行业联来。

到此都是弹冠客；
此去应无搔首人。

理发店

一派薪传归锻炼；
十分火候见精神。

铁匠铺

栋梁砥华夏；
桃李芳九州。

学校

小康发春花,喜野地起园林盛栽桃李;
大同结秋实,看江山添阁厦正待栋梁。

山西平定县西锁簧学校

听经勤授业;
讲道喜传薪。

学校

品行端详由正路;
文心活泼认源头。

学校

生财从大道;
处世守中和。

商业

立万世无疆之业;
来四方有道之财。

商业

公心平似水;
生意稳如山。

商业

出入经营循天理;
往来交易合人心。

商业

托天地随时度日;
依本分量力求财。

商业

财源似水盈江海;
生意如春满市廛。

商业

大财源百川汇海;
新生意六合同春。

商业

菽禾供甘脂;
佳肴款上宾。

饮食业

旋转乾坤飞玉屑；
扶摇风雨下银粉。

磨房

日行千里；
夜走八百。

马场

四大皆空，坐片刻无分尔我；
两头是路，吃一盏各自东西。

路边茶亭

流水高山，俟诸知己；
金声玉振，集其大成。

乐器店

匠心随所欲；
着手便成春。

花店

平安劳远报；
消息喜常通。

邮局

欲评诸物量；
自有寸心知。

秤店

谷乃国之宝；
民以食为天。

粮店

入世岂宜如此滑；
增辉最爱自然明。

油铺

雪水烹茶天上味；
桂花煮酒月中香。

酒楼、茶馆

万选思廉德；
千斤重诺言。

钱庄

鹅黄鸭绿鸡冠紫；
鹭白鸦青鹤顶红。

印染店

悬将小日月；
照澈大乾坤。

眼镜店

刻刻催人资警醒；
声声劝尔惜光阴。

钟表店

摄将真面去；
幻出化身来。

照相馆

相逢皆萍水；
小住息风尘。

旅店

我岂肯得新厌旧；
君何妨以有易无。

旧货店

神州处处有亲人，不论生地、熟地；
春风来时尽着花，但闻藿香、木香。

中药店

趣味盎然的艺术联

如果说诗歌可以抒发喜、怒、哀、乐不同的思想感情，那么对联作为一种特殊形式的诗歌也具有同样的功能。在不同的交际场合，对联能誉能毁，能褒能贬，亦庄亦谐，理趣兼蓄，生动活泼。从表现形式上讲，对联有比喻联、对比联、拟人联、双关联、递进联、复字联、设问联、倒装联、饶口联、歇后语联、夸张联、嵌字联、灯谜联等等。从运用范围上讲，对联几乎无所不包，如喜庆联、凭吊联、自勉联、题赠联、节日联、乔迁联、评论联、讽刺联等等。可以这样说，对联无处不在，无处不有。此外，还可以利用汉字音、形、义的特点，通过对字体的分合解析，编出许多耐人玩味的对联来，虽有些近似文字游戏，但也不失为一种智力测试。至于由对联编成的各种故事那就更多了，我们试举几例。

“扬州八怪”之一的郑板桥在某地做官时，见一人家过年门上贴的对联是：

二三四五；
六七八九。

当即就派人将衣物、粮食送去。这家人十分感动。部下问他是怎么知道的，郑板桥说对联写得很明白嘛，上联无一(衣)，下联少十(食)，这不是无衣少食吗？

袁世凯称帝前，有人为他写了一副对联：

一二三四五六七；
孝弟忠信礼义廉。

袁世凯见了气得说不出话来。因为他知道上联缺“八”，下联缺“耻”，这是骂他“忘(王)八无耻”。

有一副财神庙的对联，以神的口吻谴责了那些贪得无厌的人：

只有几文钱，你也要，他也要，给谁是好；
不作半点事，朝来拜，暮来拜，教我为难。

有个秀才，自称满腹经纶、博古通今。一日，碰上一个村妇。村妇给秀才出了一个上联：

鸡生蛋，蛋生鸡，蛋生蛋。

秀才想了半天，还是对不上来。这时来了一个樵夫，听了村妇的上联，看看自己挑的柴，随口对道：

柴烧火，火烧柴，柴烧柴。

秀才听了满面通红，自愧不如。

一天，有个学生迟到了，正赶上先生自斟自饮。先生看看斟好的酒，对学生说："我给你出个上联，你若对得上，就去上课；若对不上，就得受罚。"只听先生说：

冰凉酒，一点、两点、三点。

学生想了想说：

丁香花，百头、千头、万头。

先生点头称好，只好让学生去上课了。

大文豪苏东坡一次游莫干山，累了便到山中一个庙里休息。道人见是一个衣着简朴的人，便冷冷地招呼道："坐。"又对道童喊："茶。"交谈几句，道人发现此人聪明伶俐、谈吐不凡，就请进大厅漫谈，并客气地说："请坐！"又对道童喊："敬茶！"后来知道此人就是赫赫有名的苏东坡，又赶忙请入小客厅，恭敬地说："请上座！"又对道童说："敬香茶！"苏东坡临走时，道人要求题一副对联作纪念。苏东坡就把刚才发生的事组成一联：

坐、请坐、请上坐；
茶、敬茶、敬香茶。

道人见了，羞得无地自容。

明代的谢缙，才思敏捷。一次，他路遇一个秀才摇头晃脑，好不容易才编出一副对联：

牛跑驴跑跑不过马；
鸡飞鸭飞飞不过鹰。

谢缙听了哈哈大笑说，先生何苦也，我送先生一副对联：

墙上芦苇，头重脚轻根底浅；
山间竹笋，嘴尖皮厚腹中空。

利用汉字的特殊结构，通过拆字、猜字、双关、谐音、回文等手法可以制作出许多字联来。看似打诨逗趣，却也有不少启发人的地方。如福州鼓山涌泉寺的山门就有一副对联：

净地何需扫；
空门不用关。

这副对联中，“净地”指净土，“空门”指佛门。既是双关，又充满禅意，使人想起六祖慧能的名偈：“菩提本非树，心镜亦非台，本来无一物，何处惹尘埃。”又如：

閒看门中月；
思耕心上田。

上联的“閒”字由“门中月”组成，下联的“思”字由“心上田”组成。仅仅用一个“閒”字和一个“耕”字，就使上下联变成修身养性的格言，十分耐人寻味。再如：

品泉茶，三口白水；
竹仙庵，两个山人。

上联“三口白水”，把“品”字和“泉”字拆开了；下联“两个山人”，合起来正是“竹”字和“仙”字。两联都像个字谜，只是把谜底也告诉人们了。再如：

烟锁池塘柳；
灯深村寺钟。

上下联十个字的偏旁，分别都是“五行”中的金、木、水、火、土。

某人以水代酒招待朋友，但他不说“水”，也不提“酒”，而是用了一种特殊的表达方法：

君子交人淡如；
醉翁之意不在。

十分幽默，朋友一听就明白了。

在艺术联中最常见的是喜庆联，如乔迁、祝寿、结婚等，下面也选几副为例。

庭院花香鸟语；
楼台月满云升。

地灵人杰千祥集；
裕后光前百福临。

和平宅吉人昌盛；
团结居安物阜新。

人生不满君令满；
世上难逢我意逢。

山清水秀春常在；
人寿年丰福无边。

幸福门前松柏秀；
安乐堂上步履轻。

数百岁之桑弧，过去五十再来五十；
问大年于海屋，春华八千秋实八千。

志同道合；
花好月圆。

三星喜在户；
百年歌好合。

红花并蒂相辉映；
紫燕双飞试比高。

双飞却似关雎鸟；
并蒂常开连理枝。

大好年华歌好合；
丰饶世景结良缘。

生荣死哀的悼念联

我国人民向来把“婚事”和“丧事”相提并论，叫“红白喜事”。办婚事贴对子，叫婚联，写在红纸上；办丧事贴对子，叫挽联，写在白纸上。挽联是由古代的挽诗、挽歌演变而来的，表示生者对死者的怀念、哀悼和评说。据说，第一副挽联是苏东坡写的。苏东坡有两个婢女，一个叫朝云，一个叫暮雨。有一天，苏东坡与朋友闲聊，指着自己的肚子说：“腹内都是何物？”朋友夸奖说：“满腹经纶。”朝云却不以为然，说：“他呀，满腹都是不合时宜的牢骚。”虽然唱了反调，却说出了苏东坡的心里话。后来朝云病死了，苏东坡感到失去了知音。为寄托哀思，就给朝云写了一副挽联。上联是“不合时宜，唯有朝云能识我”，下联是“独弹古调，每逢暮雨倍思卿”。从此，给死者写挽联就渐渐地时兴起来。

挽联是对一个人功过是非的盖棺论定。根据生者与死者的关系，挽联可褒可贬，但一般来说还是正面多于反面。挽联虽然是生者对死者的评价，但同时在一定程度上也表现了生者的人生观与价值观。有些德高望重的人死后,后人为了纪念他,为他建立了祠堂,如宗祠、神祠、先贤祠。祠堂的门柱上一般都刻有挽联,这叫祠联。有的挽联刻在墓地牌楼上或碑石上,叫作墓志联。下面我们还是选几副著名的挽联。

柳亚子挽孙中山联:

树弱小民族解放先声,列宁而还,公真健者;
与帝国主义奋斗救世,斯人已往,谁其嗣之。

何香凝挽廖仲恺联:

夫妻恩,今世未全来世再;
儿女债,两人共负一人完。

郭沫若挽鲁迅联:

孔子之前,无数孔子,孔子之后,一无孔子;
鲁迅之前,一无鲁迅,鲁迅之后,无数鲁迅。

周恩来挽蔡元培联:

从排满到抗日战争,先生之志在民族革命;
从五四到人权同盟,先生之行在民主自由。

毛泽东挽续范亭联:

为民族解放,为阶级翻身,事业垂成,公胡遽死;
有云水襟怀,有松柏气节,典型顿失,人尽含悲。

赵朴初挽邓拓联:

积毁铸沉冤,十年风雨燕山夜;
丹心同皎日,千古昭垂赤县天。

四川武侯祠联：

两表酬三顾；
一对足千秋。

扬州史可法墓祠联：

数点梅花亡国泪；
二分明月老臣心。

林则徐书李纲祠联：

进退一身关社稷；
英灵千古镇湖山。

岳麓山屈原祠联：

何处招魂，香草还生三户地；
当年呵壁，湘流应识九歌心。

邯郸吕祖祠联：

睡至二三更时，凡功名都成幻境；
想到一百年后，无少长都成古人。

台湾郑成功祠联：

由秀才封王，主持半壁旧江山，为天下读书人顿增颜色；
驱外夷出境，自辟千秋新事业，愿今日有志者再鼓雄风。

眉山“三苏”祠联：

一门父子三词客；
千古文章四大家。

杭州岳飞坟联：

青山有幸埋忠骨；
白铁无辜铸佞臣。

林则徐女儿自挽联：

我别良人去矣，大丈夫何患无妻，若他年重结丝罗，莫对生妻谈死妇；
汝从严父戒哉，小妮子终当有母，倘异日得蒙抚养，须知继母即亲娘。

下面我们再选几副常用的挽联：

天不遗一老；
人已是千秋。

寿终德望在；
身去音空存。

丹心照日月；
刚正垂千秋。

高风传乡里；
亮节照后人。

英名垂千古；
丹心照汗青。

终身辛勤劳动；
一世淳朴为人。

平生风范兼师友；
来世因缘结弟兄。

古同松柏清风竹；
言可经纶行可师。

耿耿丹心垂宇宙；
巍巍功业泣山河。

慎终不忘先人志；
追远常存一片心。

以正气还天地；
将身心献人民。

天若有情应寿百年于俊杰；
人谁不死独将千古让英雄。

山川含泪同志难见老战友；
风云变色祖国又少一栋梁。

忆生前，君最为学，手不释卷，书声朗朗；
痛死后，我失良友，足行千里，难觅使君。

第九卷　民间谚语荟萃

20世纪70年代初，还是“文化大革命”方兴未艾之时。作为“团结、教育、改造”的一般知识分子，都要分期分批地以“五七战士”的名义到农村劳动锻炼一年，以进一步改造资产阶级的世界观。我也到某县的一个生产大队劳动锻炼了一年。每天除了参加生产劳动，还要给农民办政治夜校，“批林批孔”，开展革命大批判，割资本主义的尾巴。在这一年里，我还收集了不少民间谚语。在那个年代，收集民谚也是违禁的。有人问我收集谚语干什么，我说为了彻底批判“封、资、修”的意识形态，分清两条路线，占领农村这块社会主义思想阵地。这样，我的收集工作就披上了“合法”的外衣，不再被人怀疑了。粉碎“四人帮”以后，我整理过一本《旧谚新解》。经过多次修改，在出版个人文集时从中选了一部分七字谚。现在回想起来，那本小册子可真是历尽沧桑，来之不易。

《旧谚新解》第一篇的篇名是“十句谚语九句真”，这是一句赞美谚语的谚语。就是说，在十句谚语中就有九句是正确的。这是因为谚语不是出自哪一个人之口，也不是出自哪一代人之手，而是历代劳动人民在长期的生产生活实践中一条一条地总结起来，又在指导实践中得到反复验证了的。

我国的谚语历史悠久，源远流长。可以说，人类有了生产实践活动和语言之后就有了谚语。许多古籍中所谓的“谚云”、“古谚有云”、“夏谚云”、“商谚云”，以及“俗言”、“俚言”、“鄙语”等，就说明谚语不但出现得很早，而且偶尔也会登上文人们的大雅之堂。谚语内容丰富，覆盖面广，上至天文，下至地理，中及人事。大到治国安邦，小到做人理家，凡是当时人们已经认识到的真理和规律，谚语差不多都总结起来了。

谚语因为主要是口头流传的，所以它必须用最少的语言表达最多的内容，把一个抽象的道理浓缩进一句形象化的口语里。比如“久病成医”这句谚语，只有四个字，但要细细解读起来可以写成一大篇文章。它说明一个人患病时间长了，由于“得病乱求医”，吃的药也就多了。在治疗的过程中，他知道了哪一种药最有效，哪一种药不但没有效，反而有副作用。这样，他就知道得了哪一种病用哪一种药治疗最好，这就叫"临床经验"。事实上，有些医生就是这样学成的。如魏晋时期的皇甫谧，中年时患上风痹症，他在治疗过程中，自己苦心钻研针灸学，并在自己身上做试验，写成了《甲乙经》，阐述了经络理论，明确了穴位的名称和位置，成了著名的医学家。这么多的事实和理论，谚语用"久病成医"四个字就总结了。由此可见，谚语在内容上具有格言和警句的深邃，在形式上又具有口诀和歌谣的简练优美。郭沫若说："它十几个字抵得上一大篇文章。"难怪人们把谚语比作"生活的炼乳"、"智慧的结晶"、"词库的钻石"、"语言的味精"。

谚语可长可短，最短的谚语只有三个字。如"笑面虎"、"老好人"、"财迷精"、"发酒疯"、"摇钱树"、"替罪羊"、"过水面"、"一刀切"、"大锅饭"、"常有理"、"活死人"、"闲话篓"等。四字谚有的类似于成语。不过，成语一般是从历史故事或寓言故事中概括出来的，风格上比较典雅，多用于书面语，如"杞人忧天"、"揠苗助长"、"一鼓作气"、"三人成虎"等；也有些成语来自经典著作，如"业精于勤"、"物极必反"、"求全责备"、"声东击西"等。四字谚大都来自群众的口语，一般都比较具体、形象、生动，如"鞭打快牛"、"狗仗人势"、"官官相护"、"嫌贫爱富"、"十聋九哑"、"病从口入"等。当然，成语和谚语在句法结构和功能上也还有些差别，这里就不多研究了。五字谚基本上都是短语，但比较完整，可以独立成句，如"虎毒不食子"、"杀鸡给猴看"、"无债一身轻"、"舍命陪君子"、"火大没湿柴"、"恶人先告状"、"礼多人不怪"、"快刀斩乱麻"等。六字谚常由两个三字句合成，构成对偶句式，和谐悦耳，节奏明快，如"头要凉，心要热"、"冤有头，债有主"、"人怕敬，鬼怕送"、"当面锣，对面鼓"、"一不做，二不休"、"挂羊头，卖狗肉"、"远了香，近了殃"等。七字谚在谚语中比重很大，有的如古诗一样文雅，有的如民歌一样粗犷，铿锵有力，朗朗上口，在说话和写文章中应用广泛，如"君子交人淡如水"、"打开窗子说亮话"、"此地无银三百两"、"久病床前无孝子"、"情人眼里出西施"、"新官上任三把火"、"饱汉不觉饿汉饥"、"不吃敬酒吃罚酒"、"赔了夫人又折兵"、"瞎猫碰上死老鼠"等。七个字以上的谚语就算是多字谚了，其中八字谚和十字谚都比较工整，如"王婆卖瓜，自卖自夸"、"鸡急上房，狗急跳墙"、"胶多不粘，话多不甜"、"撑煞大胆，饿煞小胆"、"海阔凭鱼跃，天高任鸟飞"、"狗咬吕洞宾，不识好赖人"、"家有梧桐树，招得凤凰来"等。其他的有"好的开头，就是成功的一半"、"毛毛雨，打湿衣裳；杯杯酒，喝光家当"、"好医生也会生病，生了病还是好医生"、"如果空喊能盖起房子，毛驴就能修一条街"等。

为什么不说"十句谚语十句真"呢？这是因为谚语也同其他文化遗产一样，由于受历史的、科学的局限，难免会有些错误的、不健康的东西。如宣扬宿命论的"小人命，天注定，拾下黄金变成铜"、宣扬男尊女卑的"嫁鸡随鸡，嫁狗随狗，嫁了王八(指吹鼓手)捣上鼓”、宣扬利己主义的“人不为己,天诛地灭”、宣扬享乐主义的“人生一世,吃穿二字”、宣扬明哲保身的“多栽花,少栽刺,留下人情好办事”等。这些谚语已经或正在被时代淘汰,为人们鄙弃,就像庄稼地里的几棵杂草,无损于谚苑的价值与光辉。

关于谚语的分类,武占坤、马国凡编著的《谚语》里把谚语分为八大类:讽颂谚、规诫谚、事理谚、生产谚、天气谚、风土谚、常识谚、修辞谚。笔者从实用性出发,把常见的谚语分为五大类:事理谚、生活谚、讽喻谚、生产谚、天气谚。下面就从这五大类分别选些有代表性的谚语,供大家在说话和写文章中使用。

事 理 谚

俗话说:“不以规矩,不成方圆。”“规矩”就是规律,就是道理。自然科学要讲规律,人文科学要讲道理。规律和道理都来自于实践。换句话说,规律和道理都是经过实践检验的真理。不按规律办事,不依一定的道理做人,不但会遭到失败,还会受到规律和道理的惩罚。所以有人说,世界上的事情,都被大大小小的规律制约着,都被大大小小的道理管束着。事理谚就是反映规律和道理的谚语。比如,哲学上的“量变与质变规律”就是谚语说的“绳锯木断,水滴石穿”,哲学上的“因果规律”就是谚语说的“种瓜得瓜,种豆得豆”,哲学上的“条件论”就是谚语说的“巧妇难为无米炊”、“没有金刚钻,不揽瓷器活”,一个人办事没有重点,谚语就说他“眉毛、胡子一把抓”,儒家说的“中庸之道”就是谚语说的“比上不足,比下有余”。在事理谚中有不少是规诫谚,就是用来安慰和劝导人的谚语。比如一个人事业失败了,就安慰他说“吃一堑,长一智”、“失败是成功之母”;一个人事业成功了,就鼓励他说“百尺竿头,更进一步”。下面就略举若干常见的事理谚供大家选用。

急流勇退。
人微言轻。
多难兴邦。
少见多怪。
为富不仁。

好事多磨。
客随主便。
趁热打铁。
春困秋乏。
吃亏是福。
法不责众
官逼民反。
见多识广。
能者多劳。
人慌无智。
船小好掉头。
是药三分毒。
姜是老的辣。
无巧不成书。
隔行如隔山。
严师出高徒。
无官一身轻。
旧瓶装新酒。
春雨贵如油。
慢工出细活。
深山出俊鸟。
行行出状元。
家和万事兴。
人穷志不穷。
紧前不紧后。
军中无戏言。
理出众人口。
路从口中找。
瑞雪兆丰年。
有钢使在刀刃上。
磨刀不误砍柴工。
大树底下好乘凉。
新官上任三把火。

秀才人情纸半张。

初生牛犊不怕虎。

可怜天下父母心。

井淘三遍吃好水。

十个指头有长短。

只在人心不在山。

心平过得扬子江。

远来和尚会念经。

宰相肚里能撑船。

心病还须心药医。

聪明反被聪明误。

酒好不怕巷子深。

墙里开花墙外红。

毛毛细雨湿衣裳。

高楼万丈平地起。

一寸光阴一寸金,寸金难买寸光阴。

书到用时方恨少,事非经过不知难。

问遍千家是行家。

人凭志气虎凭威。

事未临头先思量。

娶妻取德不取貌。

儿孙自有儿孙福。

良药苦口利于病,忠言逆耳利于行。

一失足成千古恨,再回头已百年身。

强将手下无弱兵。

红花还须绿叶扶。

黄泉路上没老少。

没有不散的宴席。

求人不如求自己。

善恶到头总有报。

看得破,跳得过。

不怕慢,就怕站。

人心齐,泰山移。

去一恶，长十善。
三句不离本行。
胜败兵家常事。
人算不如天算。
摸着石头过河。
会笑的笑在最后。
创业难，守业更难。
一把钥匙开一把锁。
尺有所短，寸有所长。
人无完人，金无足赤。
水能载舟，亦能覆舟。
拿衣提领，张网抓纲。
善骑者坠，善游者溺。
当事者迷，旁观者清。
得不足喜，失不足忧。
尺璧非宝，寸阴是金。
一着不慎，全盘皆输。
见怪不怪，其怪自败。
宁为玉碎，不为瓦全。
杀身成仁，舍生取义。
当断不断，反受其乱。
放下屠刀，立地成佛。
甘言夺志，糖食坏齿。
八仙过海，各显其能。
瓜熟蒂落，水到渠成。
麻雀虽小，五脏俱全。
分久必合，合久必分。
天下兴亡，匹夫有责，
前人栽树，后人乘凉。
读万卷书，行万里路。
善有善报，恶有恶报。
迷而知返，得道未远。
千锤打锣，一锤定音。

兼听则明,偏听则暗。
兵马未动,粮草先行。
人不辞路,虎不辞山。
山外有山,人上有人。
打草惊蛇,敲山震虎。
天下无难事,只怕有心人。
明知山有虎,偏向虎山行。
量小非君子,无度不丈夫。
莫道君行早,更有早行人。
海阔凭鱼跃,天高任鸟飞。
秀才不出门,便知天下事。
药医不死病,病死无药医。
三个臭皮匠,抵个诸葛亮。
天不言自高,地不言自厚。
有麝自然香,不用大风扬。
少壮不努力,老大徒悲伤。
任凭风浪起,稳坐钓鱼台。
听君一席话,胜读十年书。
铁杵磨锈针,功到自然成。
三十年河东,三十年河西。
临河羡鱼,不如退而结网。
只有状元徒弟,没有状元师父。
为人不做亏心事,半夜不怕鬼叫门。
谁人背后无人说,谁人背后不说人。

生 活 谚

如果说事理谚是从生产生活实践中抽象出来的规律和道理,那么生活谚则更贴近于生活,它直接告诉人们怎样做才是合情合理的,才是正确的。所以,生活谚与事理谚有时也不好严格区分,因为理论与实践总是相辅相成的。由于生活是丰富多彩的,所以生活谚的内容也非常广泛,其中比较多的是继承我国优良的传统文化。如提倡勤俭节约的“勤是摇钱树,俭是聚宝盆”、“一天省一把,一年买匹马”,提倡与人为善的“忍为高,和为贵”、“与人方便,自己方便”,提倡重视实践的“看人十遍,不如自己做上一遍”,提倡实事求是的“耳听是虚,眼见为实”,提倡珍惜光阴的“走路赶早不赶晚,时间宜挤不宜推”,提倡自力更生的“自己动手,丰衣足食”,提倡卫生保健的“三分治,七分养”、“笑一笑,十年少”。特别要指出的是生活谚中有不少常识谚,如“春打六九头”是说到了这个时候,就知道快立春了;“炕热暖三间”是说在北方,冬天家里有一盘热炕,就能温暖三间房子;“三翻六坐九爬”是说婴儿到了三个月自己就会翻身,六个月会坐,九个月就能爬动。又如“穷家富路”意思是平时在家可以节省点,但如果出门就必须带上足够的路费。再如“过了这个村,就没有这个店”,用现在的话说就是“机不可失,时不再来”。由此可见,生活谚都是前人的经验之谈,对人们的生活和工作起着提示和警示作用。下面也选一部分生活谚。

吃不穷,穿不穷,计划不到受了穷。
会省省在囤尖上,省在囤底着了慌。
节约好比针挑土,浪费好比水推沙。
有时省一口,无时顶一斗。
不当家不知柴米贵。
靠山吃山,靠水吃水。
每日开门七件事:柴米油盐酱醋茶。
家有三件事,先紧急的办。
家家有一本难念的经。
家有千口,主事一人。
家丑不可外扬。
一家不知一家,和尚不知道家。
家里挺不住,外头估不透。
家有老,是个宝。
娘家婆家都一样,都是锅头连着炕。
夫妻打架不用劝,放下桌子就吃饭。
老嫂比母,小叔如子。
儿不嫌母丑,狗不嫌家穷。
男大当婚,女大当嫁。

人是铁,饭是钢,一顿不吃就发慌。

人是衣装,马是鞍装。

家有十五口,七嘴八舌头。

早饭宜好,午饭宜饱,晚饭宜少,不吃更好。

家有梧桐树,招得凤凰来。

会买的买不了会卖的。

漫天要价,就地还钱。

快马一鞭,快人一言。

老将出马,一个顶俩。

老实常在,脱空常败。

杀人偿命,欠债还钱。

要得公道,打个颠倒。

话多不甜,胶多不粘。

有借有还,再借不难。

买卖不成仁义在。

有钱不买半年闲。

话说三遍淡如水。

无事不登三宝殿。

三分吃药七分养。

身在福中不知福。

好汉不提当年勇。

浪子回头金不换。

瓜子不饱暖人心。

贪小便宜吃大亏。

一个萝卜一个坑。

情人眼里出西施。

备席容易请客难。

人不求人一般高。

清官难断家务事。

有钱难买老来瘦。

人老先从腿上老。

老怕伤寒少怕痨。

伤筋动骨一百天。

伏天立马走干道。

娇养娃娃没下场。

芝麻开花节节高。

久病床前无孝子。

寡妇门前是非多。

好汉做事好汉当。

重打锣鼓另开戏。

手心手背都是肉。

二八月,乱穿衣。

春分秋分,昼夜平分。

长不过五月,短不过十月。

冬至长一线,腊八长一箭。

五九六九,沿河看柳。

七九河开,八九雁来。

九九八十一,犁楼遍地走。

春捂秋冻,一年少生病。

萝卜上场,太医还乡。

三早搭一工。

上有天堂,下有苏杭。

桂林山水甲天下。

未晚先投宿,天明早看天。

风雪不挡路。

十七十八,人定月发。

二十八九,月亮上来鸡吼。

冬走十里不明,夏走十里不黑。

要得小儿安,常带三分饥与寒。

三十年前看父敬子,三十年后看子敬父。

人家骑马我骑驴,回头看见推车的,比上不足下有余。

一顿吃伤,十顿喝汤。

冬吃萝卜夏吃姜,不用医生开药方。

穿山甲,王不留,妇人吃了奶长流。

药补不如食补。

治一经,损一经。

花不花(指眼花),四十八。

饭后百步走,活到九十九。

远亲不如近邻,近邻不如对门。

远水不解近渴。

好记性不如烂笔头。

恭敬不如从命。

货比三家。

一回生,两回熟,三回过来当师傅。

活到老,学到老,一生一世学不了。

眼观六路,耳听八方。

灵人不用细讲,响鼓不用重锤。

穷住隔壁无人访,富在深山有远亲。

一句话能把人说笑,一句话能把人说跳。

刀伤好治,口伤难医。

真的假不了,瓷的瓦不了。

讽喻谚

生活中的真善美与假恶丑总是相比较而存在的。谚语也同其他民间文学一样,无论是讲道理还是摆事实,都有正面和反面两个方面。前面的事理谚和生活谚是从正面告诉人什么是正确的,怎样做才正确;讽喻谚则是通过讽刺与嘲笑,像漫画、相声一样,使人从反面接受教训,提高认识,达到止恶扬善、弃旧图新的教育目的。这种从反面总结出来的经验,有时比从正面说出来更能激励人,启发人,给人留下深刻的印象。比如“天下衙门朝南开,有理无钱莫进来”生动地告诉人们司法的不公,如果你没有钱,又碰上了贪官,即使你有理,也是打不赢官司的。又如一个领导不能以身作则,而是以权谋私,下面的官员也上行下效,形成一股不正之风,谚语就说“上梁不正下梁歪,下梁不正倒下来”。再比如一个单位由于分工不明确,人浮于事,又互相推诿,耍奸使懒,结果啥事也办不了,谚语就说“一个和尚担水吃,两个和尚抬水吃,三个和尚没水吃”。再比如,干任何事情都得付出一定的代价,不能像谚语说的那样“又要马儿跑,又要马儿不吃草”。我们从这几个例子就可以看出,讽喻谚在扶正压邪,引导人们识破伪善、老老实实做人做事方面的舆论力量是很大的。下面我们还是选些讽喻谚供大家参考。

官官相护。
言多必失。
树大招风。
家贼难防。
隔墙有耳。
狗仗人势。
混水摸鱼。
过河拆桥。
酒后无德。
夜长梦多。
指桑骂槐。
树倒猢狲散。
玩火者自焚。
临时抱佛脚。
虎毒不食子。
恶人先告状。
狗多不怕狼。
龙多不治水。
货卖一张皮。
先下手为强。
杀鸡给猴看。
贪多嚼不烂。
看客下菜碟。
口大喉咙小。
忍痛穿绣鞋。
见庙就烧香。
眼不见为净。
肚饱眼不饱。
一好遮百丑。
有奶便是娘。

有天没日头。
县官不如现管。
丑话说在前头。
驴唇不对马嘴。
身正不怕影歪。
穿新鞋,走老路。
墙头草,两边倒。
挂羊头,卖狗肉。
打肿脸,充胖子。
雷声大,雨点小。
不见黄河心不死。
不见棺材不掉泪。
死马当成活马医。
下雨先打出头椽。
身在曹营心在汉。
强龙不压地头蛇。
兔子尾巴长不了。
船到江心补漏迟。
凤凰落架不如鸡。
咬人的狗不露齿。
鸡蛋里头挑骨头。
横挑鼻子竖挑眼。
抱着金碗讨饭吃。
吃了五谷想六米。
不是冤家不聚头。
天下乌鸦一般黑。
瞎猫碰上死老鼠。
羊毛出在羊身上。
一个巴掌拍不响。
寅年吃了卯年粮。
有钱能使鬼推磨。
好了伤疤忘了痛。
护疮护下一包脓。

嚼过的甘蔗不甜。
此地无银三百两。
光棍不吃眼前亏。
讨了便宜还卖乖。
先敬衣裳后敬人。
占着茅坑不拉屎。
敬酒不吃吃罚酒。
赔了夫人又折兵。
萝卜快了不洗泥。
木匠多了盖歪房。
人心不足蛇吞象。
一口吃不成胖子。
歪嘴和尚念歪经。
撑煞大胆,饿煞小胆。
人哄地皮,地哄肚皮。
从小偷针,长大偷金。
过街老鼠,人人喊打。
火烧眉毛,先顾眼前。
酒朋饭友,没钱分手。
蜜罐子嘴,秤钩子心。
抓了芝麻,丢了西瓜。
教会徒弟,饿煞师傅。
小洞不补,大洞叫苦。
秀才谈书,屠户谈猪。
武官会杀,文官会刮。
戴上纱帽,嘴就歪了。
一瓶不响,半瓶晃荡。
王婆卖瓜,自卖自夸。
临阵磨枪,不快也光。
事不关己,高高挂起。
虱多不咬,债多不愁。
酒肉朋友,米面夫妻。
三日打鱼,两日晒网。

宁为鸡头，不为凤尾。
山中无老虎，猴子称大王。
墙倒众人推，鼓破乱人捶。
靠人靠跑了，靠墙靠倒了。
蚍蜉撼大树，可笑不自量。
没吃过猪肉，也见过猪跑。
大鱼吃小鱼，小鱼吃虾米。
吃了人的嘴软，拿了人的手短。
只许州官放火，不许百姓点灯。
只有慈爷慈娘，没有慈儿慈女。
宁吃鲜桃一口，不吃烂杏一筐。
有理走遍天下，无理寸步难行。
嘴里尧舜禹汤，心里男盗女娼。
花花轿子抬死人，花花言语哄死人，花花世界看死人。
卒想吏，吏想官，官想当皇帝，皇帝想成仙。
这山望见那山高，走到那山一般高。
各人自扫门前雪，不管他家瓦上霜。
偷鸡不成反蚀一把米。
跑了和尚跑不了寺院。
蜀无大将，廖化做先锋。
搬起石头砸了自己脚。
一块肉坏了满锅汤。
癞蛤蟆想吃天鹅肉。
偷来的锣鼓敲不得。
一文钱逼倒英雄汉。
胳膊扭不过大腿来。
当一天和尚撞一天钟。
猪嘴吐不出象牙来。
打狗还得看主人面。

生 产 谚

我国是个古老的农业大国。“日出而作,日落而息,凿井而饮,耕田而食”,就生动地反映了一种自给自足的小农生活。人们早出晚归,辛勤地耕耘着自己赖以生存的土地。有一副土地庙的对联写道:“土中生白玉,地内出黄金。”民以食为天,土地是农民的命根子。农民只要手中有粮,心里就不慌。因此,在生产谚中,农谚占了绝大部分,其次才是林业、牧业、渔业和手工业方面的谚语。农谚可以说是从有农业生产那天起就产生了,有文字记载的如汉代的《四民月令》、《田家五行志》,晋代的《毛氏草木虫鱼疏》,北魏的《齐民要术》,清代祁隽藻的《马首农言》等古籍中,都保留了大量的农谚。这些农谚覆盖了从春种到秋收的全过程,包括土壤、灌溉、施肥、种子、田间管理、抗旱排涝、防治病虫害,以及饲养家禽、家畜、植树造林等。每一句农谚都是劳动人民在生产实践中总结出来的,对发展农业生产具有很好的指导作用。但由于我国地域辽阔,各地的自然条件差异很大,所以农谚又具有一定的针对性和局限性。比如,同一种作物在这个地方和在那个地方的播种节令、管理方法、收获季节可能就不一样,这是需要区别对待的,不能机械照搬。本卷收集的农谚主要适用于我国华北地区。

一年之计在于春,一生之计在于勤。

人勤催春早。

春忙秋忙,绣女下床。

寸土寸金,地是老根。

一年之计莫如树谷,十年之计莫如树木。

多收少收在肥,有收无收在水。

种田不用问,全靠工夫水和粪。

麦盖三床被(指雪),枕着馒头睡。

春旱不算旱,秋旱丢一半。

五月旱,不算旱,六月连阴吃饱饭。

天旱锄田,下雨浇园。

红长黑长白不长。(指土壤)

生土换熟土(指日晒过的土壤),一亩顶两亩。

铺沙又换土,一亩顶二亩。

黑土掺黄土,多收一石五。
有土无粪休种菜,有粪无土休种麦。
一亩园顶十亩田。
庄稼一枝花,全靠肥当家。
积肥如积粮,粮在肥中藏。
羊粪是土,上地如虎。
秸秆还田,以田养田。
秋耕深一寸,顶上一层粪。
耕三耙四,八米二糠。
头伏锄田一碗油,二伏锄田半碗油,三伏锄田没来由。
苗拔一寸,强如上粪。
麦收八十三场雨。(指八月、十月、三月有雨)
种地选好种,一亩多两垅。
千算万算,不如良种合算。
不怕重茬谷,就怕谷重茬。
瓜茬瓜,不结瓜。
谷雨前后,安瓜点豆。
芒种芒种,样样要种。
过了芒种,不可强种。
枣芽发,种棉花。
头伏萝卜二伏菜,三伏过来撒荞麦。
夏至高山急种黍,平地还有十日谷。
白露过早寒露迟,秋风种麦正当时。
麻三谷六菜一宿。(指种子发芽时间)
谷宜稀,麦宜稠,高粱地里卧下牛。
麦子稠了一肩墙,谷子稠了一把糠。
蚕一时,麦一晌。
麦熟一晌,龙口夺粮。
南瓜不打杈,光长蔓子不结瓜。
棉花不打杈,光长枝叶不开花。
淹不死的白菜旱不死的葱。
河里冰凌响,萝卜菜根长。
夏至不刨蒜,蒜在泥里烂。

霜降不起葱,越长心越空。
处暑不出头,割上喂了牛。
秋收四忙,割打晒藏。
地不丢穗,场不丢粒。
白露割蒿,处暑摘椒。
高山松柏核桃沟,沿河两岸栽杨柳。
光栽不护,白费工夫。
涝梨旱枣。
桃三杏四梨五年,枣树当年就还钱。
七月核桃八月枣。(收获时间)
山上多栽树,等于修水库。
栽树不过清明节。
树不修,果不收。
桃饱杏伤人,李树下面抬死人。
种树没巧,深刨实捣。
种的一亩桑,可免一家慌。
一年烧山,十年不富。
养猪养羊,有肉有粮。
牛要满饱,马要夜草。
牲口下了套,不拴溜溜道。
不怕使十天,就怕猛三鞭。
抓粮不抓猪,必在肥上输。
养鸡养鹅,零钱最活。
水清不养鱼。

天 气 谚

我国古代的天气谚主要是为农业生产服务的,因为天气的变化会直接影响到粮食的产量。那么我们的先辈是怎样预测天气变化的呢?主要根据以下三个方面。

一是根据一年二十四个节令的变化安排生活和农事活动，因为节令的变化是规律性的，常说的“节令不让人”、“节令不等人”说的就是这个意思。比如谚语说“冷在三九，热在三伏”，“三九”是一年中最冷的时候，“三伏”是一年中最热的时候，所以谚语告诉人们“有衣穿在三九，有米吃在三伏”。记住这些谚语，生活上就能更好地预测和适应天气的变化。尤其是春耕春播，更是受到节令的严格制约，比如到了“谷雨前后”，如果还没有“安瓜点豆”，那就违背了农时，即使补种了，也会影响作物的生长与成熟。所以，节令在农民心里不仅是一张天气变化表，更是一张安排生产的议事日程表。

二是根据日月星辰、云霓雾霜的现象推测天气的变化。比如遇上有早霞的天气，出门就需要带上雨伞，因为谚语说“早霞不出门”；如果早上出现了雾，就别担心是阴雨天，相反会是个大晴天，因为谚语说“起了雾，晒破肚”。再比如晚上的闪电，要看在哪个方向，如果在南边，就别指望会下雨；如果在北边，当晚就可能下雨。就像谚语说的“南电千年，北电眼前”。遇上刮西风的天气，如果到了下午五点以后还继续刮，那就可能整夜都有大风，谚语“西风不过酉（酉时在 5—7 点），过酉连夜吼”说的就是这个意思。

三是根据事物出现的反常现象预测天气变化。我们的古人早已发现“月晕而风，础润而雨”，实践证明是很有科学道理的。月晕是月亮外环出现的彩色光圈，是低气压下出现的卷层云，卷层云过后几小时便会出现高层云和积雨云，这往往是起风的前奏。础是墙根（也有的说是石臼），墙根湿润说明地面的水蒸气在上升，是降水的前兆。“蚂蚁搬家蛇过道，老牛大叫雨就到”，灶烟不起，蜻蜓低飞，鸡儿迟迟不进笼，都是下雨的预兆。下面也挑选一些常见的天气谚。

春天孩儿面，一日变三变。

日晕三更雨，月晕午后风。

天上勾勾云，地下水淋淋。

鱼鳞天，不雨也风颠。

雨前毛毛不下，雨后毛毛不晴。

早霞不出门，晚霞晒煞人。

久晴大雾必阴，久阴大雾必晴。

早刮东风不下雨，涝刮东风不晴天。

云跑东，一场空；云跑南，雨绵绵。

云跑西，披蓑衣；云跑北，枉自黑。

雷响西南，明日炎炎。
东风下雨西风晴。
春雨贵如油。
春雾日头夏雾雨。
大风底下有雨。
冷热为邻。
十雾九晴天。
太阳颜色黄，明日大风狂。
太阳落进云，下雨下到明。
星星满天，明日晴天。
闪烁星光，雨大风狂。
一个星，保夜晴。
黑猪过河，大雨滂沱。
黄瓜云，淋煞人；茄子云，晒煞人。
楼梯天，晒破砖。
早上浓雾一天晴。
东虹日头西虹雨。
逆风行云有大雨。
东风多湿西风干，南风吹暖北风寒。
一日春雷十日雨。
雷轰天顶，虽雨不猛。
雷轰云边，大雨连天。
霹雷闪电，冰雹屡见。
水缸出汗蛤蟆叫，瓢泼大雨就要到。
蜻蜓绕低空，不过三日雨蒙蒙。
灶烟往下埋，不久雨就来。
重阳无雨看十三，十三无雨一冬干。
头九二九下了雪，头伏二伏雨不缺。
两春夹一冬，无被暖烘烘。
一场春雨一场暖，一场秋雨一场寒。

谚语既然是人民群众对现实生产生活实践的总结，那么随着时代的发展，就会出现许多新谚语。我们试以农村生活为例来说明。新中国成立后不久，农民分到了土地，分到了牲畜，向往的是"三十亩地一头牛，老婆孩子热炕头"的自给自足的小农生活。"人民公社化"以后，吃大锅饭，记大概工，干好干坏一个样，"受不受，三百六（指口粮）"，影响了农民的生产积极性，出现了谚语说的"集体地里养精神，自留地里打冲锋"的现象。党的十一届三中全会以后，农村开始了经济改革，实行以户为单位的家庭联产承包责任制，有些吃惯大锅饭的人感到不适应，就说"辛辛苦苦三十年，一夜退到解放前"。但事实胜于雄辩，广大农民的生产积极性空前高涨，生活水平不断提高，连年翻番，多年的欠款条变成了存款单，他们高兴地编出了新谚语，并且作为对联贴在门上："翻身不忘毛主席，致富全靠邓小平。"

第十卷 我的读书笔记

记得上中学的时候，有一天，语文老师给我们出了一道作文题：《我最爱读的一本书》。同学们一看，都觉得这题不难写，因为从劝学励志的小册子到厚厚的大部头小说，谁都看过几本。可是，拿起笔来写的时候，才发现这是一道难题。难在哪里？第一，自己最爱读的究竟是哪一本书，一下子确定不了。好像看过的那些书都很熟悉，但又都很陌生。就算确定了是哪一本书，这本书好在哪里，一下子又说不出来。第二，由于书是从图书馆借来的，现在已经归还了，不用说书的主要内容想不起来，就连作者是谁也记不得了，脑子里一片空白。这时候才相信了那句名言："读书不做笔记，等于不读。"我发现许多同学一筹莫展，又把手里的笔放下了。而我却翻开自己的读书笔记，选了苏联作家奥斯特洛夫斯基的《钢铁是怎样炼成的》。在那篇笔记中，不但有小说的作者介绍、内容提要，还有主人翁保尔·柯察金的许多豪言壮语。由于资料比较充实，我很快就完成了这篇作文。语文老师要我介绍一下自己的读书方法，我就把自己的阅读程序列为下面几条：

1.先把一本书的书名、作者、出版社、出版时间记下来。

2.认真阅读书的内容提要、前言或序言（有的是后记），再把书的目录看一遍，大体知道这本书的时代背景和来龙去脉。

3.粗略地阅读第一遍。如果通过初读觉得这本书价值不大，或者难点太多，就暂时不看了。如果觉得这本书对自己的做人和治学有帮助，就仔细地再读第二遍、第三遍。

4.做好摘录标记。如果书是自己的，可以用红笔把要摘录的地方勾出来。如果书是从图书馆或者朋友那里借来的，就用一个小纸条夹起来，以备查找，也可以在一张纸上记下要摘录的页码和行数。

5.根据标记摘录书的重要内容。包括自己认为精彩的名言警句、谚语、歌谣，典型的人物形象和典型的事例、典型的环境，最新的科技信息和研究成果等。

6.简要地写出这本书的主题思想、写作方法上的特点,以及一些有待解决的疑难问题等。也可以写成一篇读后感。

这样阅读每一本书,既能起到增加知识、积累资料的作用,还能提高自己对书籍的鉴赏能力。

多年之后,我的读书笔记就写了厚厚的十几本。可惜这些读书笔记在后来的政治运动中都被焚毁或当废纸卖掉了。虽然读书笔记并不等于原著,但我觉得有了这些笔记,就好像有了许多书的档案、索引,如果需要进一步研究哪一本书,再去寻找或购买就方便得多了。

选在本卷里的读书笔记大都是改革开放以后写的,有些是退休以后才写的。不少书买回来以后,因为无暇阅读或懒于阅读,在书架子里一放就是十几年二十年,上面厚厚地积了一层尘土,这大概就叫"尘封"吧。明代学者谢肇说过,爱书的人有三个通病。一是光买书,不读书,束之高阁,装潢门面,徒有虚名,等于无书。二是喜欢藏书,兼收并蓄,不加选择,多多益善。偶尔翻阅也只是浅尝辄止,不求甚解。好像书店里卖书的老板。三是虽然博览群书,倒背如流,但只是死读书,读死书,既不能融会贯通,更缺乏创新精神,到头来没有一点成果。我大概就是这样一个"人生识字糊涂始"的人。不过,愚者千虑,未必没有一得。现在就把我写的部分读书笔记,包括读书摘要和读书心得介绍给大家,也算是书友之间的一种沟通和交流吧。

处世奇书《菜根谭》

关于修身、齐家、待人、接物、应事方面的书,可以说是琳琅满目,出得很多了。从启蒙读物《弟子规》、《名贤集》、《增广昔时贤文》到"四书五经",在一定意义上都是讲道德伦理和人生处世哲学的。《菜根谭》也是这样一本书。我们之所以说它"奇",就在于它把儒家的中庸思想、道家的无为思想和佛家的出世思想融合在一起,从而扩大了人们的思维空间,使抱有不同人生观和世界观的人看了都能受益。这也正是这本书四百多年来得以广泛流传的重要原因。

《菜根谭》的作者是洪应明,明代人,字自诚,号还初道人。籍贯与生平均无可考。据推测可能是位久居山村的隐士。《菜根谭》不是一本系统的学术著作,而是一本扶世助化的格言式散论。每则数十百字不等。但言近旨远,富有哲理,且对仗工整,文辞优美,便于背诵。我试拟了几个题目,选择了些论述,供大家学习和鉴赏。

抱朴守拙,崇俭养廉

栖守道德者,寂寞一时;依阿权势者,凄凉万古。达人观物外之物,思身后之身。宁受一时之寂寞,毋取万古之凄凉。

势利纷华,不近者为洁,近而不染者为尤洁;智械机巧,不知者为高,知而不用者为尤高。

耳中常闻逆耳之言,心中常有拂心之事,才是进德修行砥石。若言言悦耳,事事快心,便把此生埋在鸩毒中矣。

行路窄处,留一步与人行;滋味浓的,减三分让人尝。此是涉世一极安乐法。

平民肯种德施惠,便是无位的公相;士夫徒贪权市宠,竟成有爵的乞人。

市私恩(施惠为了捞取),不如扶公议;结新知,不如敦旧好;立荣名(沽名钓誉),不如种隐德;尚奇节(标新立异),不如谨庸行(平凡的好事)。

居官有二语,曰:“唯公则生明,唯廉则生威。”居家有二语,曰:“唯恕(推己及人)则清平,唯俭则用足。”

趋炎附势之祸,甚惨亦甚速;栖恬守逸(安贫乐道)之味,最淡亦最长。

居安思危,急流勇退

恩里由来(被当政者垂恩重用)生害,故快意时须早回首;败后或反成功,故拂心处莫便放手。

盖世功劳,当不得一个矜字;弥天罪过,当不得一个悔字。

完名美节不宜独任，分些与人可以远害全身；辱行污名不宜全推，引些归己可以韬光养德。

怨因德张，故使人德我，不若德怨之两忘；仇因恩立，故使人知恩，不若恩仇之俱泯。

当与人同过，不当与人同功，同功则相忌；可与人共患难，不可与人共欢乐，欢乐则相仇。

不昧己心，不尽人情（不绝情绝义），不竭物力，三者可以为天地立心（善良的心性），为生民立命（生生不息的命脉），为子孙造福。

进步处便思退步，庶免触藩之祸（山羊角夹在篱笆里，进退维谷）；着手时先图放手，才脱骑虎之威。

居卑而后知登高之为危；处晦而后知向明之太露（刺眼的强光）；守静而后知好动之过劳；养默而后知多言之为躁。

才就筏便思舍筏，方是无事道人；若骑驴又复觅驴，终为不了禅师。

起心动念，不种恶因

为恶而畏人知，恶中犹有善路；为善而急人知，善处即是恶根。

念头（邪念）起处，才觉向欲路上去，便挽从理路上来。一起便觉，一觉便转，此是转祸为福，起死回生的关头，切莫轻易放过。

恶忌阴，善忌阳。故恶之显者祸浅，而隐者祸深；善之显者功小，而隐者功大。

有一念犯鬼神之禁，一言而伤天地之和，一事而酿子孙之祸者，最宜切戒。

谨慎须慎于至微之事，施善务施于不报之人（无缘的人）。

为善不见其益,如草里冬瓜自应暗长;为恶不见其损,如庭前春雪,当必潜消。

欲路上事,毋乐其便而故为染指,一染指便深入万仞;理路上事,毋惮其难而稍为退步,一退步便远隔千山。

贞士(高尚的人)无心求福,天即就无心处牖其衷(使他在无意中得到满足);险人(邪恶的人)着意避祸,天即就着意中夺其魄(使他在奸巧中蒙受灾难)。可见,天之机权最神,人之智巧何益?

忠恕待人,恩怨两忘

处世让一步为高,退步即进步的张本(余地);待人宽一分是福,利人实利己的根基。

攻人之恶毋太严,要思其堪受;教人之善毋过高,当使其可从。

处世不必邀功,无过便是功;与人不求感德,无怨便是德。

地之秽者多生物,水之清者常无鱼。故君子当存含垢纳污之量,不可持好洁独行之操。

不责人小过,不发人隐私,不念人旧恶。三者可以养德,亦可以远害。

觉人之诈不形于言,受人之侮不动于色,此中有无穷意味,亦有无穷受用。

信人者,人未必尽诚,己则独诚矣;疑人者,人未必皆诈,己则先诈矣。

恩宜自淡而浓,先浓后淡者,人忘其惠;威宜自严而宽,先宽后严者,人怨其酷。

中和为福,偏激为灾

生长富贵家中,嗜欲如猛火,权势似烈焰,若不带些清冷气味,其火焰不至焚人，必将自烁矣。

爽口之味，皆烂肠腐骨之药，五分便无殃；快心之事，悉败身丧德之媒，五分便无悔。

爵位不宜太盛，太盛则危；能事不宜近毕，尽毕则衰；行谊不必过高，过高则谤兴而毁来。

俭，美德也，过则为悭吝，为鄙啬，反伤雅道；让，懿行也，过则为足恭（卑躬屈膝），为曲谨（谨小慎微），多出机心。

不可乘喜而轻诺，不可因醉而生嗔，不可乘快而多事，不可因倦而鲜终（不把事情办完）。

看花半开，酒饮微醉，此中大有佳趣。若至烂醉如泥，便成恶境矣。履盈满者，宜思之。

天地寂然不动，而气机无息稍停；日月昼夜奔驰，而贞明万古不易。故君子闲时要有吃紧的心思，忙处要有悠闲的趣味。

闻恶不可就恶（厌恶），恐为谗夫泄怒；闻善不可即亲（相信），恐引奸人进身（利用）。

人生无常，一任自然

人解读有字书，不解读无字书；知弹有弦琴，不知弹无弦琴。以迹用，不以神用，何以得琴书之趣。

色欲火炽，而一念及病时便心似寒灰；名利饴甘，而一想到死地便味如嚼蜡。故人常忧死虑病，亦可消幻业而长道心。

孤云出岫，去留一无所系；朗镜悬空，静噪两不相干。

山林是胜地，一营恋便成市朝；书画是雅事，一贪痴便成商贾。盖心无染着，欲境是仙都；心有系恋，乐境成苦海。

出世之道，即在涉世中，不必绝人以避世；了心之功，即在尽心内，不必绝欲以灰心。

有一乐境界，就有一不乐的相对待；有一好光景，就有一不好的相乘除(抵消)。只是寻常家饭素位风光(平平凡凡，安分守己)，才是安乐的窝巢。

宠辱不惊，闲看庭前花开花落；去留无意，漫随天外云卷云舒。

释氏(释迦牟尼)随缘，吾儒素位，四字是度海的浮囊。盖世路茫茫，一念求全则万绪纷起，随遇而安则无人不得矣。

《易经》是怎样一本书?

《易经》这本书，多数人不一定看过它，更谈不上研究它。但说到《易经》，人们又都会想起街头巷尾那些摆着八卦图的算命先生来。因此，就说《易经》不过是一本卦书，属于古代的巫术，是一种迷信活动。或者说《易经》是唯心主义的，形而上学的，不足为训。其实，这些看法都是不全面的。

不可否认，《易经》确实是我国上古时代一本关于占卜的书。但它同时又是我们研究古代文字学、哲学、数学、美学、天文、地理以及民俗文化的一本综合性文献，被称为"群经之首"。伏羲画八卦，向来被认为是结绳记事之后我国有文字的开始。换句话说，八卦就是我国象形文字最早的雏形。八卦的图像来自于客观事物对人的启示。《系辞下》说："古者包羲氏之王天下者，仰则观象于天，俯则观法于地，观鸟兽之文与地之宜，近取诸身，远取诸物，于是始作八卦。"就是说，伏羲氏是在观察了天文、地理和研究了许多事物的形象、功能之后，才画出了八卦。所谓"八卦"，就是八种客观事物，即乾卦为天，坤卦为地，震卦为雷，巽卦为风，坎卦为水，离卦为火，艮卦为山，兑卦为泽。代表这八种事物的符号叫"卦象"。为了好记，人们编了个卦象歌："乾三连，坤六断，离中虚，坎中满，震仰盂，艮覆碗，兑上缺，巽下断。"每卦都有卦名、卦形和卦辞，就好像每个汉字都有音、形、义一样。伏羲创立的八卦称为夏易。夏易因为从艮卦开始，艮为山，就像连绵的大山，所以也叫“连山易”。到了商代，便有了商易。商易因为从坤卦开始，坤为地，万物都藏于大地，所以也叫“归藏易”。《夏易》和《商易》都已失传，现在通行的是周代之易，所以称为《周易》。周易从乾卦开始，其卦序排列为：乾一、兑二、离三、震四、巽五、坎六、艮七、坤八。但是，八卦仅凭这八种符号还不足以反映世界万象。据说周文王在被囚期间，将八卦两个两个重叠起来，演绎成六十四卦，也就是把原来的八个三画卦组合成六十四个六画卦，比如震下坎上叫屯卦、乾下坎上叫需卦等，并为每卦写了卦辞。八卦中的每画都叫“爻”，六十四卦共有三百八十四爻。周文王的儿子周公又为每个爻写了爻辞。到了春秋时期，孔子为阐释《易经》经文，又写了十篇文章，称为“十翼”，即《易经》中的《易传》。至此，周易就成为包括“经”与“传”（本文与解说）两部分的完整的《易经》。

综上所述，可以看出《易经》这本书是以宇宙构造形象为依据，在阴阳变化的协调发展中把天、地、人统合在一起，形成我国特有的哲学思想，这个思想基本上是唯物的、辩证的。

《易经》中的“易”是变化的意思。《说文解字》说，“易”由日、月两字合成。日为阳，月为阴，象征二元哲学。阴阳是中国哲学特有的概念，也是《易经》中的关键词。阴阳相当于现在的“矛盾”。《系辞上》说：“一阴一阳谓之道。”这个“道”就是“易”的法则。关于“易”，东汉经学家郑玄认为有“简易”、“变易”、“不易”三种解释。“简易”是说，《易经》用八种象征性的符号就能表现出事物复杂的变化来。“变易”是说，宇宙、人生无时无刻不在变化之中。“不易”是说，客观事物的变化都遵循着一定的规律与法则，是有序的，不是无序的。《易经》的辩证法就体现在事物的变化发展上。事物的发展总是走向它自己的反面这一规律，在八卦中看得最为明显。如乾下坤上为泰卦，卦辞为：“小往大来，吉亨。”《序卦传》说：“泰者，通也。”是个非常好的卦。内卦纯阳，象征事物到达极盛时期。但盛极必衰，中位已到了转化的临界点。泰卦的反面是坤下乾上的否卦，“否”是否定、闭塞的意思，是个不好的卦。但上位已经是“否”的终了了，物极必反，又开始走向它自己的反面。“否”的反面又成了“泰”，这就叫“否极泰来”。在六十四卦中，纯粹的好卦和纯粹的坏卦都是没有的，好与坏都是相对的。在六爻中，往往因为一个爻的改变就能使全卦发生质的变化，这就是我们通常说的“变卦”。也就是哲学上说的在一定条件下，好事可以变成坏事，坏事也可以变成好事。

那么，我们应怎样看待占卜呢？

一是占卜的动机一定要正当。历代易学家都十分强调问卜要本着做人的道德良心，当为则为，不当为则不为。宋代朱熹说：“正事可占卜，恶事、私欲不可占卜。”就是说,正当的事可以预测其后果,不正当的事,如以权谋私、损人利己等,就不必妄测,更不要抱什么侥幸心理。有的人做了坏事,跑到占卜者那里问躲灾避难的法子,实在是掩耳盗铃,自欺欺人。所以,一个心地善良的人,一个问心无愧的人,一个光明正大的人,一个充满自信的人,是不必占卜的。

二是要知道任何占卜,都有一定的偶然性。就像从袋子里摸黑白围棋子儿,摸到一定次数时,就会出现相同或相似的结果,这就是数学上的概率论。所以,不能把占卜都看成是绝对的、必然的,否则就会得出错误的结论。尤其在婚姻、择业等重大问题上更要度德量力,深思熟虑,不可轻信算卦先生的判断。据一些占卜者估计,他们的命中率也就是50%左右。这正是许多卦不灵的根本原因。另外,打卦不灵也与占卜者的素质不高有关。多数摆卦摊的人根本就没有研究过易理,只是背了几句民间传抄的金钱课口诀就给人断起卦来。看见卦象好,就说:“交易有成,官司有理,走失得见,出门见喜。”看见卦象不好就说:“占病不安,谋事不利,婚姻无望,求名不遂。”更有甚者,利用人们相信宿命论的心理把问题说得非常严重,以达到骗人钱财的目的。

总之,《易经》这本书,是一本非常辩证的哲学经典。它以阴阳五行这些既对立又统一的深刻哲理,以非常形象的卦辞、爻辞帮助我们学会全面地分析问题。既看到问题的正面,也看到问题的反面,更看到在一定条件下可能出现的转化。从而使我们见微知著,居安思危,防患于未然,这才是《易经》价值之所在。

几种带点神秘色彩的书

常常有人问我:

“李老师,你看过相面的书吗?你信不信?”

“李老师,你说阴阳先生给人看风水是不是一种迷信活动?”

“李老师,人的名字与人的命运有没有联系?怎样给孩子起个好名字?”

说实在话,出于好奇的心理,这几种书我都看过,而且不止一个版本,一家之言。有些书以前是禁书,只能在民间暗暗地流传。但越是禁书,人们就越是四处搜寻着看。比如《推背图》这本书就很神秘,有人因为收藏了它还遭到追查。改革开放以后,什么书都有了,算命的,看相的,看风水的,起名字的,早已不是什么秘密,到书店随便都能买到。由于研究的人不少,它们都已成了一门独立的学问,分别被称为“命理学”、“相学”、“风水学”和“起名学”。当这些书放开之后,它们的神秘面纱也就被揭去了。至于信与不信，我还是赞成孟子说的那句话："尽信书则不如无书"。读书既要选择、鉴别，更要在实践中进行检验。一本书是瑕不掩瑜，还是瑜不掩瑕，还是瑕瑜互见，都要加以研究，不要动辄就轻率地肯定或者否定。一般来说，一种流传久远的学说，相信原来都有它一定的道理。但由于长期的历史积淀、演变、扭曲，必然会掺杂进许多迷信的、不科学的甚至是反科学的成分。我们在接受这些历史文化遗产时更要持一种批判的态度，取其精华，去其糟粕。下面就来谈谈我对这几种书的看法。

关于相面的书

常听人说："看了麻衣相，敢把人来量。"麻衣据说是北宋时华山的一个道人，善相术。后人编的相书大都托名于他。《麻衣相》通过观察人的面相和手相，便能推断出人的吉凶、夭寿、穷达等。究竟人的命运与其相貌、手纹有没有因果联系？对这个问题我一直是疑信参半的。如果都按照相书上说的标准去判断人的品质、命运，那肯定是会出问题的。我们不妨举几个例子。

相书上说，凡人天庭狭窄，地阁丰满，此乃有地无天的"由"字面，男人得此相，主二十年孤苦，祖业少，根基荡，中年以后才能改变。又有相书说，天庭狭窄的人天资不高。还有的说："男女前额短又窄，忧愁苦恼伴随来。"但我就见到不少天庭狭窄的人，照样发迹很早，升了官发了财的都有。至于忧愁苦恼，那是任何人都避免不了的，不单是天庭狭窄的人。有些天庭很高的人，也是"不如意事常八九"。再比如脸腮，相书说："两腮鼓鼓圆，便宜最爱占。"但也有的说："两腮没有肉，讨便宜没有够。""两腮鼓鼓圆"的人爱讨便宜，"两腮没肉"的人也爱讨便宜，这就不好把握了。而且，人的胖瘦与年龄、健康、营养都有关系，这就越发增加了相面的难度。再比如，相面先生说："妇人颧骨高，杀夫不用刀。"但我们也常见到高颧骨的女人和她的丈夫白头到老。

相学作为一种古老的传统文化，在国人心目中是根深蒂固的。无论在诸子百家的著作中，还是在历代的文艺作品中，对各类人物善恶的褒贬往往都有相学的成分。《三国演义》一百零五回里有个"魏延反，马岱斩"的故事。据说诸葛亮早已发现魏延脑后有反骨，料定他死后魏延必然造反，因此在临终前留下锦囊妙计。果然，当魏延大喊"谁敢杀我"时，就被身边的马岱手起刀落，斩于马下。诸葛亮不愧是个会相面的。在小说家笔下，反面人物和正面人物的形象总是和相书的描述相一致的。其实，在现实生活中并不尽然。其貌不扬的人，未必都是不成器的或不正面的。有些名人和伟人也并非都是白马王子和美人儿。相反，有些居心叵测、阳奉阴违甚至人面兽心的人，倒是穿得衣冠楚楚，长得人模人样的。所以，人们又说："人不可貌相，海水不可斗量。"

我这样说，并不是完全否定相学。相面肯定是有一定道理的。它是以《易》理为基础，以"五行"为指导，又参照了道家和佛家思想的一门学问。也有人推断，相学来自于中医的"望诊"。中医给人看病有"四诊"，即望、闻、问、切。望是看气色，闻是听声音，问是了解病人的自我感觉，切是把脉。四诊之中，望诊最重要，因为病在内必形于外。五脏与五官又相互关联。《灵枢经》说："鼻者，肺之官也；目者，肝之官也；口唇者，脾之官也；舌者，心之官也；耳者，肾之官也。"它们之间既相生，又相克。医生只要观察病人的五官，就能判断出疾病的部位、轻重和疗法。换句话说，医生是通过相五官、相气色、相肌肤、相行动获知疾病的有关信息的。所以在古代，医与相是同源的。高明的医生首先是通过望诊看病的，这就叫"望而知之谓之神。"《韩非子》里有则故事：战国时名医扁鹊见到蔡桓公，一眼就看出桓公有病，不过病在肌肤，不难治疗。但桓公讳疾忌医，硬是不承认自己有病。过了十天，扁鹊又见到桓公，发现他的病加重了，已到了胃肠。但桓公仍然拒绝看病，还说医生就是喜欢没病找病。再过十日，桓公果然病入膏肓，不治而死了。扁鹊的望诊可谓神了。说他是个相面专家，我看一点不为过。也许就是受了中医望诊的启发，人们才联想到既然望诊可以判断人的健康，那么通过"望"能不能判断出人的命运呢？相学也许就是这样产生的。

不过，相面要比望诊复杂得多，有道是"人心不同，有如其面"。之所以说"人不可貌相"，就是因为人的里表往往是不一致的。有的人看上去横眉竖眼，但心地很善良，这叫"金刚面目，菩萨心肠"。有的人看上去笑容可掬，平易近人，但居心叵测，专会算计人，是一个伪君子，是一只"笑面虎"。所以，考察一个人仅凭"相面"还是很不够的。

关于看风水的书

一提"风水"，人们就会想起那些手拿罗盘，口称阴阳、五行、八卦，给人看阳宅、阴宅的风水先生来。很多人都认为这是一种利用地理位置蛊惑人心的迷信活动。现实生活中也确实有一些利用人们趋吉避凶心理编造谎言骗人钱财的风水师。我就听到过这么两件事。

一件是某人家里一年死了两个人，一个是病死的，一个是出车祸死的。有人对他说："你家连遭横祸，总是阴、阳宅有问题，还是请个风水先生看看吧。"于是他请来风水先生，先看了宅院，没什么问题。又去看了他家的祖坟，风水先生惊呼道："问题找出来了，就出在右边这个土崖上。"原来这里是个土坡，近年来这里办了个砖场，时间长了，就把土坡劈成了很高的土崖。按照阴宅左青龙、右白虎的要求，白虎是不敢抬头的。现在土坡变成了土崖，就把风水破坏了。白虎抬起了头，怎么会不伤人呢？听风水先生这么一说，这坟是非迁移不可了。

第二件事是，小王的单位新盖起一栋六层宿舍楼，论资排辈，他分到了五层。就在小王准备装修新房时，他听一位风水先生说："属鼠的人宜住一楼、六楼，四楼也可以，但不宜住五楼。因为按五行属性，一、六为北方水，四为南方金，它们都与子水相生，吉。而五为中央土，土克水，就凶了。"小王属鼠，子鼠为水，正好相克。听风水先生这么一说，小王犹豫了。又不好和别人说，怕人说自己讲迷信，就只好忍痛把房退了。

上述两件事情，一个迁坟，一个退房，到底有没有必要，风水先生的话实在值得怀疑。

不过，风水中的有些忌讳也是很有道理的。如大门与家门不宜相冲，家门与床铺不宜相冲。这样的结构不但观之不雅，而且长期吹着门道风，对健康也不利。所以，有些人家一进大门修个隐壁墙是很必要的。又如，大门不宜冲着大路，这叫"一箭穿心煞"。大路车水马龙，不但使人心情烦躁，也不安全，而且还会因为笔直气流的冲击使人容易生病。随着时代的发展，风水学的内容也因地制宜，出现了一些新的理念。比如，选择住宅应避开发射塔、变电站、高压电塔的电磁辐射区。这些电磁设施会使人失眠、心悸、头晕、免疫力下降，甚至会诱发癌症。还应远离机场、火车站、立交桥、影剧院这些噪音污染严重的地方。风水学认为这些地方的"气场"不好，声浪忽高忽低，忽弱忽强，不但会影响人的情绪，还会影响人的财运。再如，住宅还要避开加油站、停车场、垃圾场、公厕这些空气污秽的场所。这与风水学所忌讳的"煞气、邪气入宅"也是完全一致的。至于某些宅院，为了镇宅、辟邪，放一块"泰山石敢当"，或者在门头悬挂一面"八卦照妖镜"，除了寻找心理上的安慰，是没有任何科学根据的。

风水学在古代叫堪舆学。什么是堪舆？《淮南子·天文训》说："堪，天道也；舆，地道也。"这说明堪舆术追求的正是一种天、地、人协调发展的生活环境。为什么不叫环境学，要叫风水学呢？这是因为"风"和"水"是人类最重要的两个生存条件。风是空气，空气流动便形成风。从健康的角度上讲，居住的地方必须通风，但从安全的角度上讲，居住的地方又必须避风。一般来说，背靠青山、坐北朝南的住宅就具备这样的特点。除了空气，人类生存最需要的资源是水，没有水也就没有生命。风水学中所谓的"龙脉"、"血脉"都是容易找到水源的地方。由此可见，“背风向阳”、“背山面水”就成了最佳的居住环境，这在风水学中叫“四灵兽”地形。这一点，早在新石器时代的“半坡”遗址中就看得十分明显。风水学反映了我国人民在居住文化中“天人合一”的自然观，这种理念即使在今天也是人们所追求的。

还应指出的是，我国的风水学，不只表现在居住环境的选择和居室结构的安排上，还表现在各式各样的建筑风格和装饰艺术上。来山西旅游过的人大概都去过祁县的乔家大院、灵石县的王家大院和榆次区的常家庄园。那千姿百态的亭台楼阁，那巧夺天工的石雕、砖雕、木雕，那古色古香的门窗、家具、胆瓶、字画，真令人叹为观止。可见，我国的风水学是把古老的哲学、美学、天文学、地理学引入建筑工程的一门综合性的环境科学。

这里要讨论的一个问题是，阳宅和阴宅与一个人的命运和一个家庭的兴衰有没有关系？这个问题同相学一样，仁者见仁，智者见智，今后还会无休止地讨论下去。因为人生的苦辣酸甜、离合悲欢，不是用一个什么公式可以算计出来的，如果是那样，人生反而显得太单调了，太枯燥了。最近读到著名科普作家叶永烈写的一本书《高层人物风水天机揭密》，书中列举了当代许多伟人、名人由于风水原因而出现的传奇人生，大家不妨找来读一读。

最后，我想补充一句关于风水的名谚：“只在人心不在山。”就是说，人只要心术眼儿好，住在哪里都是风水宝地。这句话从一个新的角度强调了人的因素，也更完善了风水的内涵。有一位研究周易的老人给我讲了下面一个故事。

有一年夏天，一个风水先生走路走得渴了，路过一个村庄，见一个老员外正在盖新房。房前有个打麦场，老员外正牵着一头毛驴碾麦子。他便上前讨一碗水喝。老员外给他满满端来一大碗水，风水先生正准备大口大口喝下去，老员外随手在场上抓了几片麦糠扔进了碗里，风水先生心里很不高兴，只好一边吹着碗里的麦糠一边小口小口地把水喝了。但心里的火气怎么也压不下去。他看了看老员外的宅院说：“你这院子什么都好，就是大门的位置不好，不利于子孙后代发家致富。”老员外听说他是个看风水的，就请他把大门重新移动了。老员外哪里知道这是个最坏的门，叫“五鬼门”，谁家安了这样的门，不出三年一定家破人亡。三年以后，风水先生又来到这个村，想看看老员外家倒霉成啥样子了。谁知进门一看，老员外老当益壮，儿孙满堂，一派兴旺景象。老员外见了风水先生，感激地说：“幸亏当年你给改了大门，要不哪有这么好的家运。”老员外立即安排酒席感谢风水先生。风水先生觉得好奇，就把当年因为老员外往碗里撒了麦糠，便有意安了个五鬼门来报复的事讲了出来。老员外说：“我当时是一片好意。古人云，大饥不大食，大渴不大饮。我怕你喝得太猛伤了脾胃，才往碗里撒了几个麦糠。”风水先生听了感动地说:“从这件事情上我又明白了一个道理,只在人心不在山啊!人有个好心肠比有个好风水还重要啊!”

还是《易经》说得好:“积善之家必有余庆,积不善之家必有余殃。”

关于起名字的书

人总得有个名字,就像化学元素总得有个符号一样。人们一见到“O”就知道它是氧,并且还能联想到氧元素的性质与用途:无色无臭,占空气的20.95%。为燃烧过程及动植物呼吸所必需的;它的化学性质很活泼,能同许多元素直接化合成各种氧化物,并伴随放热等。人也是这样,人的名字不但能把你我他区别开来,还能使你想到许多本质的东西。比如在你的熟人圈子里,一提到王某某或李某某,你就大体上知道这个人的出身、性格、职业、文化程度以及他的为人处世等。总之,名字不仅统摄了一个人的大部分信息,甚至还能反映出一定的家族血缘、民族习俗、社会背景和时代气息来。

关于人的名字和人的命运有什么联系,我还知之甚少。第一次听说还是在20世纪90年代,我们的一位副局长到省城开招生工作会议,与会者中有一个能根据人的名字给人算命的人。他感到好奇,过去只听说过打卦算命的,相面算命的,还从来没听说过根据名字算命的。那位先生姓高,大家就开玩笑地称他“高人”。我们的副局长就把自己的名字写在纸上递给“高人”。名字虽然只有三个字,但“高人”却像看档案似的分析了好大一会儿。然后就讲出了副局长坎坷的身世、不幸的婚姻,直到那一年遇上伯乐,时来运转,官位连晋两级。虽然多少有点出入,但大体上符合这位副局长的实际。我听他这么一说,也深感这一方术的奇妙,这位根据名字算命的高先生也称得上是个“高人”了。

后来,我又看了一些关于起名字的书,其中有一本就是根据《易》理和五行学说破解名字的。作者认为人的生辰八字与人的命运息息相关。人的名字就像人的一根天线,能接受物质世界之气实现体内的阴阳平衡。如果阴阳失衡,就会直接影响到人的健康、形象、职务乃至于命运。因此,起名和改名的目的就是把命中所缺的物质补充起来。比如命中缺金,起名就加个金字或带金字偏旁的字。缺木就加个带木字偏旁的字。也可以用同音字来代替,或者用表示五行的方位、八卦来象征。如北方属水,南方属火,乾为金,震为木等等。如果名字不便改变,也可以在字、号、笔名、艺名中加以弥补,以求得阴阳平衡。

人的名字与人的命运真有这么千丝万缕的联系吗?或者说人的名字在很大程度上能左右了一个人的命运吗?说实在话我是不敢完全苟同的。比如人的智力和能力，是与其天赋和勤奋分不开的，难道因为有个好名字就能变得聪明能干了吗？又如人的健康，这也与人的基因、生活方式和心理素质有很大关系，难道因为有个好名字就可以取代这些因素吗？再比如事业的成功，除了与个人的努力和机遇有关之外，还有道德、人格、信誉等因素，仅仅有个好名字就能具备这些条件吗？显然它们之间是缺乏因果联系的。

不过，无论如何，人还是需要有个悦耳的、高雅的名字的。中国人对名字的讲究大概也是著称于世的。按照传统的起名法，一个人的名字包括“姓”、“名”、“字”三部分。名是小时候的名字，也叫“小名”、“奶名”、“乳名”、“定魂名”。长大以后，为了名正言顺，再起个字，也叫“大名”、“官名”。如三国名将张飞，也叫张翼德。飞是名，翼德是字。我有个同学，他就有好几个名字。小时候，因为他哥哥的乳名叫旦儿，他就叫二旦。因为他排行老二，大伙也叫他小二。长大以后，大名叫得财。念书以后，他觉得这个名字太庸俗，便改得财为富贵。二者虽然差不多，但富贵比起得财来略显得文雅了些。因为他爱好写作，又起了个笔名叫小荷。表示他虽然叫富贵，但绝不贪不义之财，他要像荷花那样出污泥而不染。因为他的名字一直改变，据说笔名就有四五个，而且是紧追时代潮流，大家便幽默地送他个诨名叫“变色龙”。

由此可见，起一个合适的、稳定的名字也是很不容易的。我在中学当班主任的时候，每次拿到一个班的点名册时，就很注意分析同学们的名字，因为人们的名字大多是家长给起的，所以从名字上也可以看出一个人的家庭文化教养和家长的愿望。下面举几种常见的起名方法，供大家参考。

1.效法古德者。儒家的伦理道德在我国的起名学中始终据有统治地位。人们效法古德常常体现在自己的名字里。相关的字主要有：仁、义、礼、智、信、忠、孝、义、谦、恭、诚、让、真、善、美、勤、俭等。名字如守仁、守义、守忠、守智、守信、守礼、志诚、得真、至善、承孝、学谦、学恭、明德、敬德、子义、秉义、克勤、克俭、克让等。

2.企望吉祥者。趋吉避凶，企望前程美好、生活幸福、事业有成，是世人的普遍心理，也是起名字的基本要求，在名字中占的比例最大。主题词有：福、禄、寿、喜、财、祯、祥、富、贵、昌、盛、宽、裕、兴、旺、丰、庆、发、振、珠、宝、安、全、顺、有、荣、光、宏、功、冠、杰等。名字如万福、万禄、万全、高寿、福寿、增寿、寿昌、祯祥、得胜、得贵、得顺、得宝、保喜、云祥、兆祥、永安、定安、子荣、庆生、振生、振国、振业等。

3.乐山乐水者。我国幅员辽阔，河山锦绣，是抒情言志的自然资源，也是起名字的最佳词选。带有江、河、湖、海、池、泽、山、川、峰、岭、原、野、广、田等字者不计其数，如张嵩、高峰、高原、田野、许峙、孔岭、碧涛、晴川、大山、小丘、春池、玉泉、云山、云海、金江、金海、海波、静波、巨澜、小潭等。

4.崇尚天象者。这里说的天象包括日月星辰、风雨霜雪、电闪雷鸣、寒来暑往等。这些天象既与人的关系密切，又富有诗情画意；既有女性的阴柔美，又有男性的阳刚美，很适于命名。如光明、光华、玉宇、东旭、天定、天明、曙东、月华、晨辉、红星、彩虹、雨生、雷鸣、雷发、增辉、增亮、云龙、云飞、若水、霜月、雪莲、雪芳、月蛾、巧云等。

5.钟情花木者。“没有花香，没有树高，我是一棵无人知道的小草。”花草树木点缀着大千世界，美化了人的生活环境，也为名字学注入了生命的活力。一般来说，男士们多以树木为名，女士们青睐于各种花卉。如杨柳、张槐、李彬、乔木、松岭、毓桂、凤梧、如梅、竹青、林枫、森林、寒柏、春花、春草、秋菊、兰花、桃花、牡丹、海棠、红梅、丁香、香荷、玉兰等。

6.寓意动物者。人虽是万物之灵，但对某些飞禽走兽却刮目相看，取其人格化的象征意义为名。最常见的有龙、虎、麒麟、骏马、大雁、苍鹰、仙鹤、燕子等。如张翼、张羽、鹏飞、海龙、虎威、骏祥、凤来、雁来、鹤寿、小燕等。以动物直呼其名者多见于人的乳名。为使孩子长命百岁，便起个很俗的名字：驴小、牛孩、狗娃、虎妞、猫妮、虎生、拴兔。

7.珠联数字者。数字虽然枯燥无味，但它如果与一定的量词联在一起时，便会产生特殊的意义，如名人闻一多、李立三、李四光等。数字在名字中一般用来表示兄弟、姐妹，排行，如大妮、二妮、三妮，大旦、二旦、三旦，老大、老二、老三、老四等。我有个学生叫程三生，为什么叫“三生”？他父亲告诉我说，他母亲生他时出现难产，差点要了母子的命。先是在村里找了个接生婆，生不下来。又到了乡卫生所，还是生不下来。只好连夜雇人用担架抬到县医院才分娩了。所以孩子就叫了个“三生”。我们可以根据自己的特殊遭遇，或者为了纪念一件几起几落的事情，巧妙地运用一定的数字起个名字。

8.盼生男孩者。看过小品《超生游击队》的人都还记得那些滑稽的情节。有些人因为存在着重男轻女的封建思想，为了能生个男孩，常常在女孩的名字中寄托这种愿望。最常见的就是带个“弟”字或“子”字，如引弟、拉弟、招弟、引子、拉子、带子。有的干脆叫成“换小”，意思是把女子换成小子。女孩长大了嫌不好听，便都把“换”字改成“焕”字，把“小”字改成“晓”字。女孩们的这种命名，也是造成名字重复的一个重要原因。如果一个班里出现两个或三个同名同姓的人就无法点名了。

起名字的方法很多，有的来自古诗词，有的来自成语，有的仿照名人的名字,有的按孩子出生的时间、地点起名,有的按照家族特定排列的字序起名,还有的是寄托了家长的某种特殊愿望。我有个叫解玉南的学生,为什么叫"玉南"?后来才知道她的父亲在生她的那年被错误地打成了特务,"玉南"与"遇难"谐音,孩子就起名玉南。

怎样给孩子起个好名字,是家长的个人自由。孩子长大后,觉得名字不称心,还可以改名字。一般的说,名字应少用生僻字和贬义字,也不要起洋味太浓的名字,因为没有什么意义。要尽量避免和别人重复的名字,以免混淆人的视听。也不要盲目地追赶时尚。如 1958 年大炼钢铁时,不少孩子就起名"跃进"、"钢铁"。"文化大革命"中也有不少孩子起名"文革"。孩子后来知道"文革"是一场浩劫,反而埋怨父母当年起名字没有远见。

拜读李叔同《格言别录》

长亭外,古道边,
芳草碧连天。
晚风拂柳笛声残,
夕阳山外山。
天之涯,地之角,
知音半零落。

一杯浊酒尽余欢,
今宵别梦寒。
长亭外,古道边,
芳草碧连天。
晚风拂柳笛声残,
夕阳山外山。

这首脍炙人口的歌曲是大才子李叔同写的《送别》。

李叔同(1880—1942)即大家熟知的弘一大师,别号晚晴老人。天津人。早年就读于上海南洋公学,留学日本学西洋画。在诗词、书画、音乐、戏曲等方面都有很深的造诣。曾于东京创办"春柳社"。主演过《茶花女》。曾任《上海南洋画报》

编辑，杭州第一师范音乐、美术教师。著名画家丰子恺、刘质平皆出自其门下。1918年在杭州虎跑寺出家。佛学著作颇多，说法的讲稿也很多。弘一大师是佛教律宗，一生严格持戒，精进不懈，爱国爱教，生活清苦。抗日战争爆发后，他提出了著名的“念佛不忘救国，救国不忘念佛”的口号，也就是周恩来总理所称道的“上马杀敌，下马念佛”。

《弘一大师文学集》包括《晚晴集》和《格言别录》两部分。《晚晴集》主要是弘一大师从佛经和祖语中集录的重要法语，共一百零一条。当代高僧净空法师依序作了讲解。《格言别录》是弘一大师辑录的关于处世、做人方面的格言，这些格言被梁实秋、林语堂等文化巨擘誉为一字千金，值得所有人用一生的时间静静领悟，慢慢体味。如果说《晚晴集》讲的是出世法，那么《格言别录》讲的就是“世法”。佛教认为“佛法在世间，不离世间觉”，世法与出世法是不二的。所以《格言别录》也可以看作是学习佛教的基本法语。一个有觉悟的人，一个人格完美的人，也就具备了成佛的条件，“人成即佛成”。下面我们就从弘一大师的《格言别集》中选出若干条，并从佛学的角度加点个人浅见。

宜静默。宜从容。宜谨严。宜俭约。

【简析】静默者不躁，从容者不迫，谨严者不乱，俭约者不奢。有此“四宜”，就是一个有修养的人，就具备了一个佛教修行者必备的基本素质。没有这些素质，休说超凡入圣，就是连人也做不好。

谦退是保身第一法。安详是处世第一法。涵容是待人第一法。恬淡是养心第一法。

【简析】同前面的“四宜”一样，这里又为“保身”、“处世”、“待人”、“养心”提出了四个“第一法”。“谦退”是不争夺，“安详”是不躁动、“涵容”是不计较，“恬淡”是不激动。由此可见，四个“第一法”不但是处世之道，也是养生之道，更是一种充满禅意的修行之道。从这里我们不难看出，佛家的修行和儒家的修身在道德标准上是非常契合的。

富贵，怨之府也；才能，身之灾也；声名，谤之媒也；欢乐，悲之渐也。

【简析】事物的发展,最终都要走向它自己的反面,这是哲学上的一条定则。物极必反,否极泰来,乐极生悲。为了不走极端,找到事物发展中的那个平衡点,把矛盾处理得不偏不倚,恰到好处,儒家提出了中庸,佛家提出了中道。

学一分退让,讨一分便宜。增一分享用,减一分福泽。

【简析】“退让”之所以是“便宜”,就是因为它是一种“舍”。你退了别人就进了,你让了别人就占了。只有“舍”,才能“得”,故叫“舍得”。而且大舍大得,小舍小得,不舍不得,这是道家的无为之治。郑板桥说的“吃亏是福”也是这个意思。如果光进不退,光占不让,那就反而要吃亏了。在佛教里,“舍”又是一种布施,包括财施、法施和无畏施。能从物质上、思想上去帮助别人,那就是一种公德了。所以说退让是便宜。为什么增一分享用,就会减一分福泽呢?因为“增”往往意味着“贪”。“贪”是佛教所说的“三毒”之一。贪来的东西看似增加了,实则损阴丧德,反而把福分减少了 。

事当快意处,须转;言当快意处,须住。

【简析】这两句话还是提醒人们应该坚持中道,不要走极端。“快意”是个极点,“快”到极点,“不快”就要来了。“转”和“住”,就是为了防止或推迟“不快”的到来。所以格言又说:“殃咎之来,未有不始于快心者。故君子得意而忧,逢喜而惧。”《朱子家训》也说“凡事当留余地,得意不宜再往。”

心不妄念,身不妄动,口不妄言,君子所以存诚;内不欺己,外不欺人,上不欺天,君子所以慎独。

【简析】“妄”是虚妄不实,是佛教的“五戒”(杀盗淫妄酒)之一。治“妄”的方法是“诚”,就是踏踏实实,实事求是,不说假话。“欺”,不但是一种虚假,而且是一种骗术,如自欺欺人、欺上瞒下、欺世盗名等。“欺”也是一种邪念,因为它背离了真实,也背离了良心。治“欺”的方法是自己警戒自己,自己监督自己,保持人性中的良知,儒家称之为“慎独”。一个能慎独的人,儒家称之为“君子”,佛家称之为“善男子”。

心术，以光明笃实为第一。容貌，以正大老成为第一。言语，以简重真切为第一。平生无一事可瞒人，此是大快。

【简析】心地光明，态度老成，语言真切，就是一个老实人，一个表里如一的人。老实人不弄虚作假，不哄人，不骗人，说话算数，事无不可对人言。这种磊落光明的人，自己活得安心，别人也放心。

使人敢怒而不敢言者，便是损阴之处。

【简析】佛教不但讲慈悲喜舍，而且主张众生平等，反对人压迫人，反对人欺侮人。那些使人敢怒而不敢言的人，不但不允许人反抗，而且还剥夺了人们的发言权。表面上看来是占了上风，实际上是做了损阴丧德的事，岂能不遭报应？

恶，莫大于纵己之过；祸，莫大于言人之非。

【简析】自己有了过错，不但不知悔改，反而刚愎自用，自以为是，为所欲为，那就是大恶了；挑是生非，背后说别人的坏话，揭别人的隐私，那就是最大的祸患。在佛教看来这些都属于“十恶业”之列。

惠不在大，在乎当厄；怨不在多，在乎伤心。

【简析】帮助别人不在有多大，而在于雪中送炭，帮在人最需要的时候；怨恨不在有多深，就怕说在痛处，伤透了人的心。“良言一句三冬暖，恶语伤人六月寒”说的也是这个意思。

毋以小嫌，疏至戚；毋以新怨，忘旧恩。

【简析】前一句是说不要抓住人的一点小毛病，就疏远了自己最亲近的人；后一句是说，不要因为现在有点小摩擦，就忘记了人家过去的恩情。攻其一点，不及其余，是处世中的一大忌。

群居，守口；独坐，防心。

【简析】和众人在一起，最容易信口开河，口无遮拦，惹出是非，所以要守口；一个人独居，无所事事，无人监督，最容易想入非非，甚至产生邪念。这两条连圣人都要防范，何况凡人？

以淡字交友，以聋字止谤，以刻字责己，以弱字御辱。居安，虑危。处治，思乱。

【简析】根据这段话我编了几句顺口溜："君子交人淡如水，装聋作哑止诽谤。严于律己不会错，以弱自居能胜强。居安虑危祸不侵，处治思乱能久长。"其中，既有佛家"六度"中的"忍辱"，又有道家以柔克刚的思想，可以说是一条重要的处世箴言。

白香山诗云："我有一言君记取，世间自取苦人多。"

【简析】白香山即白居易，唐代著名诗人，佛教居士。他告诉世人，世上的苦多半都是人们自己找来的。常说"知足者常乐"，不知足者当然就苦了。又比如一个"贪"字，大自贪官贪赃枉法，小到庶民占人家的便宜，真不知害了多少人，也不知苦了多少人。

喜读《马首农言》

小时候就听父亲说，被誉为清朝嘉庆、道光、咸丰"三代帝王师"的山西省寿阳县人祁寯藻写过一本《马首农言》，但一直无缘见到此书。最近到寿阳出差，从县志办那里得到这本书。读罢，受益不小。

"马首"是寿阳县的古邑名。据作者自述，该书写成于清道光十六年(1866年)，是他从京城返乡侍亲守孝期间搜集整理而成的。全书分为地势、气候、种植、农器、农谚、占验、方言、五谷病、粮价物价、水利、畜牧、备荒、祠祀、织事、杂说十四个部分。既是一本全面总结当地农事活动经验的书，也是一本可资考证北方农村诸多风俗民情的书。祁寯藻以大学士入仕，官至军机大臣，得暇能如此关心农事，关心家乡的农业生产，在封建士大夫中实属难能可贵。

就书中农事而言，我觉得有三个特点。

一是从当地农民的生产实践中总结出务农经验。作者认为"农家言者，质而无文，因时度地，各述所闻，耳目既习，徵验已久"，因此，他尊重实际，以笔代口，举事实实在在，记叙朴实无华。如"种植"中对当地主要农作物之一的谷，从选种、播种、田间管理、收获等各个农时环节都有详细记载。种谷一般在立夏、小满之间。下种之前应反复耙磨土地，使其疏松平整。农谚说："不怕重种谷，就怕谷重种。"所以播种最好在去年的豆田里，一般不要在去年的谷田里种谷。如果复种，也要调换种子。在选种上，各类品种的谷，每穗有几瓣，每瓣有几粒，都有具体的统计。谷的田间管理十分重要。"凡谷，初生三、四叶，先挑草，次间苗，次锄苗。"锄苗也有讲究："浅锄谓之锄，深锄谓之搂。自锄至搂，三次谓之勤，二次亦可，一次为惰。四次者无草萌也。"尤其要在入伏后多搂土培根，这样可以使穗瓣大，子粒饱。正如农谚所说的："耕三耙四锄五遍，八米二糠再没变。"其他作物如豆、瓜、黍、麦的种植、管理也都有同样的记载。此外，对于如何灌溉、施肥、使用农具，以及饲养、织布等农事活动也都有详细说明。因此，这本书无异于当地农民的一本《务农手册》。

二是书中收集了很多当地农民口头流传的农谚。农谚是农民生产生活经验的口头总结。这些农谚内容丰富，言简意赅，朗朗上口，便于掌握。如教人重视农业的"地是刮金板，年年有生产"、"春种一斗子，秋收万担粮"、"只有懒人，没有懒地"、"养蚕种地当年富"、"庄稼完了粮，便是自在王"。关于种植的"小满前后，安瓜点豆"、"立夏种胡麻，九股八格杈；小满种胡麻，到秋只开花"、"头伏萝卜末伏菜"、"夏至不种高山黍"、"麦子扯泥条(种时有雨)，乞儿舍了瓢"。关于田间管理的"天旱锄田，下雨浇园"、"苗锄一寸，强如上粪"、"头伏搂，满罐油；二伏搂，半罐油；三伏搂，没来油"、"麦子伤镰(早割)赛豆黄，黍子伤镰一团穰"。关于气象的"秋不凉，子不黄"、"有钱难买五月旱，六月连阴吃饱饭"、"伏里无雨，谷里无米"、"立秋有雨万物收，处暑有雨万物丢"等。这些农谚都是农民在生产实践中对自然规律的探索和认识，许多经验至今仍有指导生产的重要意义。在《马首农言》中，各个农事活动季节几乎都有相应的农谚。有些比较难懂的方言土语，如"土块"当地谓之"坷垃"、"凹处"谓之"圪洞"、物倾斜谓之"宽流"、"虹"谓之"降"、"凉快"谓之"凉骚"、"午睡"谓之"歇晌"等，作者都从汉字的音、义上给以解释，使这本书具有浓厚的地方色彩。

三是《马首农言》中还贯穿着一种以农为本、勤耕不辍和体恤民情、强化法治的思想。如在"备荒"中，作者强调"耕三余一"、"耕九余三"的创收精神。农民多打的粮食宜自己保管储存，以防不法粮商囤积居奇，坑害百姓。遇到荒年，除政府赈济外，村民还可通过公议，量力捐资以救济那些丧失劳动力的"孤贫妇女老病幼弱之人”。在“粮价物价”中,作者对那些囤粮逐价的奸商十分憎恨。他们不但在荒年乘人之危,就是平常年景也要哄抬粮价,造成社会紧张,人心惶惶。“虽有水旱,民无菜色。今贾人尽力囤积,以为奇货,是岁本不欠,一转瞬间,而即成大荒大欠矣。”对这些不法粮商,作者认为应“互加访察,禀官究治。其牙行有徇私射利者罪之”。可见,他对平拟粮价、稳定粮价是十分关注的。在“杂税”里,作者认为务农是致富之本,最可靠也最长久。农民如需经商求财,“一定要本分,不能干伤天坏良心之事”。对那些放高利贷者, 他也提出警告:“利息以三分为准,若违禁而取,法有不宥……享福适所以致怨,刻薄必不能久享,亦何益哉?”作者还十分强调农民对子女的教育。农民应该让子女们从小就知道稼穑之艰辛,勿令其好逸恶劳,用度过奢,特别要戒绝赌博,让他们做到“君子怀刑”,勿“自罹法网”。此外,做父母的还要起到表率作用,否则,“教不先而率不谨,虽悔何及”?

祁寯藻在一百多年前写的这本书,在当时的社会生产条件下,无疑是适用的,也是进步的。其中的不少经验也是符合科学道理的。我国是个农业大国,百分之八十的人口生活在农村,发展农业仍然是发展国民经济的战略重点。随着科技的进步,我国农业正向现代化的方向发展,从事农业的技术人员也越来越多,但各地的自然、经济条件又有很大的差别。因此,及时总结各地发展农业生产的经验,就显得十分重要。这里要特别一提的是,不要轻视老农的种田经验,要认真发掘和整理他们的经验,特别是他们用农谚和俗语概括出来的经验。因为一切理论的东西都来自生产实践。我们期待着各地都有新的农书不断面世。

三绝诗书画,一官归去来

——再读《郑板桥集》

青年时代我就读过《郑板桥集》。当时因为涉世不深,又缺乏鉴赏力,只是盲目地觉得郑板桥这个人确实有些“怪”,而且在“扬州八怪”中他可谓是“怪中之怪”。究竟这个“怪”好不好,是因为愤世嫉俗,还是出于标新立异,却未敢断言。接踵而来的是十年动乱,于是就把这本书束之高阁了。这一“阁”就是三十多年,直到退休之后再读《郑板桥集》,才豁然觉得郑板桥不但“怪”得合情合理,而且“怪”得可敬,“怪”得可爱。

郑板桥(1693—1765),名燮,字克柔,号板桥,江苏兴化人。清代著名书画家、文学家。他是康熙秀才，雍正举人，乾隆进士。做官前后均在扬州卖画为生。现在，我们就从这个“怪”字上看看郑板桥到底“怪”在哪里？

为官清正，敢为百姓作主是其一“怪”

衙斋卧听萧萧竹，疑是民间疾苦声。
些小吾曹州县吏，一枝一叶总关情。

这是郑板桥任山东潍县知县时送给巡抚的一幅竹画上的题诗。这首诗深刻地表达了一个正统儒士“读书志在圣贤，为官心存君国”的至诚愿望。他甚至抱着“扯碎状元袍，脱却乌纱帽”的勇气与决心替老百姓说话办事。在他的任内，潍县曾连年遭遇灾荒，人民生活在水深火热之中。郑板桥不顾权贵们的反对，抑制奸商囤积居奇，募集钱粮赈济灾民。在民事纠纷中，他也总是帮助弱者取得胜诉。在这等级森严、官官相护的封建社会里，一个小小七品芝麻官竟想兼利天下，谈何容易？在遭到现实的打击后，他苦闷，他彷徨，他愤怒，他无情地揭露不合理的现象，可这一切又有什么用呢？在理想完全破灭之后，他不得不“挂冠而去”，仍然去做“二十年前旧板桥”了。也许，在这个时候，他才痛定思痛地认识到，圣人们所谓的“达则兼利天下”不过是一句骗人的空话。先不说有几个达而利天下者，就算你是个“利天下”者，能“达”得了吗？他在写给弟弟的信中直抒了他对农民的同情和对现实的憎恨：

我想，天地间第一等人，只有农夫，而仕为四民之末。农夫上者种地百亩，其次七八十亩，其次五六十亩，皆苦其身，勤其力，耕种收获，以养天下之人。使天下无农夫，举世皆饿死矣。我辈读书人，入则孝，出则弟，守先待后，得志泽加于民，不得志修身见于世，所以又高于农夫一等。今则不然，一捧书本，便想中举、中进士、作官，如何攫取金钱，造大房屋，置多田产。起手便错走了路头。后来越做越坏，总没有个好结果。其不能发达者，乡里作恶，小头锐面，更不可当。夫束修自好者，岂无其人；经济自期，抗怀千古者，亦所在多有。而好人为坏人所累，遂令我辈开不得口；一开口，人便笑曰：汝辈书生，总是会说，他日居官，便不如此说了。所以，忍气吞声，只得挨人笑骂。

一个初入仕途的读书人，能如此洞悉社会，体察民情，实在“怪”得可贵。

为文直率，敢于揭露批判现实是其二“怪”

郑板桥的文章，包括书信和诗词，有一个共同的特点，那就是嬉笑怒骂，直抒胸襟。他有一首《偶然作》：

英雄何必读书史，直摅血性为文章；
不仙不佛不贤圣，笔墨之外有主张。
纵横议论析时事，如医疗疾进药方。
……
呜呼文章自古通造化，息心下意毋躁忙。

这个“主张”就是一种自主的、批判的现实主义精神。这种文风的形成与他的仕途遭遇也是分不开的。他在潍县做官时，亲眼目睹了社会的黑暗和人民的痛苦，目睹了那些不恤民情、横征暴敛的贪官污吏。于是，他认识到作为文人士大夫，就不应该埋在故纸堆里，不问政治，不问现实，甚至只知道歌功颂德，粉饰太平。他认为，上乘文章必须“敷陈帝王之事业，歌咏百姓之勤苦，剖晰圣贤之精义，描摹英杰之风猷”。他在《后刻诗序》中写道：

古人以文章经世，吾辈所为，风月花酒而已。逐光景，慕颜色，嗟困穷，伤老大，虽刳形去皮，搜精抉髓，不过一骚坛词客尔，何与于社稷生民之计，三百篇之志哉！

我们在读郑板桥的家书时，会发现几乎每一封都在讲“修、齐、治、平”的儒家伦理，几乎每一封都在讲“吃亏是福”、“难得糊涂”这些朴实的处世之道。他52岁才得一子，惜子之心可以理解，但他要求弟弟必须代他严加管教，小至不玩弄一只蜻蜓，不伤害一只蜘蛛，大至不欺凌邻里、家人子女，“要须长其忠厚之情，驱其残忍之性”，足见郑板桥教子之严、之细。在郑板桥的诸多诗词中，更不乏对那些欺压百姓的不法之徒的揭露与鞭挞。如《悍吏》揭露了一些“狗腿子”鱼肉乡民的罪恶行径：

县官编丁著图甲，悍吏入村捉鹅鸭。
县官养老赐帛肉，悍吏沿村刮稻谷。

豺狼到处无虚过，不断人喉抉人目。
长官好善民已愁，况以不善司民牧。

又如《逃荒行》真实地描写了大灾之年农村的悲凉景象：

十日卖一儿，五日卖一妇，
来日剩一身，茫茫即长路。
长路迂以远，关山杂豺虎；
天荒虎不饥，肝人伺岩阻。
豺狼白昼出，诸村乱击鼓。
嗟予皮发焦，骨断折腰膂。
见人目先瞪，得食咽反吐。
不堪充虎饿，虎亦弃不取。
道旁见遗婴，怜拾置担釜；
卖尽自家儿，反为他人抚。

构思奇特，寓情于画里画外是其三“怪”

在郑板桥的诗、书、画“三绝”中，我以为最“绝”的是他的画。换句话说，郑板桥首先是一位杰出的画家，画画是他的专长，是他赖以谋生的手段。出仕前他在扬州就以卖画为生，罢官后回到扬州又重操旧业（不过，在经历了一段坎坷的仕途之后，他的画除了更富有“真气、真意、真趣”之外，在提倡诗、书、画、印的综合发展上也为我们留下了十分宝贵的创作财富）。如果说画也是郑板桥的一“怪”，那就怪在“画如其人”了。

郑板桥的画种类并不多，主要是竹、兰、石、菊几种。其中，石虽然没有生命，却是其他几种有生命物的重要陪衬。在中国画中，花鸟虫鱼是一个重要系列。花卉在画家的心目中不只是一种形态美，更是精神的象征。梅、兰、竹、菊自南宋以来被称为“四君子”，就是因为它们的坚强、贞洁、谦虚、隐逸体现了一种高尚的人格，尤其在国破家亡的时候表现着一种爱国主义情操。在中国的画家中，善于单独画竹、画兰、画梅的并不少，但郑板桥却善于把它们之中的一二种和谐地组合起来，形成一个特定的主题。再加上寓情于画的题与跋，就更显得“诗中有画，

画中有诗”,从而引发人们丰富的遐想,这往往正是一幅画的灵魂所在。我们试看郑板桥的一首题画诗:

一节复一节,千枝攒高叶。
我自不开花,免惹蜂与蝶。

不见图画,也能猜得出这是一首题竹画的诗。竹子说,我不开花也好,免得招蜂引蝶,惹来麻烦。其实,竹子自持操节,亭亭玉立,一碧到顶,自在清净,有何不好?对一个在仕途上急流勇退、在尘世中心力交瘁的人来说,寂寞与安静实在也是一种享受。我认为,这也许正是郑板桥退出官场之后的一种心理写照。再看另一首:

昨自西湖烂醉归,沿山密筱乱牵衣。
摇舟已下金沙港,回首清风在翠微。

这首题画诗与上一首有异曲同工之妙。

郑板桥的题画诗有时竟然是他绘画经验的介绍,这大概也是他的“怪”处吧:

江馆清秋,晨起看竹,烟光、日影、露气,皆浮动于疏枝密叶之间。胸中勃勃,遂有画意。其实胸中之竹,并不是眼中之竹也。因而磨墨、展纸、落笔,倏作变相,手中之竹,又不是胸中之竹也。总之,意在笔先者,定则也;趣在法外者,化机也。独画云乎哉。

四体合一,写出众妙之长是其四“怪”

在我的写字台对面的墙上,挂着郑板桥写的四个大字——“难得糊涂”,下面还有几行小字:“聪明难,糊涂难,由聪明转入糊涂更难。放一着,退一步,当下心安,非图后来福报也。”这既是一幅书法艺术品,也是一条很好的座右铭。

然而,许多人看了郑板桥的格言和墨迹,却褒贬不一。确实,当个聪明人不容易,聪明人扮成糊涂人更不容易。那需要度量,需要智慧,需要大彻大悟,要能看得破放得下。关于郑板桥的字体,喜欢的人不太多。尽管我从旁边竭力推崇,说郑板桥的书法是其"三绝"之一,在"三绝"中占"六分半",是把汉字的四种书写方法(真、草、隶、篆)融合起来,以真隶为主,用作画的手法写出来的。但不少人还是看着不顺眼,觉得它有点"四不像",说白了,就是觉得它有点"怪"。

汉字书写是一门艺术。既然是艺术,就不应该有刻板的模式。几千年来,中国的书法家们已经为我们写出了许多样品、精品,包括龙蛇大舞的草体,工工整整的楷书,介于真草之间活泼流利的行书,蚕头龟尾的隶书,古朴而形象的小篆、大篆。不但各种字体都有章法可循,而且哪一个字的结构与字体出自哪个名家之手都有归属,比如楷书,学生通常临摹的有四大家:颜体(唐代颜真卿)、柳体(唐代柳公权)、欧体(南朝欧阳询)、赵体(元代赵孟頫)。但还没有哪一家是把其中的几种字体经过"杂交",特别是以"书画相参"的手法写一种新的字体。郑板桥这样做了,无疑也是书法艺术的一种创新。但在许多人看来,他实在是"怪"到家了。

对于郑板桥的书法,清代词曲家蒋士铨也有一首题诗:

板桥作字如写兰,波磔奇古形翩翻。
板桥写兰如作字,秀叶疏花见姿致。
下笔别自成一家,书画不愿常人夸。
颓唐偃仰各有态,常人尽笑板桥怪。

但也有人不以为然,不主张青少年盲目效仿。我以为,对于郑板桥的字,可以作为一种书法艺术来欣赏,至于要不要效仿,那就各听其便吧。

家长们应该读的一本书

——《历代家训选注》

史孝贵先生选编的《历代家训选注》(华东师大出版社),共选家训 70 余篇,上至孔夫子教子学诗,汉高祖教子立志治学、事必躬亲,下至孙中山先生的《家事遗嘱》,从家庭教育这个角度上为我们提供了不少治家之道和教育子女的范例,是一本值得家长们一读的好书。

说到家训,读过"四书"的人都会想到"修身、齐家、治国、平天下"的孔孟之道,也会想起朱柏庐的《治家格言》来。儒家学说就是从家庭教育开始的。家训是父母对子女的训导,是一个家庭的"小宪法",是百年树人的起点。由于时代的不同,家长的道德、文化素质的不同,家庭教育的内容和方法也就差别很大。但有一点是共同的,那就是所有天下父母都望子成龙。上自皇帝老子,下到庶民百姓,都希望自己的子女德才兼备,出类拔萃,超越自己,也就是《三字经》里说的"扬名声,显父母,光于前,裕于后"。

同其他传统民族文化一样,历代家训也是一笔珍贵的历史遗产。我们应以批判继承的态度,取其精华,去其糟粕,做到古为今用。现在就从这本书里选录数则。

曹操:《诸儿令》

今寿春、汉中、长安,先欲使一儿各往督领之,欲择慈孝不违吾令,亦未知用谁也。儿虽小时见爱,而长大能善,必用之。吾非二言者,不但不私臣吏,儿子亦不欲有所私。

说明:寿春、汉中、长安三地都是当时兵家必争的重镇。曹操打算分别派一个儿子去治理,既是对他们的锻炼,也是对他们的考验。他在给儿子们的训令中说,孩子们小的时候,父母都喜欢他们,但长大以后,谁被重用,就看其才德如何了。《诸儿令》表现了曹操唯才是举的思想。

诸葛亮:《诫子书》

夫君子之行,静以修身,俭以养德,非澹泊无以明志,非宁静无以致远。夫学须静也,才须学也,非学无以广才,非志无以成学。淫慢则不能励精,险躁则不能治性。年与时驰,意与日去,遂成枯落,多不接世,非守穷庐,将复何及!

说明:《诫子书》是一篇著名的家训。诸葛亮认为,人的品德与才学是相互影响的。不修养品德,就没有远大志向;没有远大志向,就不能勤奋学习;不能勤奋学习,就没有出色的才干。追求安乐,精神涣散,最终只能落得个虚掷光阴,无德无才,悔恨终身。

颜之推:《教子》

上智不教而成,下愚虽教无益,中庸之人,不教不知也……凡庶纵不能尔,当及婴稚,识人颜色,知人喜怒,便加教诲,使为则为,使止则止。比及数岁,可省笞罚。父母威严而有慈,则子女畏慎而生孝矣。吾见世间,无教而有爱,每不能然;饮食运为,恣其所欲,宜诫翻奖,应诃反笑,至有识知,谓法当尔。骄慢已习,方复制之,捶挞至死而无威,忿怒日隆而增怨逮于成长,终为败德。孔子云:"少成若天性,习惯如自然"是也,俗谚曰:"教妇初来,教子婴孩。"诚哉斯语。

说明:《教子》是《颜氏家训》中的重要篇章。作者颜之推是南北朝时期的著名学者。他主张教子第一要抓早,使孩子从小养成良好的习惯。该做的,一定要求做到;不该做的,一定不能做。第二要从严,要严而有慈,不能无教而有爱,更不能放纵任性,恣其所欲。孩子一旦形成恶习,再来训斥责罚,就只能引起逆反,很难改正,家长的威信也会逐渐失去。开头说的"上智不教而成,下愚虽教无益"是不足为训的。

《贞观政要》:功臣当戒勖子弟

贞观十七年,太宗谓侍臣曰:"自古草创之主,至于子孙多乱,何也?"司空房玄龄曰:"此为幼主生长深宫,少居富贵,未尝识人间情伪,治国安危,所以为政多乱。"太宗曰:"公意推过于主,朕则归咎于臣。夫功臣子弟多无才行,藉祖父资荫遂处大官,德义不修,奢纵是好。主既幼弱,臣又不才,颠而不扶,岂能无乱?隋炀帝录宇文述在藩之功,擢化及于高位,不思报效,翻行弑逆,此非臣下之过欤?朕发此言,欲公等戒勖子弟,使无愆过,即国家之庆也。"

说明:《贞观政要》,唐代吴竞撰写。本文是唐太宗与功臣们讨论君臣后代子孙为什么不能使国家长治久安的原因的一段对话。一方面是守成之君居于富贵,不知先辈创业的艰难;一方面是功臣的后代凭仗祖辈地位权势纵情放荡,无才无德。这样,君臣的后代都成了无能之辈,还怎么能治理好国家?所以,唐太宗要求群臣要多教育子弟修养品德,不犯过错,才能不蹈前朝亡国的覆辙。这段话在今天看来也是很有警示教育意义的。所谓创业难,守业更难,诚然。

包拯家训

包孝肃公家训云:"后世子孙仕宦有犯赃滥者,不得放归本家;亡殁之后,不得葬于大茔之中。不从吾志,非吾子孙。"共三十七字。其下押字又云:"仰珙刊石,竖于堂屋东壁,以昭后世。"又十四字。珙者,孝肃之子也。

说明:包孝肃公就是大家熟悉的包公包拯,北宋仁宗时任监察御史,历知开封府,为官清廉,不畏权贵,执法如山。他不但办案秉公无私,对后代的要求也极严。他立下家法并刻成碑文,树于堂屋以警示后人:后世子孙凡做官者,如有贪赃枉法行为,活着不得入家门,死后不得葬于祖坟。

陆游:《示儿诗》

死去原知万事空,但悲不见九州同。
王师北定中原日,家祭无忘告乃翁。

说明:《示儿诗》是南宋爱国诗人陆游的绝笔诗,深切地表达了诗人对丧失国土的悲愤,也表达了诗人对收复国土的坚定信心和对后辈寄予的期望。这种以国家、民族利益为重的遗嘱,无疑也是最好的爱国主义教育。

吴麟征:《家诫要言》

进学莫如谦,立事莫如预,持己莫如恒,大用莫如畜(同蓄)。
毋为财货迷,毋为妻子蛊,毋令长者疑,毋使父母怒。

争目前之事，则忘远大之图；深儿女之怀，便短英雄之气。

知有己不知有人，闻人过不闻己过，此祸本也。故自私之念萌，则铲之；谄谀之徒至，则却之。

人心止此方寸地，要当光明洞达，直走向上一路。若有龌龊卑鄙襟怀，则一生德器坏矣。

少年作迟暮经营，异日决无成就。

少年人只宜修身笃行，信命读书，勿深以得失为念，所谓得固欣然，败亦可喜。

多读书达观今古，可以免忧。

家用不给，只是从俭，不可搅乱心绪。

忧贫言贫，便是不安分，为习俗所移处。

人情物态，日趋变怪，非礼仪法纪所能格化，宜自为计。

恶不在大，心术一坏，即入祸门。

本根厚而后枝叶茂。每事宽一分，即积一分之福，揆之天道，证之人事，往往而合。

说明：吴麟征，明末将领。李自成攻打北京时，守卫西直门，城破后自缢身亡。著有《家诫要言》等书。上述几段亦足见其家教之一斑。

郑燮：范县署中寄舍弟墨第四书

……吾家业地虽有三百亩，总是典产，不可久恃。将来须买田二百亩，予兄弟二人，各得百亩足矣，亦古者一夫受田百亩之义也。若求再多，便是占人产业，莫大罪过。天下无田无业者多矣，吾独何人，贪求无厌，穷民将何所措足乎！或曰：世上连阡越陌，数百顷有余者，子将奈何？应之曰：他自做他家事，我自做我家事，世道盛则一德遵王，风俗偷则不同为恶，亦板桥之家法也。哥哥字。

说明：这是清代郑燮（板桥）在范县做官时，写给弟弟郑墨的第四封家信中的一段，也是他的家法。他要求家人多参加劳动，少贪恋田产，要怜老惜贫，尊重和同情农民。这样的博爱思想在封建社会里是很可贵的，作为家教也是值得倡导的。

曾国藩:致四弟

澄弟左右:

吾不欲多寄银物至家,总恐老辈失之奢,后辈失之骄,未有钱多而子弟不骄者也。吾兄弟欲为先人留遗泽,为后人惜余福,除却勤俭二字,别无做法。弟与沅弟皆能勤而不能俭,余微俭而不甚俭;子侄看大眼,吃大口,后来恐难挽,弟须时时留心。同治二年正月十四日。

说明:这是清代曾国藩的一封家书。曾国藩忠于清政府,仇视和镇压太平天国,是个有争议的人。他是历代官吏中写家书最多的一个人,据说有330多封。在这封信里他提倡勤俭持家,担心子弟们一旦有了钱便不知惜福,甚至走向骄横。作为家长不能无此警惕。

史可法遗书之一:上太夫人

不肖儿可法遗秉母亲大人,儿在宦途一十八年,诸苦备尝,不能有益于朝廷,徒致旷远于定省(xǐng),不忠不孝,何颜立于天地之间!今以死殉城,不足赎罪。望母亲委之天数,勿复过悲。儿在九泉亦无所恨。得副将得威完儿后事,望母亲以亲孙抚之。四月十九日,不孝儿可法泣书。

说明:清顺治二年(1645),清军南下,史可法死守扬州。他在给母亲的绝笔信中既表达了以身殉城的决心,又表达了不能侍奉母亲的惭愧,浩然之气,溢于言表,十分感人。

孙中山《家事遗嘱》

余因尽瘁国事,不治家业,其所遗之书籍、衣物、住宅等,一切均付余妻宋庆龄,以为纪念。余之儿女已成长,能自立,望各自爱,以继余志,此嘱。

说明:孙中山(1866—1925)是我国伟大的革命先行者,名文,字逸仙,广东香山人,毕生操劳国事,公而忘私。1925年3月12日,孙中山先生在弥留之际写下了《致苏联书》、《国事遗嘱》和《家事遗嘱》。《国事遗嘱》主张“必须唤起民众,及联合世界上平等待我之民族,共同奋斗”。《家事遗嘱》只有54个字,却表现了一个伟大革命先行者的高风亮节和对子女的殷切期望,感人泪下,催人向上。

附录一　父亲的遗著

父亲的遗著，本来是可以编几本书的。由于种种原因，未能如愿。

我的父亲李甯英(1889—1969)，字云微，号隆慈，人称“桃坪居士”。父亲一生命运坎坷，多灾多难。他6岁丧母，14岁丧父。起初跟着叔父度日，但婶母是个刻薄无情的女人，叔父又惧内，她不想抚养这个孤苦伶仃的侄子，便百般虐待他。父亲不但吃不饱，穿不暖，数九寒天还要被迫挑着筐子到煤窑扫煤面。严寒使他的双脚生满冻疮，疼得不能走路。一天傍晚，他的两个堂兄干脆把他赶出家门，扔给他一根讨饭棍子。父亲忍着痛，拄着棍子，爬到南山头上准备跳崖自尽。幸被族中一位长者发现，把他背了回来。第二年，父亲便只身离开家乡，风餐露宿，四处流浪。凭着从小跟父亲学到的一点文化知识和中医常识，他给人看过病，当过帮工，做过店员，参加过北伐军，后来在哈尔滨一家农场的私塾里当了教师。父亲是个勤奋好学、记忆力特强的人。他一边教书，一边自学中学课本，约在1927年左右考入并州大学(山西大学前身)。这使他有机会在学校的图书馆里博览群书，仅读书笔记就写了几十本。他医学之外的文学、哲学、历史、佛学等知识，就是在这个时候学到的。后来因经济拮据，约在1930年肄业。他曾在家乡当过乡村教师。据母亲说，父亲在教书期间写过一部长篇小说《王儿传》。说的是清道光年间，当地有个姓王的京官，很善于巴结皇帝，他利用一次赴宴的机会，硬是让儿子给皇上磕了个头做了干儿子。后来，这个王儿不知天高地厚，居然以“太子”自居，不但在乡里作威作福，还盖起了超规格的豪宅。结果被人参了一本，说他图谋不轨，有篡权作乱的野心，当地官员便奉密旨用装满土的布袋把王儿活活压死了。可惜小说未及面世，抗日战争就爆发了，书稿也就毁于兵燹。

父亲是个很有民族气节的人。抗日战争爆发后，他带着妻子，冒着战火，想逃到大后方。不料途中敌机炸毁了铁路桥，道路不通，只好返回已经沦陷了的家乡。但他誓死不当亡国奴，从此他脱去长衫，穿上土布衣裳，种山地，住窑洞，早出晚归，过着贫困的隐居生活。然而，树欲静而风不止，日伪政府威逼他出山，并委以县府要职。父亲借故有病，就是死也不出任，他甚至连教员都不给敌人当。日伪政府说他“通匪”，把他拘押起来，幸得村民们出面担保才得以释放。关于这段遭遇，他写过一首小诗：

四月四，儿童节（旧时儿童节日），
人家过节我遭劫。
若问遭劫因甚事，
夫死不嫁要守节。

他以“贞节烈女”比喻自己宁死不当亡国奴的决心与贞操。他执著的爱国热情深受村民们敬重。

父亲说，一个人的爱国情怀，要从爱父母、爱家庭、爱家乡开始。我在开始学写毛笔字时，仿影就是父亲为我写的两首诗。第一首诗是写家庭的：

曾祖生业祖父伟，
父名寯英字云徽，
我母王氏叫宇初，
园滋园澍亲兄弟。

四句诗就把四代人的名字都记住了。第二首诗是关于家乡的：

问我家居在甚乡？
平定东北有移穰。
钟灵桃水河山秀，
俗厚民淳冠一方。

短短28字就把家乡的方位、景色、民风都写出来了。移穰村是山西省平定县东北的一个经济文化中心，也是一个交通枢纽。“钟灵”是家乡一座秀美的小山，“桃水”是家乡一条绕村而过的季节性河流。“俗厚民淳”是父亲对家乡的赞誉。

家乡解放后，父亲已年逾花甲，他曾写了组诗《一簇花》歌颂党的领导和盛世的到来。在乡亲们眼里，父亲是个知识渊博、多才多艺的人。家乡的不少寺庙、古迹重修时，碑文、牌匾多是父亲撰写的。父亲又是一个善于因材施教、诲人不倦的人。每逢农闲时节或阴雨天气，总有许多年轻人登门请教。他们有的跟父亲学中医，有的跟父亲学古文，有的跟父亲学书画，还有的学农村杂字，学应用文，学打算盘。这些人有了一技之长后，有的成了乡村医生，有的成了民办教师，有的成了生产队会计,有的成了村里能写会画的小能人。更多的人受父亲佛教思想的影响,知道孝养父母,尊敬师长,与人为善,促进了家庭与社会的和谐。据他们说,父亲讲学深入浅出,简明扼要,出口成章。光是农事方面的歌谣,父亲就编了很多,有个农民还记得父亲给他编的一首《二十四节令歌》:

立春雨水,惊蛰春风,清明过去,谷雨淋淋。
立夏小满,又到芒种,夏至小暑,大暑节令。
立秋处暑,白露秋风,寒露霜降,冷冷清清。
立冬小雪,大雪纷纷,冬至小寒,大寒更冷。

1960年是国民经济最困难的时期,国家号召厉行节约。有个农民还保存着父亲赠给他的一首关于节俭的诗(并用隶书给他写成一条横幅):

闲来无事看字彙,字里数着俭字美。
蚕桑辛苦农事艰,须知来处都不易。
衣服破旧勤补洗,粮食掉了快捡起。
莫把小事看得轻,粒米寸布关经济。

还有个知识青年,父母为了供他念书,开了个豆腐作坊,老两口起早贪黑做豆腐,卖豆腐。等他念出书来欲报亲恩时,父母都已去世了。饮水思源,他把父母的遗像供起来以寄托哀思。正好他父母的生日都在三月,父亲就给他写了一首《思亲》的词,并用笛子谱了个旋律很美的曲子。青年非常高兴,长歌当哭,经常在他父母的遗像前唱这支歌。歌词是:

三月里,桃花树树红,
世界上再没有父母看我亲。
怕我热,怕我冷,怕我有了病,
又怕我成人后过得不如人。

那时候,农村由于缺医少药,人们都没钱看病。父亲就把他收集的100多个偏方,用四言韵语编成一本《不药方剂》。书稿誊清后,许多人争相传阅、传抄,最后也不知道落在谁的手里,始终下落不明,成了一件憾事。

毋庸置疑,父亲是我的第一个蒙师,也是我做人的导师。自从我16岁外出求学，就很少再能聆听父亲的教诲。只有学校放了假，才能回到父亲身边。我家住在村北一个叫桃坪的小山沟里，环境十分幽静，使人有一种远离尘世、走进桃花源的感觉。有时我和父亲坐在山崖下的石头上闲聊，听父亲讲曲曲折折的人情世故，也听父亲讲超然物外的佛教故事。至今我还记得父亲写给我的一首诗：

露耘归来正暑假，避暑相与到山下。
我坐石上像生公，只是不知说什么。
胡乱讲些古故事，慧能处世有意思。
好比读书要活看，不教人着死文字。

“露耘”是父亲为我起的笔名，青年时代我就用这个笔名发表过不少文章和诗歌。这首诗看似平常，却充满禅意。慧能是禅宗第六祖，禅宗不立文字，却直指人心。《金刚经》也说“应无所住，而生其心”，所以说“不知说什么”。这首诗既教我不要死读书，读死书，又教导我以达观的精神待人接物，用佛教的话说就是教我以出世的精神做入世的事业，表达了父亲对人生的洞察和对我的期望。

父亲晚年写过多少书稿，我也说不清。据他的学生们回忆，学术价值较高的有《平定方言探源》、《不药方剂》、《书法集略》、《母亲之爱》、《云微三记漫笔》、《食物小知》、《考据杂记》、《集古嘉言录》、《庄农杂字》、《平俗丧礼小记》、《历史朝代歌》、《联帖小品》、《东鳞西爪》、《我愿歌》、《一知半解》、《读书歌》、《卫生歌》、《处世歌》、《生活歌》等。这些书稿都到哪里去了呢？除了人们在传阅中散失之外，说起来还是“文化大革命”中的一场悲剧。

1959 年，石太铁路要改双轨，铁路经过家乡移穰村时，要通过李家的一座老坟。国家为安抚民心，规定在迁坟中按发掘的遗骸给以经济补偿，这样李氏家族就得到一笔迁坟资金。当时村里的主要干部都是李家人，他们经过研究决定办两件事：一是迁坟后树一面纪念碑，略叙移坟经过，彰显李氏家族的兴旺与风范；二是整理一本李氏家谱，把从明代永乐年间始祖李景迁来移穰村到当时所有的李氏家族后代，逐代加以排列，并给有功名的族人立个人小传。谁来完成这个任务？干部们首先想到了父亲。因为父亲有文化，对民俗民情也最了解。其实，说心里话，父亲对所谓的家族与血缘看得十分淡薄，甚至有些反感。他从小父母双亡，叔父不肯收养他，堂兄把他赶出家门，宗族何在？亲情何在？在他颠沛流离的生涯中，真正帮助过他的倒是那些素昧平生的侠义朋友。所以，父亲便以年老多病婉言谢绝。但干部们就是不依，硬让父亲执笔，还派来几个助手。碍于村干部们的面子和权威，父亲最后还是违心地接受了。他为新坟写了碑记，编写了家谱《李氏先世考》。照理说,地方有志书,民间有族谱,报本追源,承前启后,都是一种史料,实在无可非议。谁知几年之后,"文化大革命"开始了。第一个回合就是以阶级斗争为纲的"破四旧,立四新"。造反派说树纪念碑、写家谱不但是"四旧",而且是阶级斗争的新动向,怎么能把地主富农和贫下中农放在一起称兄道弟,论资排辈?这是在搞阶级斗争熄灭论。他们对父亲进行了惨无人道的批斗和人身攻击,并且翻箱倒柜地抄了家。在这次抄家中,他们不但把父亲多年的藏书洗劫一空,还把父亲写的许多书稿也没收了。一个耄耋老人无端遭此横祸,实在是千古沉冤,正如族中人后来为父亲写的《传略》中所说的:"公之晚年,甘苦备尝,贫病交加,其许多著作未得出版机缘,其惨淡经营之手稿毁于一旦,给我辈留下一份遗憾,惜哉!悲哉!"

父亲留给我的遗著已是凤毛麟角,除了他用隶体、篆体、草体写成的《百家姓》之外,唯一的书稿就是他在78岁那年忍着病痛写成的《平定农家杂字》。这本书虽名"杂字",实是一本极富地方特色的民俗文化读物,内容包括平定县的历史、方位、山川、村名、物产、天象、历法、农事、农谚、农诗、农具、建筑、节日、茶饭、花鸟、方言、占验、卫生等数十种。全书用四言韵语写成,长达2600多句,可谓是长篇巨制。其中关于方言的部分,生僻字较多,有些字大概在《康熙字典》里才能找到,不宜选录。现从该书中选录几段比较通俗的部分以纪念我的父亲。

山西之名

平定地区 属山西省 略提本省 各种名称
古十二州 虞舜划分 其中并州 山西古名
历夏商周 秦汉两晋 唐河东道 宋以路称
元代始有 山西之名 清朝因之 设山西省
山西取义 也有其因 太行山西 是太原城
冀城县西 有古唐城 唐为叔虞 当初国名
后迁曲沃 改唐为晋 山西因此 也称晋省
公元之前 三七六春 由韩赵魏 三家分晋
山西因有 三晋之称 战国开始 后并于秦

平定名称

平定之名 代不一样 汉为上艾 始主县乡
北魏石艾 以至隋唐 隋置苇泽 唐改广阳
宋平定军 始有今名 金升为州 历元明清
民国成立 革故鼎新 改州为县 以至于今

平定方位

平定位在 太原东方 东界井陉 西接寿阳
北邻盂县 南近昔阳 河山表里 关隘雄壮

平定河名

平定河川 数之不完 沟沟渠渠 都能接连
河道虽多 来水无源 平时河漕 多半涸干
只待夏季 阴雨连绵 山水汇集 浪滚波翻
出名的河 一共有三 汶水在北 嘉水在南
桃水在中 流长源远 发源寿阳 太平谷间
东来平定 流出娘关 汇汶嘉水 成一巨川
经过岩峰 折向北边 归滹沱河 直达平山

村　色

山重水复 正疑无路 柳暗花明 又是一村
田家村色 风景清新 四季都美 尤以三春
寒谷春回 东风解冻 大地温暖 草木向荣
春花初放 鸟啼新晴 人耕绿野 犬吠柴门
插秧播种 鼓舞欢欣 辛勤者谁 劳动人民
我国自昔 立国以农 民务本业 继承遗风
熟田国有 十六忆亩 勤耕俭过 民强国富

瓜 菜

无谷为饥 无菜为馑 饥馑影响 国计民生
因此瓜菜 也应多种 平定瓜菜 倭瓜为重
南瓜节瓜 萝卜菜根 番茄红薯 近年才种
葫芦茄子 辣椒蒜葱 白菜豆角 山药芥根
此外还有 瓜干银针 平定特产 也很出名
黑豆叶菜 平定独有 能辅粮食 家家讲究
园圃里有 菠菾芹韭 莴苣芫荽 茴香等蔬
西瓜甜瓜 爱地下爬 黄瓜丝瓜 喜欢上架

物 候

花开花落 木之荣枯 物候对我 如人告诉
迎春花开 立春节来 计划农活 怎样安排
海棠含苞 雨水节到 整理埸堎 补修坏道
柳叶抽青 惊蛰节近 时当二月 开始春耕
杨叶初成 节正春分 甘薯等秧 都该着生
清明节上 桃花开放 早田该种 玉茭高粱
谷雨前后 安瓜点豆 梨花淡白 榆钱挂树
柳絮飞花 时正立夏 这时种谷 先耩沟汊
小满快种 玉茭芝麻 桑葚已熟 洋槐开花
石榴花红 芒种节令 谷学站立 瓜叶初成
麦秋收完 夏至节到 桃穿绿衣 杏披黄袍
小暑节初 枣大如豆 平地种谷 高山种黍
槐花满树 节正大暑 瓜瓠结成 谷也吐秀
立秋时期 倭瓜红皮 葡萄脸紫 枣也白背
处暑节到 柳叶先凋 棉如雪花 椒似樱桃
梧桐知秋 叶落白露 平定农家 捋菜时候
秋分节上 小麦该耩 谷子上场 核桃挨棒
寒露节凉 菊花独芳 冻凌汉响 萝卜正长
割苇时期 正是霜降 农人还在 秋耕地忙
立冬天寒 天气也短 天寒日短 无风就暖

小雪雪飞 枯木风吹 修坝成田 凿池蓄水
地冻河封 大雪节令 松耐岁寒 梅知春近
冬至数九 从此天长 这是一段 最冷时光
小寒节气 冰雪在地 趁此闲月 修理农具
大寒节过 春节年临 虽在休息 不忘农功

占 验

一场春雨 一场温暖 一场秋雨 一场严寒
榆钱钱饱 年景总好 槐花子稠 明年麦收
立秋有雨 万物多收 处暑有雨 万物多丢
椿姑姑子 红够三遍 老倭瓜也 回到家园
山头戴帽 水瓮穿裙 黑豆叶翻 疮瘢痒疼
燕雀低飞 蚍蜉摆阵 灶烟不起 都主天阴
九九有风 伏天有雨 伏里无雨 谷里无米
伏天不热 五谷不结 秋天不凉 五谷不黄
肥是春雨 瘦是秋霜 霜打沟渠 雹打脊梁
雹打一线 风刮一片 秋西风霜 冬东风雪
夏天的热 多在午后 秋天的霜 全在早晨
久旱之日 逢庚天阴 久涝之日 遇甲可晴
夏至第三 庚日暑伏 冬至日起 就是数九

茶 饭

平定风俗 素尚朴俭 常把粗粮 做成细饭
早饭一般 都是吃馇 这个饭食 普遍全县
切点瓜菜 配些米面 既好做造 又省柴炭
早起腹空 凌晨气寒 馇子到肚 非常温暖
午饭主要 靠玉茭面 蒸窝窝头 调糊涂饭
烧白饼脆 烙菜饼软 这手平定 妇女精悍
想吃煮饭 加榆皮面 蛇蚪饸饹 都很稀罕
做扁食皮 蒸千层卷 发过蒸馍 又暄又甜
如遇歉年 更会打算 细粮少用 麸糠多掺
袅菜糊涂 打茶茶饭 捏手楠猴 摇兔粪蛋

或采野菜 作蔬造饭 灰菜沙蓬 槐叶榆钱
苦菜味美 管管叶绵 枸杞羊桃 都可佐餐

卫 生

立夏以后 百二十天 这是农家 活忙时间
清明节后 歇晌起头 劳逸调剂 直至立秋
天当炎热 人正勤劳 留心卫生 注意上火
每日上地 记带草帽 预防日晒 也免雨浇
身热汗出 水分消耗 地里担汤 加点盐好
如中暑毒 捣一头蒜 温水送下 很是效验
中暑呕吐 浓煎生姜 与蜜冲服 疗法极良
夏天衣服 白色的好 能却日光 且省染料
妇人劳动 更宜关心 体力生理 不同男人
如在孕期 调配营生 活宜轻微 不宜过重
若是哺乳 计算里程 离家勿远 工地要近
更要照顾 少女幼童 预防努伤,担挑勿重

附 语

此书主要 为记杂字 不是专门 论述农事
所记农谚 老话固多 温故知新 也可参考
学海广阔 应顺新潮 争取农业 水平提高
新式农具 化学肥料 改进培植 技术更要

摘录完父亲的《平定农家杂字》,我悲欣交集,心情久久不能平静。我仿佛又看到一位坚强而善良的老人,他坐在一个昏暗的土窑洞的土炕上,穿着打满补丁的衣裳,戴着一架用线绳当腿的老花镜,伏在一张古旧的炕桌上,用钢笔蘸着墨汁一笔一画地写啊写啊。要知道,这是一位78岁高龄的老人,一位饱受身心摧残的老人,一位书籍和作品被人抢劫一空的老人,一位贫病交加的老人。他居然还有这么安详的心态关心农业生产,传播文化知识。这大概就是中国传统文人那种安贫乐道的骨气和风范吧,或者说这就是一个佛教居士看得破放得下的精神境界。他在这本书的《后语》中还写道:

农家杂字 共分两章 上篇农业 算写停当
下篇牧畜 饲养牛羊 缓我时日 再写此章

实际上,父亲此时已身患重病,但他还有写作计划,还在乐观地寻找精神的寄托,而不肯蹉跎岁月。壮哉,父亲！悲哉,父亲！

附录二　父亲手书的隶体《百家姓》

趙錢孫李

馮陳褚衛

朱秦尤許

孔曹嚴華

戚謝鄒喻

周吳鄭王

蔣沈韓楊

何呂施張

金魏姜陶

柏水竇章

雲蘇潘葛
魯韋昌馬
俞任袁柳
費廉岑薛
滕殷羅畢

奚范彭郎
苗鳳花方
酆鮑史唐
雷賀倪湯
郝鄔安常

樂于時傅
伍余元卜
和穆蕭尹
祁毛禹狄
計伏成戴

皮卞齊康
顧孟平黄
姚邵湛汪
米貝明臧
談宋茅龐

熊紀舒屈
杜阮藍閔
賈路婁危
梅盛林刁
高夏蔡田

項祝董梁
席季麻強
江童顏郭
鍾徐邱駱
樊胡淩霍

虞萬支柯
經房裘繆
丁宣賁鄧
包諸左石
程嵇邢滑

昝管盧莫
干解應宗
郁單杭洪
崔吉鈕龔
裴陸榮翁

荀羊於惠
芮羿儲靳
井段富巫
牧隗山谷
全郗班仰

甄麴家封
汲邴糜柗
烏焦巴弓
車侯宓蓬
秋仲伊宮

甯仇欒暴
祖武符劉
葉幸司韶
印宿白懷
索咸籍賴

甘鈄厲戎
景詹束龍
郜黎薊薄
蒲邰從鄂
卓藺屠蒙

池喬陰鬱
聞莘黨翟
姬申扶堵
郤璩桑桂
邊扈燕冀

胥能蒼雙
譚貢勞逄
冉宰酈雍
濮牛壽通
郟浦尚農

温别莊晏
慕連茹習
向古易慎
暨居衡步
匡國文寇

柴瞿閻充
宦艾魚容
戈廖庾終
都耿滿弘
廣祿闕東

歐殳沃利
師鞏厙聶
冷訾辛闞
曾毋沙乜
巢關蒯相

蔚越夔隆
晁勾敖融
那簡饒空
養鞠須豐
查後荊紅

游竺權逯
万俟司馬
夏侯諸葛
赫連黄甫
澹臺公冶

蓋益桓公
上官歐陽
聞人東方
尉遲公羊
宗政濮陽

注：复姓“黄甫”应为“皇甫”，此处是笔误。

淳于單于
公孫仲孫
鍾離宇文
鮮于閭丘
亓官司寇

太叔申屠
軒轅令狐
長孫慕容
司徒司空
仉督子車

顓孫端木
漆雕樂正
拓拔夾谷
晉楚閆法
段干百里

巫馬公西
壤駟公良
宰父穀梁
汝鄢涂欽
東郭南門

呼延歸海
岳帥緱亢
梁丘左丘
商牟佘佴
墨哈譙笪

羊舌微生
況后有琴
東門西門
伯賞南宮
愛年陽佟

后 记

编写完《书山有路》这本书,像是还了一个愿,偿了一笔债,心里多少有了些轻松。但掩卷一想,仍有许多不尽如人意的地方。比如,仅仅找到一条书山的路就够了吗?怎样攀登这条路?这条路上会遇到哪些困难和风险?怎样克服这些困难和风险?这条路如果走不通,还有没有通向书山的其他道路?在登上书山时又如何领略山上的无限风光?登书山是不是小天下了?总觉得还有许多话应该说,但又不是自己的水平和这本书能容纳了的。这时,才深深地感到书籍作为人类文明的一笔无价的财富,要完整地继承它、薪传它,实在是太艰巨了。书山到底海拔有多高,占地面积有多大,它的地貌、地质、生态又是个什么样子,恐怕很难说得清楚了。这使人又想起苏东坡的那首名诗:"横看成岭侧成峰,远近高低各不同,不识庐山真面目,只缘身在此山中。"现在就把自己刚刚开始攀登的一些点滴感悟写在后记里,也算是对这本书的一点补充和结语吧。

一

我国是世界上出现文字最早的国家,也是世界上出现书籍最早的国家。

从上古的结绳记事到伏羲氏画八卦,到甲骨文,到钟鼎文,到小篆,到隶书,到楷书;从竹简书到活版印刷书,中华民族都一路走在人类历史的前头,成为世界文明发展的引领者。

毋庸置疑,世界上如果没有书,人类还将度过多么漫长的蒙昧时期。

毋庸置疑,世界上如果没有书,人类所创造的一切物质文明和精神文明,就无法得以传承,社会也无法继续前进。

所以,书是火种,书是航标,书是桥梁,书是阶梯,书是宝库。

所谓"知识就是力量",这力量在很大程度上都来自于书籍。

二

书籍虽然宝贵，但真理也未必全在书里。有些书经不起实践的检验，最终就被时代淘汰了。比如天文学上的“地心说”，在很长的封建神权时代一直占据着统治地位，直到16世纪经过科学家们的殊死斗争，“地心说”才被“日心说”所取代。现在已经没有人怀疑地球是绕着太阳转动的了。

怎样对待书？两千多年前的孟子就说过：“尽信书则不如无书。”就是说，什么都照书上的办，没有怀疑，没有修正，没有创造，那还不如没有书呢。这是很了不起的真知灼见。

三

人生既是一本有字书，也是一本无字书。

有人说，有字书是知识型的，无字书是经验型的。

有人说，读懂有字书靠经验，读懂无字书靠智慧。

有人说，读懂有字书的人未必能读懂无字书。

我说，既然如此，那就努力读好这两种书吧。

四

佛教的禅宗，主张“教外别传，不立文字，直指人心，见性成佛”。禅宗的核心就是一个“悟”字，而且是顿悟。没有悟，就不要参禅。我想，读书也是这样。读书离开自悟，就领略不到蕴藏在文字里和文字外的精神实质，就只能学点皮毛的东西。儒家把这种“悟”称之为“思”，孔子说“学而不思则罔”。换言之，读书不开悟，书也就白读了。

五

不知是哪位先生推导了这么一个读书逻辑：

读死书，死读书，读书死。

自古以来，确实有不少这样的读书人。他们终生皓首穷经跋涉于书海之中，但就是理不出个端倪，出不了成果，一辈子成了书本的奴隶，这确实是人生的一大悲哀。

究其原因,除了主攻方向不明确外,恐怕主要是没有从书籍的死文字里跳出来,用现在的话说就叫“教条主义”吧。郭沫若先生说得好:“人是活的,书是死的。活人读死书,可以把书读活;死人读活书,可以把人读死。”

六

读书和念书不一样。念书是教我学,是被动的;读书是我要学,是主动的。念书念的是教科书,学生常常是无奈的;读书读的是图书馆里的书,或者是从新华书店买来的书,读者是自觉自愿的。念书有一定的年限,有毕业证书;读书是一辈子的事,没有毕业证书。念书是一种任务,可以增加知识;读书是一种需要,可以增长智慧。

七

我非常欣赏这句读书的格言:

“不读书的人只能活上一辈子,读书的人能活上三辈子:过去、现在和未来。”

活上三辈子的人,既能博古,又能通今,还能展望未来,何乐而不读书?

八

最近,友人送我两幅字画。一幅是:

认天地为家,休嫌室小;

与圣贤共语,便见朋来。

另一幅是:

读未见书,如得良友;

见已读书,恰逢故人。

两幅字画都把书籍当成朋友,而且打破了时空界限,与先贤古德面对面促膝相谈,这实在是读书人才能享受到的一种“专利”和“特权”。

九

“与君一席谈,胜读十年书。”为什么“十年书”还不如“一席谈”?因为书上讲的是过去的经验，谈话是针对现实的具体分析。书上的话是刻板的、一般的，谈话是灵活的、特定的。《隆中对》中，诸葛亮与刘备的"一席谈"堪称"胜读十年书"的典范。这"一席谈"诸葛亮为刘备三分天下确定了内政与外交的大政方针，这是刘备读书绝对读不到的。

十

"读书做官论"这句话，长期以来一直是"革命大批判"的对象。其实这句话并没有错。读书不一定做官，但做官必须读书。一个连状子都不认识的文盲怎么做官？

十一

"书中自有千钟粟，书中自有黄金屋，书中自有颜如玉。"这几句话其实也没有错，只是讲得不够全面。只看到书中物质生活一个方面，没有看到书中还有精神生活的另一个方面。如理想、情趣、道德、人格、信仰等等。如果没有这些，人与动物还有什么差别？孟子说："人之所以异于禽兽者几希，庶民去之，君子存之。"

十二

鲁迅在给颜黎民的信中说："先前的文学青年，往往厌恶数学、理化、史地、生物学，以为这些都无关重轻，后来变成连常识也没有，研究文学固然不明白，自己做起文章来也糊涂。"因此他要求青年们必须看些本专业以外的书，比如搞文学的偏看看科学书。从这个意义上说，我是不赞成中学生搞文理分科的。要研究一门学问，知识的广度与深度总是相辅相成的。世界上没有广阔而肤浅的大海。

十三

如果说读书也是一种养生之道，许多人还不易认同。但读书确实是一种养生，或者干脆说成是一种疗养。书虽然不是药，但具有药的神奇。它不但能改变一个人不健康的生活方式，而且可以改变一个人的心态，把你带到一个与现实完全不同的世界，在那里使你接受一次纯洁心灵的洗礼，或者把你的思想提升到一个新的境界。这时候，你再反观现实，许多原来看不破的问题看破了，原来放不下的东西放下了。一个内心清净安详的人,才是一个真正健康的人。

十四

“读书千遍,其义自见。”这是古人读书的经验之谈。要把一本有价值的书真正读懂,就得像牛吃草那样,先把草料吞下去,然后再倒回嘴里细细咀嚼,再咽下去,变成可吸收的营养,这叫“反刍”。有人把反复阅读一本书的方法称为“反刍读书法”。我们读书常常不受益,不是因为书籍无益可受,而是因为我们急于求成,浅尝辄止的结果。所谓“其义自见”不是一般的读懂了,而是“心有灵犀一点通”了。

十五

我曾写过一篇文章,题目是《买书·借书·抄书》。具体来说是:买书不如借书,借书不如抄书。

买来的书,因为是自己的,不急于看,就往书架子里一放,这一放就是十年、二十年过去了。借来的书,因为是别人的或图书馆的,受时间限制,常常是匆匆地翻一翻,也就还了人家。在古代,因为书籍缺乏,抄书是读书人常有的事。抄书虽然笨拙,但亲手写一遍比看几遍印象深刻得多。现在不需要抄书了,但抄录些书的要点,再加上些自己的观点,仍然不失为最佳的读书方法。

十六

读书遇到啃不动的地方,即所谓的“拦路虎”,不必强攻,暂时把它放过去,继续往下读。说不定哪一天,在你读另外一本书的时候,偏偏就“冤家路窄”,正好找到了“生擒”那只“拦路虎”的最好方法,一下子就融会贯通了。我把它戏称为“无巧不成书”。

十七

如果有人问你,怎样成为一个有道德、有修养的人?你就告诉他:“多读书吧!”

如果有人问你,怎样成为一个多才多艺的人?你就告诉他:“多读书吧!”

如果有人问你,怎样成为一个足智多谋的人?你就告诉他:“多读书吧!”

如果有人问你,怎样提高自己的阅读和写作能力?你就告诉他:“多读书吧!”

如果有人问你,怎样才能发家致富?你就告诉他:“还是多读书吧!”

你也许会说:“你这是以不变应万变,太简单了吧!”

我说:“书就是这么神奇,不信,你试试看。”

2009 年 6 月 22 日于榆次

参 考 文 献

1.中国科学院文学研究所编写组.中国文学史.北京:人民文学出版社,1962
2.杨伯峻编著.论语译注 .北京:中华书局,1958
3.杨伯峻译注.孟子译注 .北京:中华书局,1960
4.任继愈译著. 老子新译.上海:上海古籍出版社,1985
5.陈鼓应注译.庄子今注今译.北京:中华书局,1983
6.王焕镳著. 墨子校释.杭州:浙江古籍出版社,1987
7.方孝博选注.荀子选.北京:人民文学出版社,1958
8.王梦樵选注.通鉴故事一百篇.北京:新华出版社,1982
9.中华书局上海编辑所.史记故事选译.上海:中华书局出版局,1959
10.刘世南,唐满先译著.古文观止.南昌:江西人民出版社,1981
11.伍德等编译.诸子妙语.南宁:广西民族出版社,1991
12.王范之选注.吕氏春秋选注.北京:中华书局,1981
13.陶汉章编著.孙子兵法概论.北京:解放军出版社,1991
14.王黎雅今译.白话幼学琼林.西安:三秦出版社,1991
15.夏初,惠玲校释.蒙学十篇.北京:北京师范大学出版社,1990
16.刘振宇,迟赵俄选注.古代散文五十篇.天津:新蕾出版社,1983
17.陈蒲清等选编.中国古代寓言选.长沙:湖南教育出版社,1985
18.徐安怀选注.中国古代寓言选注.成都:四川少年儿童出版社,1983
19.祝余编写.中国古代修养寓言选.上海:上海人民出版社,1983
20.周续赓,马啸风,卢今编.历代笔记选注.北京:北京出版社,1983
21.王汝涛等选注.太平广记选.济南:齐鲁书社,1983
22.福建师范大学中文系译注.世说新语选.福州:福建教育出版社,1981
23.袁启明译注.袁枚文选译.北京:人民文学出版社,1989
24.石继昌点校.客窗闲话.长春:时代文艺出版社,1987
25.宋欣校点.夜雨秋灯录.长春:时代文艺出版社,1987

26.孟昭晋,马佩欣选注.阅微草堂笔记故事选.石家庄:河北人民出版社,1981

27.竹君校注.笑府选.福州:海峡文艺出版社,1987

28.杨本生编选.古代笑话.西宁:青海人民出版社,1980

29.董森,丁汀编.中国民间笑话选.长沙:湖南人民出版社,1980

30.申俊编.民间笑话三百则 .上海:上海文艺出版社,1985

31.方黎选编.世界笑话精选 365.石家庄:河北人民出版社,1989

32.闻知编.外国笑话集锦.上海:上海文艺出版社,1987

33.高伟编著.中国诗词名句欣赏词典.成都:成都科技大学出版社,1990

34.武占坤,马国凡编著.谚语.呼和浩特:内蒙古人民出版社,1980

35.苏文泽编.古今联话.重庆:重庆出版社,1982

36.赵成秀主编.一隅对联集览.太原:山西高校联合出版社,1995

37.陈位昆编.书赠荟萃.长春:时代文艺出版社,1989

38.孙振声编著.易经入门.北京:文化艺术出版社,1988

39.梁弼选译.史记故事选译.上海:上海古籍出版社,1978

40.洪丕谟,沈培方译注.古代书法家轶事百则.上海:上海书画出版社,1984

41.成都市群众艺术馆编.对联选.成都:四川人民出版社,1981

42.关滢,朱炯远,张家鹏,王文衢主编.唐诗宋词分类描写辞典.沈阳:辽宁出版社,1989

43.张永钦,侯志明点校.宣室志.北京:中华书局,1983

44.张永钦,侯志明点校.独异志.北京:中华书局,1983

45.谭家健.古代神话寓言选读.北京:中国少年儿童出版社,1979

46.郭化若编译.孙子兵法.上海:中华书局上海编辑部,1962

47.庞朴译注.公孙龙子译注.上海:上海人民出版社,1974

48.孟宪承编.中国古代教育文选.北京:人民教育出版社,1979

49.韩晓婷释评.白话菜根谭.北京:花艺出版社,1993